THE BELT AND ROAD INITIATIVE

CHINA'S CONNECTIVITY-ORIENTED
GLOBAL DIPLOMACY

"一带一路"

互联互通新外交

赵明昊 著

创于1897 商务印书馆 The Commercial Press

2020年·北京

复旦大学一带一路及全球治理研究院/发展研究院的系列成果之一，得到国家社会科学基金的研究资助。

目 录

绪　论　“一带一路”核心是“通”，关键在“共”

“丝绸之路”的历史可以追溯至公元前2世纪。不妨想象一下当时东西方互通贸易的生动场景：载满丝绸等货物的中国商队从西安出发，一路西行，穿越了如今的乌兹别克斯坦、哈萨克斯坦、伊朗、伊拉克、叙利亚等地，最终到达了欧洲的罗马帝国境内。当然，这并非一条贸易的“单行道”，各方都设法利用“丝绸之路”参与商业活动。正如牛津大学历史学者彼得·弗兰科潘（Peter Frankopan）所描述的景象，“2000多年前，中国手工制造的丝绸可供迦太基和地中海周围其他城市的权贵富豪们穿戴，法兰西南部生产的陶器能够出现在英格兰和波斯湾，产自印度的调味品可以用在新疆和罗马的厨房，阿富汗北部的建筑雕刻着希腊文字，中亚畜养的马匹骄傲地驰骋在千里之外的东方”[①]。除了欧亚大陆上的“丝绸之路”，后来欧洲人又成功开辟了通向东方的海上运输航线，中国明代的航海家郑和则在15世纪初率领大型船队七次远洋，这些努力所共同开辟的“海上丝绸之路”将泉州、科伦坡、吉达、亚历山大等古老港口连接起来，曾经呈现“舶交海中，不知其数”的盛景。

回望过往，“丝绸之路”实际上是一部不同文明相互交流、彼此影响的宏大史籍，也是人类勇于探索未知、拥抱“互联互通”的生动文化符号。2013年9月和10月，中国国家主席习近平在访问哈萨克斯坦和印度尼西亚期间，分别提出建设“丝绸之路经济带”和“21世纪海上丝绸之路”的合作构想，倡导各国打造互利共赢的“利益共同体”和共同发展繁荣的“命运共同体”。习近平在哈萨克斯坦纳扎尔巴耶夫大学发表的演讲中深情地说：“我的家乡陕西，就位于古丝绸之路的起点。站在这里，回首历史，我仿佛听到了山间回荡的声声驼铃，看到了大漠飘飞的袅袅孤烟。这一切，让我感到十分亲切。”面对印度尼西亚国会的数百名议员，习近平表示，中国致力于加强同东盟国家的互联互通建设，倡议筹建亚洲基础设施投资银行（亚投行），愿同东盟国家展开海上合作，共同建设“21世纪海上丝绸之路”。[②]“丝绸之路经济带”和“21世纪海上丝绸之路”合作构想共同构成了“一带一路”倡议。

就在中国领导人提出“一带一路”倡议之际，构建“中国特色大国外交”的进程也被开启。过去几年来，习近平提出构建以合作共赢为核心的新型国际关系、坚持正确义利观、构建人类命运共同体等一系列指导中国外交的新理念。他强调，中国外交要高举和平、发展、合作、共赢的旗帜，统筹国内国际两个大局，统筹发展安全两件大事，牢牢把握坚持和平发展、促进民族复兴这条主线，维护国家主权、安全、发展利益，为和平发展营造更加有利的国际环境，维护和延长我国发展的重要战略机遇期，为实现“两个一百年”奋斗目标、实现中华民族伟大复兴的中国梦提供有力保障。习近平明确提出，“中国必须有自己特色的大国外交，要在总结实践经验的基础上，丰富和发展对外工作理念，使我国对外工作有鲜明的中国特色、中国风格、中国气派”。

可以说，“一带一路”倡议正是“中国特色大国外交”的集中体现，也是当代中国外交“特色”来源之一。过去几年，“一带一路”成为习近平开展的“元首外交”的一条主线，他的外访足迹遍及印度尼西亚、巴基斯坦、老挝、柬埔寨、哈萨克斯坦、乌兹别克斯坦、沙特阿拉伯、埃及、伊朗、波兰等“一带一路”建设重要伙伴国。每到一处，习近平主席都通过撰写署名文章、发表演讲、组织座谈等形式，针对东道国和所在地区的突出关切，有针对性地向外方介绍“一带一路”，并提出一系列关于促进“一带一路”国际合作的思路看法和重大举措。正如习近平所言，“一带一路”是一个“管总”的规划。随着2013年以来“一带一路”建设的不断推进，它已经逐步成为中国发展的支柱性方略和中国外交的主轴。不夸张地讲，理解当代中国，理解当代中国外交，离不开对“一带一路”的深入把握，“一带一路”是当今国际社会观察中国内外政策走向和全球外交的重要窗口。

2017年10月，中国共产党第十九次全国代表大会在北京召开，这次旨在制定未来数十年中国发展方略的会议受到国际社会的广泛关注。作为中共中央总书记，习近平在大会报告中五次提及“一带一路”。他在“贯彻新发展理念，建设现代化经济体系”部分强调要以“一带一路”为重点，坚持“引进来”和“走出去”并重，遵循“共商、共建、共享”原则，加强创新能力开放合作，形成陆海内外联动、东西双向互济的开放格局。他在阐述“坚持和平发展道路，推动构建人类命运共同体”方略时提出，要积极促进“一带一路”国际合作，努力实现政策沟通、设施联通、贸易畅通、资金融通、民心相通，打造国际合作新平台，增添共同发展新动力。[3]此外，中共十九大还决定将推进“一带一路”建设写入《中国共产党章程》。

实际上，中共十九大报告揭示了中国未来数十年的“强国方略”。习近平明确提出，中国将在2020年“全面建成小康社会”，2035年“基本实现社会主义现代化”，继而在2049年中华人民共和国成立100周年前后建成“富强民主文明和谐美丽的社会主义现代化强国”。值得注意的是，以往中共党代会报告中的“社会主义现代化国家”变为“社会主义现代化强国”，虽一字之差，却含义深远。中国进入了“新时代”，开启了向“社会主义现代化强国”迈进的征程，而这必然需要中国更加积极主动地营造和平有利的外部发展环境。过去几年来，“一带一路”建设与推动构建“中国特色大国外交”的努力同步展开，两者相互联系、相互影响。从中共十九大报告中可以看出，“一带一路”被赋予为中国发展拓展空间、为中国外交完善布局的重要意义。它将是未来数十年中国推进实施“强国方略”的关键一招。

值得强调的是，“一带一路”绝不仅仅是庙堂之上的“高政治”，它与中国社会和广大普通民众的福祉息息相关。“一带一路”也绝不仅仅是中国一家的“独奏”，而是中国与相关国家和国际组织的“合唱”，它是国际格局、全球大势演变的生动反映，也为行进在“强国之路”上的中国审视国情、放眼世界提供了重要参照。毫无疑问，“一带一路”建设绝非“一路高歌猛进、充满鲜花掌声”那般简单，它必将面临各种艰难险阻，是一项需要久久为功的世纪工程。过去几年来，从“愿景图”到“路线图”再到“施工图”“样板间”，“一带一路”建设的不断推进，体现了中国在国际事务中日益增强的议程设置、倡议实施、力量动员、网络构建能力。同时也应当看到，“一带一路”建设仍然面临很多实际难题和挑战。我们在发扬进取精神的同时，始终需要保持清醒、审慎和忧患意识，不断破解“一带一路”建设之困，努力使“一带一路”建设成为带动解决中国发展难题、补强中国外交短板、促进新时代中国与世界关系良性重塑的抓手。

2018 年既是“一带一路”倡议提出 5 周年，也是中国实行改革开放政策 40 周年，随着中国进入新时代，中国的未来政策选择和发展走向对整个世界的影响日益增强。尤其是，中国在亚洲和世界经济格局中的地位不断上升。根据美国彭博新闻社的估测，2018 年中国的 GDP 有望达到 13.2 万亿美元，将首次超过欧元区国家 GDP 的总和。日本贸易振兴机构的调查结果显示，2017 年美国的进口额是 2.8 万亿美元，中国的进口额则是 1.8 万亿美元，中国约为美国的 64%。在中国国家实力持续上升的背景下，“一带一路”将会受到国际社会更多、更深入的关注。本书希望基于笔者近年的研究思考、讲座讨论、智库交流和实地考察经历，用尽量简明的语言梳理和分析“一带一路”的丰富内涵、目标任务、主要进展和难题挑战，以及它与中国外交之间的互动关系。如果要用一句话来概括笔者对“一带一路”的理解，我想说，“一带一路”核心是“通”，关键在“共”。它是新时代以互联互通为导向的中国“强国方略”的集中体现，彰显了中国正在大力推动的互联互通新外交。

互联互通是核心

2016 年 1 月，习近平总书记在重庆考察期间，专门去了位于重庆两江新区的果园港，那里是“渝新欧”（重庆—新疆—欧洲）班列的起点。而 2014 年 3 月，他在访问德国期间曾经专程到访位于该国西部北威州的杜伊斯堡港，那里则是“渝新欧”班列的终点。杜伊斯堡港是世界最大内河港和欧洲重要交通物流枢纽，而果园港则是目前国内规模最大的水运、铁路、公路联运内河枢纽港，被称为长江上游“第一大港”。从中国领导人颇具深意的行程安排中可以直观地感受到，“一带一路”建设具有一种由内而外、内外兼顾、内外融通的基本属性，它将新时代的中国与世界更加紧密地联系在一起。

“一带一路”建设的主要内容和目标可以概括为“五通”，即政策沟通、设施联通、贸易畅通、资金融通、民心相通。④ 过去几百年来，世界大国的成长往往是和殖民扩张、势力范围、征伐战争分不开的，地缘政治舞台上充斥着一个个大国争斗、你输我赢、你死我活的剧目。然而，在21世纪，由于经济、技术、气候变化等因素，世界各地之间的相互联系、相互依存增加，日益成为一个“地球村”。一个大国的成长不仅需要精确地把握“地缘政治”，更需要深入地琢磨、灵巧地经营“联通政治”。⑤ 当今世界，存在着各种各样的、多层次的“权力网络”，这些网络并不完全是由国家所构成的，也许是跨国公司，也许是超大城市，也许是为环保事业奔走的社会组织。总之，今日之世界已经高度联通，一个国家的权力不仅来自于它的经济、军事实力以及制度、价值观等方面的软实力，还来自于它能否在相关“权力网络”中占据一种“连接点”的位置。如何在一个日益联通的世界中做好一个大国，是中国在21世纪顺利实现崛起和民族复兴所要面临的一大挑战。

“一带一路”的核心是互联互通，为什么中国如此强调互联互通的重要性？首先，我们需要对中国在世界中的“坐标”变化有一种全新的认识。2010年，中国在经济规模上超过日本成为世界第二大经济体，是世界上120多个国家的最大贸易伙伴，中国的外汇储备总额也位居世界前列。更值得注意的是，2014 年中国对外直接投资总额首次超过吸引的外资总额，一个发展中国家也是一个投资大国，这种状况在世界经济史上前所未见。类似的一系列数据表明，中国经济结构资源在外、市场在外、投资在外“三头在外”的格局日益清晰，中国与世界之间联系是何其紧密！在这种情况之下，能不能建立开放型经济新体制，能不能统筹考虑和综合运用国际国内两个市场、国际国内两种资源、国际国内两类规则，能不能从更深远的全球视角规划中国未来发展之路，成为一大严峻考验。很大程度上，“一带一路”正是应对这一考验的关键一招。

如果把“一带一路”放在中国外交的大背景下进行审视，可以说，近年来中国正在践行一种“以互联互通为导向”的“强国方略”，而“一带一路”则是其重要组成部分。正如习近平总书记所言，中国的和平发展道路能不能走得通，很大程度上要看我们能否把世界的机遇转变为中国的机遇，能否把中国的机遇转变为世界的机遇。“一带一路”倡议背后所体现的，正是中国和世界发展机遇的“相互转化”。而在这一过程中，中国也自然可以获取并强化自身在“权力网络”中的“连接点”地位。

近年来，“一带一路”在促进互联互通方面实现诸多进展，既包括基础设施等方面的“硬联通”，也包括政策、机制、规则等层面的“软联通”。以中欧之间的运输通道为例，目前已经开通多趟中欧货运班列，包括重庆到德国杜伊斯堡的“渝新欧”、长沙到杜伊斯堡的“湘欧快线”、郑州到德国汉堡的“郑新欧”、成都到波兰罗兹的“蓉欧快线”、苏州到波兰华沙的“苏满欧”（“满”即满洲里）、义乌到西班牙马德里的“义新欧”、武汉到捷克布拉格的“汉新欧”。截至 2018 年 12 月，中欧班列开行数量已突破 1.2 万列。与此同时，中欧双方以及哈萨克斯坦等国，正共同努力完善通道铁路运输、口岸通关等协调机制，构建更加便捷、高效的国际物流通道网络和服务体系。在“硬联通”和“软联通”水平不断提升的背景下，中国和“一带一路”相关国家之间的贸易和投资额继续增长，国际产能合作项目也在稳步落地。

合作共赢是关键

2012 年中共十八大以来，“共赢”成为中国外交新的核心理念。中国领导人清楚地意识到，如果不能与外部世界建立起一种合作共赢的关系，中国就难以实现真正崛起和“强国之梦”。2013 年 6 月，习近平对时任联合国秘书长潘基文表示，“零和思维已经过时，我们必须走出一条和衷共济、合作共赢的新路子”[⑥]。“一带一路”建设的总体原则是“共商、共建、共享”，这一原则后来在中共十九大报告中上升为中国的全球治理观。随着“一带一路”建设逐步进入精耕细作的阶段，突出挑战在于如何真正落实“共商、共建、共享”原则，如何使“共赢”变得更加可触摸、可感知、可获得。当然，“共赢”并不意味着所有“一带一路”建设的参与者从中获得均等的、同质的好处，而是创造条件，让大家都能感到自己是“受益者”。

这需要处理好以下几方面问题：

首先是中国国内各方面力量能否建立一种共赢关系。过去几年，中国各省区市以及不少地方政府都制定了对接“一带一路”建设的方案，但不得不说，存在一定的“同质竞争”问题。比如，国内很多省份和地区都提出要建成“一带一路”的国际物流枢纽，都提出要建立“丝路文化交流中心”。

这难免会造成一种“内耗”现象。地方参与“一带一路”建设不能沿用过去从中央要政策、要项目、要资金的老路子，而是需要不断审视自己的“特色”和“优势”，悟透和贯彻“一带一路”背后的新理念，多用“供给侧结构性改革”的思维探索如何融入“一带一路”。

其次是“一带一路”建设的国外布局如何更好地处理“点”和“面”的关系。以中欧关系为例，近年中国和中东欧国家在“一带一路”框架下的合作走得比较快。在中国向“新欧洲”增加投入的背景下，也要回应好“老欧洲”和欧盟层面的一些疑虑和不满。匈牙利是“一带一路”建设的重要合作伙伴，但欧盟和匈牙利欧尔班政府之间的嫌隙却在扩大，这可能会给中国带来一定困扰。从“面”的角度看，“一带一路”建设还需要不断完善与欧洲对接的渠道，虽然欧盟领导人提出的经济发展方案“容克计划”的远期目标是撬动3000多亿欧元投资，但它的初始资金也就210亿欧元，不少欧洲智库和欧洲企业界人士都不是太看好“容克计划”。中欧之间的对接需要继续优化，从而真正调动欧洲各方面的积极力量，实现更大层面的“共赢”。

再次是要更加注重“一带一路”相关安全风险的管理，协调好发展与安全之间的复杂互动关系。“共赢”不仅意味着共享利益，也必然要求共担风险。风险难以消除，但却是可以被分散、被管理的。“一带一路”建设尤其是很多基础设施工程，都属于“重资产”项目。这些项目普遍都会涉及安全风险的管理，包括如何保障人员的安全。总体而言，中国还没有很强的“海外安全能力”，中国政府、企业都缺乏相应的经验和准备。在尊重他国维护经济发展自主性以及主权的情况下，对接越深越安全。“一带一路”建设需要大力培育各主体的“风险共担”意识，这是实现共赢的基本保证。

最后是要讲好“一带一路”的“共赢”故事。美国知名学者弗朗西斯·福山等人称，中国将利用“一带一路”倡议向其他国家出口自己的发展模式，一场历史性的发展模式之争正在中国与美欧西方国家之间上演。⑦不管是有心还是无意，对“一带一路”的类似误读、误解、误判在国际舆论中并不鲜见，有的外国专家还戏谑地说，共赢意味着中国要“赢两次”。对于“一带一路”建设而言，加强政策沟通、促进民心相通本就是“五通”中的“三通”，要增强外国社会和普通民众对“一带一路”的了解、理解和支持。正所谓，传播力也是生产力，“酒香也怕巷子深”，如何讲好“一带一路”故事，如何真正围绕“共商、共建、共享”，把“共”字的文章做足，把“通”字的文章做好，值得付出更多努力。

“一带一路”再出发

2015年3月28日，国家发展改革委、外交部、商务部联合发布《推动共建丝绸之路经济带和21世纪海上丝绸之路的愿景与行动》。这份白皮书标志着“一带一路”建设正式迈入实施阶段。近年来，“一带一路”建设在顶层设计、政策沟通、机制建设、项目推进等方面取得了很多进展，国际社会对“一带一路”的了解和认同也在增加。在当前经济全球化遭遇困难、世界发展亟待增强动力的大背景下，“一带一路”的重要性、创新性和深远意义正得到国际社会的“再审视”。2017年5月，首届“一带一路”国际合作高峰论坛在北京举行，有29位外国元首、政府首脑及100多个国家、60多个国际组织的代表参会。这表明，国际社会对“一带一路”的支持日益上升，“共商、共建、共享”的合作模式得到广泛认同，“一带一路”作为新型国际经济合作平台的吸引力越发增强。

第一，合作伙伴日益增多。截至2018年初，已有100多个国家和国际组织表达支持和参与“一带一路”建设意愿，70多个国家与中国签署相关合作协议，其中包括新西兰等西方发达国家。“一带一路”被纳入联合国、亚太经合组织、上海合作组织等重要国际组织成果文件，中方与世界卫生组织等机构不断探索开展相关机制化合作。第二，合作架构日益优化。紧紧围绕实现政策沟通、设施联通、贸易畅通、资金融通、民心相通“五通”目标，“一带一路”的顶层设计得到不断完善，中国政府出台一系列指导性文件。中巴经济走廊、中蒙俄经济走廊等六条经济走廊建设顺利展开，公路、铁路、水路、空路、油路、信息高速公路等“六路”工程以及一批海港建设等“海上丝绸之路”项目稳步推进，一系列规划、项目和合作对接机制已经就位。中国与匈牙利、波兰等国建立政府间工作组，推动相关合作协议的落实。第三，合作成果逐步呈现。以基础设施、产能投资、能源资源等为主要内容的务实合作取得早期收获，其中与有关国家共建的基础设施项目总金额约1000多亿美元，合建82个经贸合作区，过去几年与共建“一带一路”国家的贸易额超过5万亿美元。丝路基金的投资额达到40亿美元，亚投行为近20个项目提供40多亿美元贷款，与有关国家签署总额约3万亿元人民币的货币互换协议。

在“一带一路”建设不断推进的过程中，这项事业所具有的丰富意涵也进一步彰显。对于中国来说，“一带一路”的重要意义主要体现在为中国改革发展创造新动能、为中国外交转型提供新助力等。通过“一带一路”建设，可带动解决一系列长期困扰中国外交和对外经济合作的难题，比如中国对西部邻国的外交投入不足、中国企业参与国际产能合作的能力不强、中国民间组织在国外开展活动的资源不够，等等。“一带一路”的意义，还体现在促进中国民众“世界观”和“发展观”的重塑，使中国人不再仅仅盯着美国、欧洲和日本等发达国家和地区，而是将目光投向更广阔的发展中国家，并认识到中国不仅是一个居于欧亚大陆东部的陆权力量，它也需要拥抱海洋、走向“深蓝”。对于世界发展而言，“一带一路”也具有重大意义，它为促进经济全球化的再平衡提供了动力，是落实联合国2030年可持续发展目标的重要载体，有助于推动世界实现开放、包容和均衡发展。“一带一路”建设在过去几年取得的重要成就，彰显了中国作为世界大国的思想力、行动力和领导力，体现了中国愿意与各国分享发展机遇、深化共赢合作的决心和意志。

当然，我们也要看到，“一带一路”建设仍然面临一系列艰困难题和复杂挑战。比如，如何构建具有开放性、原则性、灵活性的治理机制，更有效地应对多元主体之间的利益格局与合作关系，避免引发不必要的阻力，真正实现双赢、多赢、共赢发展。再比如，“一带一路”如何提升项目投融资的可持续性，又不使相关国家背上过于沉重的“债务包袱”，如何在全球多边开发机构之间更好地开展合作。此外，在不少国家，“一带一路”建设受到社会舆论和民意因素的牵制，如何不断优化相关政策传播和民心相通工程，为“一带一路”建设提供有效“软保护”、构筑有利“软环境”，值得深入思考。应当看到，“一带一路”2013年被提出时仅仅是一个初步构想，并没有完备、细致、周密的设计，“一带一路”建设的顶层设计、合作规划、机制安排等还需要不断结合实践以及各方合作的现实情况进行调整和优化。

总之，在中共十九大报告中被多次提及的“一带一路”建设正成为中国在新时代深化国内改革发展、构建全面开放新格局的关键一招，也是推动构建新型国际关系、推动构建人类命运共同体的重要平台和路径。从历史的眼光看，无论是哪个大国提出的哪个国际合作倡议，最重要的是要保持这一倡议的生命力，不断地为其注入能量，最终使其能够“可持续、自生长”。而“一带一路”的生命力之源可以说正是在于“通”与“共”。当前和未来一个时期，“一带一路”建设需要统筹国内国外两个大局，协调推进“硬联通”与“软联通”，把“共商、共建、共享”原则落到实处，从物质性、观念性、制度性三个层次为世界和平发展提供“公共产品”。“一带一路”建设需要提高相关国家和国际组织的参与度、获得感和贡献率，更好地顺应民愿、汇聚民智、动员民力、改善民生，让“一带一路”建设为促进新时代中国与世界关系的良性重塑发挥更大助力。

注释

① 彼得·弗兰科潘《丝绸之路：一部全新的世界史》，邵旭东等译，杭州：浙江大学出版社，2016年，第22页。

② 习近平《习近平谈治国理政》，北京：外文出版社，2014年，第287页，第293页。

③ 习近平《决胜全面建成小康社会 夺取新时代中国特色社会主义伟大胜利——在中国共产党第十九次全国代表大会上的报告》（2017年10月18日），

北京：人民出版社，第 34—35 页，第 60 页。

④ 国家发展改革委、外交部、商务部（经国务院授权发布）《推动共建丝绸之路经济带和 21 世纪海上丝绸之路的愿景与行动》，2015 年 3 月。

⑤ Parag Khanna, *Connectography: Mapping the Future of Global Civilization*, Random House, 2016.

⑥ 习近平《习近平谈治国理政》，北京：外文出版社，2014 年，第 250 页。

⑦ Francis Fukuyama, "Exporting the Chinese Model", *The Straits Times*, December 30, 2015.

第一章 “一带一路”的丰富内涵

“一带一路”的意义在于它将为中国改革发展创造新动能、为中国外交转型提供新动力、为中国与世界的共赢发展带来新契机，它也是推动经济全球化“再平衡”、促进世界开放包容发展的重要途径。

“一带一路”倡议的提出，无论是对于中国自身发展，还是对于中国和世界关系的良性塑造，都具有重要意义。准确理解和把握“一带一路”的丰富内涵，是确保这一国际合作倡议顺利实施的基本前提。应看到，“一带一路”是中共十八大以来中国领导人提出的若干国家发展战略之一，它将为中国的新一轮改革开放进程带来强大动能。此外，通过“一带一路”可以观察和体会中国外交正在发生的深刻转型，认知中国与世界互动关系的新趋势、新特点，特别是“互联互通”对中国外交政策思维的突出影响。再者，共建“一带一路”是推动经济全球化“再平衡”、为世界实现包容性发展增强动力的新路径，而中国在这一进程中正在扮演越发积极有为的角色。

第一节 中国改革发展的新动能

“一带一路”不应仅仅被理解为一项对外政策构想，实际上它是“由内而外、内外兼顾、内外融通”的重大规划和部署，需要从构建未来数十年中国国家发展总体战略格局的视角去把握。应当看到，从 1978 年中共十一届三中全会决定实行改革开放算起，中国在过去 40 年中奋力探索符合自身国情的发展道路，实现了经济年均 10% 以上的高速增长，在规则和制度上与国际体系稳步“接轨”，在全球事务中扮演越发重要的角色，并逐渐走向世界舞台的中心。2012 年中共十八大以来，以习近平同志为核心的党中央接过历史接力棒，带领 13 亿多人民在实现“两个一百年”奋斗目标、实现中华民族伟大复兴中国梦的道路上砥砺前行。“四个全面”成为中共治国理政的总体布局和方略，力促全面建成小康社会、全面深化改革、全面推进依法治国、全面从严治党的贯通协调，中国迈入更加自信、更加进取的新时代。

然而，在这样一个新时代，中国发展面临的整体外部环境却是充满挑战和不确定性的。正如国际货币基金组织总裁拉加德（Christine Lagarde）等人所言，全球经济已经进入了一个“新平庸”时代，世界特别是亚洲经济的下行压力愈加突出。[①] 美国总统特朗普还称，这是一个“全球竞争的新时代”。面对全球主要经济体复苏乏力、需求疲软、增速放缓、保护主义上升等客观现实，近年来中国通过简政放权让市场发力，通过定向调控给市场预期，基本实现了经济在危局中续进、在改革中企稳，较为成功地抵御了外部冲击和风险，并继续在全球经济格局中占据引领性位置。2017年，中国的国内生产总值超过80万亿人民币，约占世界第一大经济体美国GDP总量的65%。

与此同时，中国经济发展展现出很多新特点，面临新挑战。2014年，中国对外直接投资总额首次超过吸引的外资总额。2017年11月，中国国家发展改革委发布的《中国对外投资报告》显示，中国对外投资存量已达到1.36万亿美元，由2002年的全球第25位上升至第6位。对于中国经济而言，资源在外、市场在外、投资在外“三头在外”的格局已经确立。显然，中国自身发展与外部环境的关系正发生重大变化，中国在世界经济中的影响力大幅提升，中国的发展也日益离不开世界，中国正加速“走向全球”。在外部发展环境出现诸多变化的情况之下，能不能建立开放型经济新体制，能不能统筹考虑和综合运用国际国内两个市场、国际国内两种资源、国际国内两类规则，能不能从更深远的全球视角观察和规划改革发展，成为中国面临的严峻考验。

为了创造充分的发展动能，需要进一步推动全面深化改革，需要加快构建新的对外开放格局，而"一带一路"建设将成为实现改革与开放相得益彰、相互促进的重要抓手和平台。一言以蔽之，要用"一带一路"努力拓展改革发展新空间。② 全面深化改革，就是使中国的发展动力从"低成本的要素供给"向"高质量的制度供给"转变。通过一系列新的改革举措，中国经济有望呈现一种"创新驱动、全球布局"的新面貌。"创新驱动"是今后一个时期我国经济提质增效、持续健康发展的重要依托，"全球布局"则是新时期我国维护和拓展发展利益的必然要求。基于此，一方面，要努力保持经济稳定增长、积极发现培育新增长点，并通过京津冀协同发展、长江经济带等优化国内的区域发展格局；另一方面，要加快实施自由贸易区战略等，勇于在世界范围内配置资源、开拓市场，逐步构筑起立足周边、面向全球的经济发展网络"升级版"。显然，上述努力方向都与"一带一路"建设息息相关。

2016年8月，"一带一路"建设工作座谈会在北京举行。习近平在此次会议上发表讲话时提出，党的十八大以后，党中央着眼于我国"十三五"时期和更长时期的发展，逐步明确了"一带一路"建设、京津冀协同发展、长江经济带发展三个大的发展战略。他强调，一个国家强盛才能充满信心开放，而开放促进一个国家强盛。对外开放是推动中国经济社会发展的重要动力。"一带一路"建设是中国在新的历史条件下实行全方位对外开放的重大举措。随着中国经济总量跃居世界第二，随着中国经济发展进入新常态，要保持经济持续健康发展，就必须树立全球视野，更加自觉地统筹国内国际两个大局，全面谋划全方位对外开放大战略，以更加积极主动的姿态走向世界。需加强"一带一路"建设同京津冀协同发展、长江经济带发展等国家战略的对接，同西部开发、东北振兴、中部崛起、东部率先发展、沿边开发开放的结合，带动形成全方位开放、东中西部联动发展的局面。③

2017 年 11 月 10 日，新当选的中共中央政治局常委汪洋在《人民日报》发表长文，阐述如何落实党的十九大精神，推动形成全面开放新格局。文章提出，“一带一路”建设是我国扩大对外开放的重大战略举措，也是今后一段时期对外开放的工作重点。他强调，要聚焦发展这个根本，以“六廊六路多国多港”为主体框架，大力推动互联互通和产业合作，拓展金融合作空间，将“一带一路”建成繁荣之路。④

应当看到，“一带一路”建设旨在推动的全面开放新格局，将极大地有助于应对我国国内发展的不平衡问题。虽然早在 20 世纪 90 年代我国就开始推进“西部大开发”进程，但东西部发展差距过大依然是困扰中国现代化全局的最大短板之一。过去的思路是“内部帮扶”，让东部和中部先富起来的省份加大对西部支持。如今，实施“一带一路”建设，实际上是进一步构筑中国西部大开发总体战略的国际支柱，旨在完善沿海开放与向西开放、沿边开放与向西开放相适应的对外开放新格局。

由上可见，“一带一路”从根本上讲是着眼于促进中国的自身发展，力图从内外结合的角度为中国发展创造更多的机遇和战略空间。可以说，站在历史性关口之上，中国的改革发展正进入更具深度和广度的“内外联动”时期，而“一带一路”建设也必然要顺应和体现这一特征。

以产能问题为例，经过改革开放 40 年的快速发展，中国已经成为举世公认的“世界工厂”“制造业大国”。我国的钢铁、水泥、汽车等 220 多种工业品产量居世界首位，机床产量、造船完工量和发电设备量分别占世界38%、41%和60%。[⑤]然而，“制造业大国”并不等于“制造业强国”，中国面临着制造业产品附加值低、创新能力不强、能耗较高、环境污染大、产能过剩等严峻挑战，这些问题对中国整体发展的负面影响也是巨大的。近年来，由于全球金融危机导致外部需求下降等因素，中国的产能过剩问题更为突出，这一问题在电解铝、钢铁、水泥、汽车、光伏太阳能等传统和新兴产业都非常明显。产能过剩会造成企业的投资预期下降、创新动力不足，也会导致民众收入下降和失业，降低社会消费预期，从而加大经济增长面临的下行压力。如何应对产能过剩问题，已经成为当前中国宏观经济调控面临的最大挑战之一。

当中国为产能过剩问题深感困扰之时，参与共建“一带一路”的大多数国家却处于工业化、城镇化的初期，其产业发展的需求极大，迫切需要解决产能不足等问题。在众多共建“一带一路”国家，钢铁、水泥、玻璃、工程机械等产业领域的发展较为落后甚至完全是空白，中国国内很多相关产业产能对它们来说是相当“解渴”的。正如习近平所指出的，在当前世界经济持续低迷的情况下，如果能够使顺周期下形成的巨大产能和建设能力“走出去”，支持有关国家推进工业化、现代化和提高基础设施水平的迫切需要，有利于稳定当前世界经济形势。

“一带一路”建设有助于中国为自身发展寻求新的动能，但绝不应把国际产能合作误解为“中国对外输出落后产能”，也绝不应忽视国际产能合作对中国自身产业升级转型的巨大带动作用。中国有富余和性价比高的产能，有先进、绿色、低碳的优势产能，中国装备适应正在实行工业化国家的需要。中国产能“走出去”表明中国正加快从商品输出转向资本输出，从具体的生产组织者变成资源配置者，意味着中国在全球产业链条中的分工地位上升。这种富余产能、优势产能“走出去”，不是中国的一厢情愿，而是基于相关国家的自主意愿和发展需要。此外，“一带一路”的产能合作，还将促使中国企业更加注重自身产业能力和水平的提升，唯有如此，才能在与美国、欧洲、日本等国家和地区企业的国际竞争中更具吸引力，在共建“一带一路”国家真正落地生根。国际产能合作不是做“一锤子”买卖，是涉及东道国基础设施建设、工业生产、技术转移、经营管理等“一条龙”的系统工程。在这一过程中，中国企业必须从资金保障、市场销路、服务配套等环节做好研究，不断增强自身的抗风险能力。

实际上，“一带一路”建设不仅将促使中国企业强化竞争力，也在“倒逼”中国政府机构加快提升公共服务能力，使“全面深化改革”有更为清晰的着力点和突破点。由于产能合作很多都是涉及大规模投资的大项目，因此，需要中国政府加强与相关国家在政策层面的对接。双方政府应共同努力，在税收、标准、劳务、签证、投资者权益保障等方面拿出切实有效的配套措施，为产能合作保驾护航。2015 年 5 月，中国政府发布《关于推进国际产能和装备制造合作的指导意见》，提出力争到 2020 年，与重点国家产能合作机制基本建立，形成若干境外产能合作示范基地，形成一批有国际竞争力和市场开拓能力的骨干企业等目标。与此同时，中国政府也在针对国际产能合作努力构建更加务实有效的磋商机制。2015 年 3 月，李克强总理向印度尼西亚总统佐科建议，双方在现有经贸对话机制上新建立一个产能合作机制，综合考量印度尼西亚有哪些产业发展需要，中方有哪些可以对接的先进富余产能。需要强调的是，产能合作不是单向的，不是中国单方面向其他国家施惠，中国也在引进其他国家的优势产业。比如印度的制药、软件等企业也在中国国内迅速拓展业务。印度软件巨头威普罗公司（WIPRO）在中国四川省成都市、广东省东莞市等地正在建立新的研发基地。

从国际产能合作这一例子可以看出，“一带一路”建设具有推动“全面深化改革”的重要作用。实际上，“一带一路”建设与“全面依法治国”、推动政治体制改革、提升国家治理的现代化等也存在着深刻的内在联系。过去40多年，中国的经济改革和发展给国际社会带来巨大影响，而在未来一个时期，中国的政治体制和治理改革也将具有不可低估的世界影响。不打折扣地推进改革发展、深入调整经济社会关系必须要有法治环境的保障，要给所有正当行为体的互动提供一种相对稳定的预期、相对成熟的制度框架。推动“一带一路”合作，也需要增强中国自身和相关国家的法治建设，进而促进国家治理能力的现代化。应当看到，很多共建“一带一路”的发展中国家希望了解和借鉴中国的治理理念、做法和经验，反过来中国也能从他国得到启示，而这将是一种更深层次的“互联互通”。[⑥]

近年来，无论是美欧等发达国家和地区，还是新兴经济体和广大发展中国家，普遍面临不同程度、不同侧重的“治理挑战”。在资源有限、主体多样、利益多元、个体赋权的21世纪，如何防止“民主体制”变成“否决体制”，如何避免政治体系中的“分利联盟”阻碍符合多数人利益的改革，如何实现国家与社会、政府与市场之间的良性互动，如何在公权力的“有效性”和“有限性”之间寻求平衡等难题，成为困扰很多国家的共性挑战。在“四个全面”的布局之下，中国在政治治理变革方面的新探索有望为世界贡献“中国智慧”，也将在“一带一路”建设中成为促进政策沟通和民心相通的宝贵资源。与此同时，在国家治理、社会治理、政党治理、生态治理等一系列问题上的沟通互鉴，将为中国与共建“一带一路”国家深化务实合作奠定更为坚实的理念基础。

第二节 中国外交的深刻转型

环顾当今世界，地缘板块之变、发展路线之争、国家转型之痛、有效治理之难等，无不表明世界正进入一个新的时代关口。全球主要力量竞相重新审视自身国际环境，积极谋划各自对外战略的再平衡，对内进行深层次体制性变革，对外则力求巩固和延展战略空间，从而实现“乱中求变、以变促强”“变中求稳、稳中求进”。在这一背景下，“一带一路”合作倡议的提出，实际上为中国外交实现深刻转型提供了新的动力，成为构建“中国特色大国外交”的着力点和突破口。

无疑，“四个全面”战略布局的推展，“两个一百年”奋斗目标的实现，都需要中国更加积极主动地维护和塑造和平、有利的外部环境，中国外交需要采取一种更为奋发进取的姿态。⑦同时，也需要推动相应的外交变革，因为如果只有盲目的进取而缺乏必要的转型，中国外交难以行稳致远。因此，面对新形势与新任务，在国内发展战略进行调整的同时，中国外交也需要实现深刻转型。对于这一深刻转型而言，“一带一路”建设既是挑战也是机遇，它有望发挥一种巨大的带动性作用，促进解决一系列长期困扰中国外交和对外经济合作的难题。

中国外交之所以需要深刻转型，既是由中国的国际环境新变化决定的，也是中国与世界关系的新变化使然。大致从 2008 年开始，中国发展的外部环境呈现出四方面突出变化。第一，西方发达国家金融经济危机带来我国外部经贸环境的变化，以往那种“中国制造、西方消费”或是以出口为导向的经济发展方式受到冲击，中国必须寻求新的经济增长点和新的市场。第二，全球战略重心东移带来的地缘政治环境的新变化，尤其是美国实施“亚太再平衡”战略，将中国作为最主要的竞争对手之一，企图“软硬兼施”，加大规制和压制中国的崛起。[8]第三，世界各国普遍面临的发展困局引发国家制度和治理层面的新变化，发达国家和发展中国家都不得不探索有效实施改革、提升自身竞争力的新路径，发展模式之争的复杂性和重要性甚至超越了以往的意识形态之争。第四，国际公共物品短缺造成的全球治理环境出现新变化，国际机制的变革推进不利，气候变化、能源安全、恐怖主义威胁等全球性挑战越发突出，全球治理面临主体缺位、规则缺失、资源缺乏、动力不足等问题。

上述四方面变化所导致的结果，使中国正面临一个“再全球化、再集团化、再治理化和再规则化”的世界，这是一个充满更多挑战和更大不确定性的世界，是一个需要国家勇于改变、以变求强的世界，中国需要拓展战略眼界、更新战略思维、增强战略韧性。[9]

与中国国际环境的变化相伴随的，是中国与世界关系的历史性变化。一是中国已经从国际体系的“外部变量”转变为“内生变量”，中国自身和平发展的成败将是影响全球政治的最重要因素之一。二是中国的对外发展空间从“核心区域”（发达国家）加快转向“边缘区域”（发展中国家），需要推动与发达国家形成新的经济互补性，更要高度重视新兴经济体和发展中国家带来的新的重大机遇，后者是未来世界发展的潜力中心和增量所在。三是中国的比较优势从“两极互补”日益转向“承上启下”，过去我国与发达国家处于生产和消费的两极，而现在我国经济发展的一端与发达国家的高科技和高端生产能力、投资和消费需求形成互补，另一端与其他发展中国家的资源供应、消费市场拓展、工业化发展需求等形成对接。这种“承上启下”的新处境，既给中国带来新的广阔空间和独特角色，也使中国面临“前堵后追”的复杂挑战。

面对新的格局、机遇和挑战，唯有靠更加积极主动的自身变革和外交举措，才能最大限度地牵引和利用外部世界的有利变化因素，趋利避害、转危为机。正如习近平总书记所强调的，“要加强战略思维，增强战略定力，更好统筹国内国际两个大局，坚持开放的发展、合作的发展、共赢的发展，通过争取和平国际环境发展自己，又以自身发展维护和促进世界和平”，“中国的和平发展道路能不能走得通，很大程度上要看我们能否把世界的机遇转变为中国的机遇，能否把中国的机遇转变为世界的机遇”。在党中央有关外交工作的一系列战略理念指导下，“中国特色大国外交”应运而生。2013 年 6 月 27 日，外交部长王毅在第二届世界和平论坛上发表演讲，首次提出和阐述“中国特色大国外交”的理念。王毅表示，今天的中国已经站在世界聚光灯下，世界期待中国为维护世界和平、促进共同发展做出更大贡献；中国愿意把握自身国情与世情的结合点，找准中方利益与各方利益的汇合点，通过更为主动、积极的外交实践，回应国际社会的期待。[10]

概而言之，从地缘政治看，中国面临的核心难题是“东西问题”，即实现向东开放和向西开放、拓展海权与强化陆权的平衡。从地缘经济看，中国面临的核心难题是“南北问题”，即如何在发展中国家（从国际发展角度也被称为“南方国家”）与发达国家（“北方国家”）之间重新定位自己，力争成为沟通两者的桥梁。

“东西问题”

改革开放以来，中国较为成功地实施了“东进”，与美国、欧洲、日本等开展充分的经济合作，并由此带动了国内经济的快速发展。与之相比，“西进”则相对滞后，位于我国国境以西的中亚、南亚和西亚地区国家，并没有处于我国开展对外经济合作的核心位置。然而，地处欧亚大陆东端、居于亚太地区中心位置的中国，不应将眼光仅仅局限于沿海疆域、传统合作伙伴，而应关注自己更为广阔的西部疆域和位于中国西边的众多国家。当越来越多中东、中亚、南亚（甚至包括中东欧）国家日益“向东看”之际，中国也需要以“向西看”和“向西走”给予积极回应。[11]“一带一路”倡议着眼于更大开掘各国合作潜力，提高区域经济一体化的速度和质量，以点带面、从线到片，逐渐使中国扩大向西开放的各部分、各层面互动融通，形成一盘大棋局。

中国借助“一带一路”建设加大向西开放，并不像有些国外学者所言，是针对美国“重返亚太”而被动实施的“敌进我退、敌退我追”。正如前文所述，“一带一路”构想符合中国发展的内在逻辑和现实需要，它是一种以我为主、自主能动的战略谋划。但不可否认的是，近年中国周边东北、东南方向因钓鱼岛争端、南海问题等形势趋紧，这些短期内难以根本解决的纷争消耗了中国大量外交资源。如此一来，一种巨大的潜在风险是，由于过度重视东部方向，中国对其他地缘方向的战略风险可能会失之预判与防范，西部边疆之稳定尤其不能忽视。

然而，“西进”不等于偏废“东稳”，中国需要真正从“大周边”角度进行战略筹谋，按照“东稳西进、力避两线”的原则推动地缘战略实现“再平衡”。此外，加大向西开放是中国施展全球大国外交的平台。比如，中美构建新型大国关系必然要从全球层面谋划。虽然中美在东亚的竞争日益明显，但若“西望”，中美在投资、能源、反恐、防扩散、维护地区稳定（如阿富汗）等方面的合作潜力较大。随着俄罗斯、印度、日本等国加大对中亚、南亚等地区的外交投入，中国也应采取积极主动的新姿态，与有关国家共同塑造该地区的安全与发展环境，制定公平的游戏规则。

“南北问题”

共建“一带一路”国家中，大部分是发展中国家，从国际发展学概念而言，发展中国家也被称为“南方国家”，相对应的则是作为“北方国家”的发达国家。过去十余年，中国外交的基本布局一直是“周边国家是首要，发展中国家是基础，大国关系是关键，多边是重要舞台”。重视与发展中国家的关系，完善“金砖国家”等新兴多边机制，积极参与全球经济治理捍卫发展中国家权益等，是当前和未来一个时期中国外交的重要任务。“一带一路”合作倡议的提出，将推动探索一种新的“南南合作”模式，体现了中国在促进全球发展事业、应对“南北问题”方面的新理念新作为，也彰显了中国作为世界上最大的发展中国家的国际责任和时代担当。⑫

发展中国家对于中国的重要性，大致上可以从经济维度和政治维度予以分析。从经济维度看，21世纪以来，发展中国家在世界经济中的比重和经济增速处于上升势头，未来世界市场的增量将主要来自包括新兴经济体在内的发展中国家。⑬如果我们深入研究“一带一路”倡议提出的背景，可以发现，2001年至2011年，发达国家和发展中国家的GDP平均增速分别为1.8%和6.2%，特别是非洲地区在金融危机严重冲击世界经济的情况下仍然实现了年均约6%的快速增长。世界贸易组织2013年9月发布的

《世界贸易报告》称，发展中国家之间的贸易额占世界贸易总额的比重已从1990年的8%上升至2011年的24%。从国际经济总量结构看，发达国家所占总体份额从2009年的53%降至2011年的46%；而同时期，“金砖国家”份额则从14%上升至20%。从发展趋势看，美国国家情报委员会发布的《全球趋势：2030》报告提出，到2030年传统的西方国家（美欧日）在全球收入中的比重将从目前的56%下降到远低于50%。[14]

与此同时，中国与发展中国家的经贸联系在近年出现了令人欣喜的重要变化，两者之间的经济互补性显著增强，共同利益基础稳步扩大，发展中国家为中国拓展对外经济合作增添了新的巨大动力。很大程度上，“一带一路”倡议的提出是这种趋势的反映。笔者根据中国商务部网站公布的数据计算，2011年，中国与美欧国家之间的贸易总额大约是10 139亿美元，与东盟、中东、非洲、拉美国家以及上海合作组织成员国的贸易总额约为10 937亿美元。由此可见，从我国对外贸易格局看，发展中国家和发达国家几乎平分秋色。进入21世纪，我国与发展中国家的贸易额进入快速增长阶段，增速和增量都显著上升。2001年至2011年间，我国对外贸易总额增长7倍，而我国对南亚和西亚地区的贸易额则增长31倍，占外贸总额比率从2%升至9%。2001年至2011年间，中国和阿拉伯国家之间的贸易额高于中国外贸平均增速10个百分点。从上述简要列举的几组统计数据足见，“一带一路”倡议必将进一步激发中国同发展中国家深化经贸关系的巨大潜力和势能。

美国经济学家伊斯瓦·普拉萨德（Eswar Prasad）在其所著《新兴市场》一书中指出，自1960年以来，包括中国、印度和巴西在内的新兴经济体的经济规模增长了600%，而比较富裕的工业国家的增幅是300%。英国

《金融时报》知名专栏作家吉迪恩·拉赫曼（Gideon Rachman）认为，“非西方经济体的崛起是一种根源深厚的历史性转变，能够经受住任何经济和政治冲击”[15]。但是，我们也不应忽视发展中国家面临的诸多重大挑战。一是大多数国家面临转型难题，发展失衡、贫富分化、社会不公等内生性问题十分突出，不少国家经济上开放，但相应的社会建设和政治建设严重滞后，形成“现代性梗阻”，外部世界的冲击非常容易演变为国家内部的动荡。根据美国国家情报委员会等机构的预测，到2060年，发展中国家对粮食、水和能源的需求会增加一倍，中产阶级的“膨胀”、城市化的非均衡发展、宗教和种族矛盾等因素对国家治理提出诸多新的难题，发展中国家寻求更有效的国家发展道路的需求也将更加迫切。二是以美国为代表的发达国家力图推动全球治理的“再规则化”，特别是在贸易、气候变化、能源等领域通过确立和应用新的国际规则来维护和巩固自身优势，对发展中国家进行新一轮规制。[16]三是发展中国家内部的摩擦和矛盾有升温和更加复杂化的趋势，各自发展面临不同的困难和障碍，彼此竞争或合作动力不足的态势难以排除。据统计，近年在世界贸易组织框架下，对中国发起的贸易投诉有70%来自印度、巴西等发展中国家。此外，在政治体制和文化、社会价值观等方面，中国与其他四国也存在明显差异，特别是中国和印度之间还存在领土争端问题。中国与印度、巴西等国还需协调它们在非洲的政策，以避免造成不必要的竞争。[17]

面对上述新的形势和现实，通过落实“一带一路”合作倡议，中国可以与共建“一带一路”国家整合发展动力，共享发展成果，共同维护发展中国家的权益。这是推动中国外交深刻转型、实现中国和世界发展机遇

“相互转化”的应有之义，是“高举和平、发展、合作、共赢的旗帜”的必然要求。

简言之，在笔者看来，中国外交的深刻转型可以归结为八个“更加”：更加具有时代性的全球视野、更加恰切的国家定位、更加精细的利益界定、更加完善的总体规划、更加有效的资源配置、更加均衡的手段运用、更加有力的协调配合、更加强化的战略韧性。其主要任务是：管理“复杂性”，为中国与世界的复杂互动和竞争立规则；注重“均衡性”，在处理对外关系上既要有所作为，也要谦虚谨慎；适应“突发性”，强化底线思维的同时，要更从容地面对战略意外；培育新的“互补性”，与外部世界加大利益捆绑，并逐步建立“责任共同体”和“命运共同体”；强化外交的“社会性”，更好地挖掘和利用社会资源，发挥外交中的“民间力量”。可以说，“一带一路”倡议为观察中国外交的深刻转型提供了一个重要窗口。

以互联互通为导向的“强国方略”

习近平总书记在党的十九大报告中明确提出，中国将在 2020 年“全面建成小康社会”，2035 年“基本实现社会主义现代化”，继而在 2049 年中华人民共和国成立 100 周年前后建成“富强民主文明和谐美丽的社会主义现代化强国”。在 21 世纪，“强国”的内涵需要重塑，也正在重塑，强国不能靠攻城略地来增加和维护权势，强国需要寻求“互联互通力量”，强国之间需要保持相互克制，探索合作共赢之道。中国应努力成为 21 世纪的“新型强国”，发挥“成人之美的全球领导力”（facilitating global leadership）而非“霸权领导力”，更加自觉地以白身的积极变革带动世界的积极变革，促进中国发展机遇和世界发展机遇的“相互转化”。

未来数十年很可能将出现一个美、中、欧、俄构成的“多中心”世界，同时也会有若干占据“枢轴”地位的国家，如哈萨克斯坦、印度尼西亚、伊朗等。“多中心”与过去常说的“多极”大不一样。“极”的概念更多体现的是一种19世纪的思维，与“势力范围”“后院”“大博弈”等一连串带有封闭性、冲突性的理念密切相联。“多中心”世界在承认相关国家拥有“中心强国”地位的同时，也强调这些“中心强国”之间的联通性和相互依存。面对很可能出现的“多中心”世界，同时考虑到中国的现实国力、发展挑战、政治制度、文化传统、地缘限制等因素，中国千万不要被“世界老大”的迷梦所绑缚，而应选择一种以“互联互通”为导向的大战略。“互联互通”目标是有限的、可控的，重在发挥中国的真正优势，以包容、融合、聚合化解封闭、排他、阵营，彰显的是“和羹之美，在于合异”的“东方智慧”。正如习近平所言，没有哪个国家能够独自应对人类面临的各种挑战，也没有哪个国家能够退回到自我封闭的孤岛。未来数十年，中国加快“走向全球”的大趋势难以改变，中国需要深入发掘和运用“互联互通”的巨大价值，不断积聚构建人类命运共同体的人脉、力量和经验。

应当看到，在一个权力分散的“网络化世界”或“多节点世界”中，国际社会的等级性结构逐渐被网络化结构所取代。一个国家的权力不仅来自于经济、军事、文化等方面的力量，还来自于对“关系”或曰“互联互通”的掌控，如果能处于在不同利益下形成的多种临时性组合的结点，与其他利益攸关者和重要力量建立“联通性”，就有望在21世纪成为最有权力的国家。[18] 中国虽然不是互联互通概念的首创者，但已成为当今世界最重要的互联互通倡导者、实践者、引领者。2012年党的十八大报告首次将“互联互通”作为政策理念纳入其中，“互联互通”与高举“共赢”旗帜、倡导人类命运共同体意识、构建全球伙伴关系网络等中国外交的理论和实践创新一脉相承。

习近平主席对“互联互通”尤为重视，并在多个国际场合对“互联互通”的含义、目标和任务做出重要阐述。2014 年 11 月，在北京 APEC 领导人非正式会议召开前，中国政府专门举行了“加强互联互通伙伴关系对话会”，邀请蒙古国、缅甸、柬埔寨、巴基斯坦、孟加拉国等国领导人共商大计。习近平主席在这次会议上发表的讲话中指出，如果将“一带一路”比喻为亚洲腾飞的两只翅膀，那么互联互通就是两只翅膀的血脉经络。他还强调，我们要实现亚洲国家联动发展，亚洲各国就像一盏盏明灯，只有串联并联起来，才能让亚洲的夜空灯火辉煌。中国还借助主办 APEC 领导人非正式会议、亚欧互联互通产业对话会等机会，力推《亚太经合组织互联互通蓝图（2015—2025）》。[19] 此外，中国与东盟成立互联互通合作委员会，与欧盟设立中欧互联互通平台，倡设全球基础设施互联互通联盟等。过去几年，“一带一路”倡议与既有的各国发展战略，区域和次区域互联互通构想、规划、项目之间的“对接”（integration）、“嵌入”（embedment）和“赋能”（empowerment）不断推进，取得重要成效。

值得注意的是，2017 年 5 月首届“一带一路”国际合作高峰论坛发表的联合公报专门列举了全球范围内的主要“互联互通”倡议和构想，并提出要加强“一带一路”与它们的深度对接。正如习近平所做的生动比喻，“大雁之所以能够穿越风雨、行稳致远，关键在于其结伴成行，相互借力”。推动“一带一路”建设，中国既要有成人之美的胸怀，也须有灵巧借力的智慧。中国通过“一带一路”发挥“全球领导力”，不仅在于自己的行动力，还在于共识的塑造力、理念的创新力、舆论的引导力。随着"一带一路"以及其他互联互通合作的推进，可以考虑组织多国学者和国际机构专家开展专题研究，对全球范围内的互联互通实践进行理论升华，尤其要总结亚洲、非洲和拉美在实现互联互通目标方面的共性诉求。

"一带一路"是"创新性实践"，必然需要"创新性理论"对其加以阐释，可以在"一带一路"建设的实践基础上尝试构建互联互通理论。应当看到，既有国际关系和外交理论存在明显不足，对"一带一路"缺乏理论话语层面的适用性。第一，欧洲式的一体化理论，要求欧盟成员国让渡主权，追求建立法制化程度较高的政治联盟，主要是"趋同"的过程，旨在从"多元"走向"统一"。然而，欧洲一体化模式的刚性色彩太强，欧盟内部压力日增，"英国脱欧"等表明其存在深层次弊端。第二，美国式的"霸权稳定论"，强调美国"一家独大"的合理性，追求由霸权国家来确保全球稳定，既缺乏道义基础，也与世界发展的"多中心"趋势不符。第三，苏联式的国际分工论，实质上是以"分工"为名行"控制"之实，充满"大国沙文主义"色彩，其内在的"剥削性"受到东欧国家和发展中国家的广泛诟病。[20]不难看出，上述理论的共同弊端在于，都是以上下关系为基础的"等级制"，都出现"中心—边缘"的不平等发展模式，都具有阵营性、排他性的价值取向。

当前和未来一个时期，世界发展的主要矛盾在于"分"与"合"、"碎片化"与"依存性"之间的较量。实际上问题不在于要不要"合"而是"怎么合"，需要寻求国家间新型合作方式和新型全球治理模式，使各国将各自发展机遇转化为相互的发展机遇，不断壮大世界上走和平发展道路的力量。由此，倡导互联互通，不仅是政策目标，也是一种新的世界观、战略思维和国际关系范式，是中国为引导国际秩序积极转型而做出的宝贵“智识贡献”，应当基于“一带一路”建设进一步总结提炼“互联互通理论”。“互联互通理论”是对欧洲式的一体化模式、美国式的霸权稳定论、苏联式的国际分工论的理论超越，是着眼于解决当前世界发展核心矛盾的理论探索，也是推动人类命运共同体建设实体化的理论指向。

具体而言，“一带一路”所体现的“互联互通理论”具有以下主要内涵和鲜明特征：一是不以削弱各国主权为代价推动跨国性合作，而是肯定主权、维护主权，注重发挥各国政府在促进合作方面的枢轴作用。不以建立超国家机构为目标，而是倡导建立平等互助、合作共赢的“共生体系”。二是不以消除差异性为目标，而是充分尊重文明多元性和国际发展模式多样性，重视以共同理念、共通目标凝聚各国合力，实现“开放性聚合”。不靠什么唯一的价值观和体制来“统合”他国，而是寻求适应共建“一带一路”国家各具特色的经济、政治和文化生态。三是不搞“唯我独尊”，要“合唱”不要“独奏”，强调“对接”而不是“趋同”，力求建立“平等的伙伴关系网络”而非“等级性秩序”，不强求他方制定新的战略呼应中方，而是将中方倡议与各国已有的发展规划紧密衔接起来，以务实的共同规划推动相关合作。四是不搞“唯规则论”，既推动规则建设，也重视沟通、协商、调解的作用，尽量照顾各方舒适度，维护彼此默契。面对分歧摩擦，既靠规则疏导，也靠关系“润滑”，将“规则治理”和“关系治理”相互结合。[21]五是不搞“小圈子”，拒绝非此即彼、阵营分立、零和博弈，力求以互联互通消解和超越霸权秩序等内生的“排他性”和“对抗性”。

第三节 全球化再平衡与中国领导力

“一带一路”的提出与全球化的发展息息相关，它实际上体现了中国促进全球化再平衡的努力。自2008年前后在美欧国家出现金融危机和世界性经济衰退以来，全球化进程进入了低潮期。正如澳大利亚国立大学公共政策研究院学者安德鲁·埃莱克（Andrew Elek）所言，想要削弱传统贸易壁垒正变得越发困难，“一带一路”关注的是弥补各国在运输、通信等基础设施方面的缺口，这将有助于减少供应链的障碍，这种基础设施和能力建设合作是一个“正和博弈”；“一带一路”可以推动相关国家通过“富有创造性的新手段来促进全球经济的一体化”。[22] 未来数年，中国发展的全球战略环境将出现很多新的变化，有些变化比我们想象的要来得快、来得深。因此，中国需要从新的站位看待自身与世界关系的变化，从引导全球化和国际秩序积极转型的高度把握和制定外交政策。推进“一带一路”建设，有助于带动全球化的再平衡，有助于推动国际秩序的良性重塑。在这一过程中，中国将会不断培育和提升自己的“国际领导力”（international leadership），推动更具共识性的国际秩序愿景，并学习如何更好地处理愿景、实力、机制和规范之间的复杂互动关系。

全球化面临深层挑战

经济全球化是一个在曲折中发展的历史进程。19世纪以降，在工业化大发展的背景下，全球化获得充足动力，欧美商品和资本不断向外扩张，进而逐渐形成真正意义上的世界经济体系。然而，全球化并不是线性发展的，在过去两百多年间，亦是有起有落。第一次世界大战和第二次世界大战的“战间期”，便是全球化的低潮，各国纷纷采取以邻为壑、害人损己的经济政策，终致陷入惨烈战争之中。过去几百年来，西方工业化国家一直是经济全球化最重要的推手，尤以冷战结束后美国“独步天下”为甚。在20世纪90年代，美国国内互联网经济勃兴，在信息通信技术的助力下，跨国企业得以在全球构建生产链条。发展中国家的低工资、廉价原材料和潜在市场吸引西方企业和资本家争相“开疆拓土”。对此，美国著名史学家韩德（Michael Hunt）批评说，“他们拥有一种几乎是至高无上的权力，可以忽略当地人民的意见，在那些政府羸弱的国家横行无忌”㉓。

经济全球化逐渐衍生了政治观念、社会制度、国家治理体制的全球化。冷战结束后初期，时任美国总统克林顿将推动全球化视为一种国家战略，坚信全球化不仅会带来自由贸易和经济增长，还将在全球范围内推动“民主化”。全球化的舆论旗手、《纽约时报》资深记者托马斯·弗里德曼（Thomas Friedman）称，全球化不仅仅是一种时尚，也不只是一股经济热潮，它是一种替代了冷战体系的国际体系。㉔在这个体系中，全球市场的压力将迫使政府放权，私营部门随之扩权。作为自由市场经济的倡导者，美国也将占据无可挑战的全球领导地位。的确，在苏联垮台后，很多国家进入美国主导的全球化进程之中，那些长期远离世界经济体系的国家一时间成为全球化的受益者。在21世纪第一个10年，中国等新兴经济体的快速发展，则成为推动全球化进程的另一动力来源。

然而，时移世易，在21世纪的第二个10年，全球化进程开始遭遇挫折、面临转折。美国对经济全球化的“双刃剑”效应抱怨日深，认为全球化给自身带来的负面影响日增，包括就业岗位流向海外、技术优势渐被削弱、贸易逆差大幅增加、国内制造业“空心化”等。尤其是，2017 年 1 月上台执政的美国总统特朗普公开宣扬“美国优先”，质疑“自由贸易”理念，指责中国等国搞不公平竞争，誓言要帮美国工人重新赢回他们的工作。在他的总统就职演说中，特朗普宣称，“从今天开始，只有美国优先。每一个关于贸易、关于税收、关于移民、关于外交的决定，都会为了美国工人和美国家庭的利益而做出。我们要保护我们的国界不受其他国家的破坏，它们生产了本属于我们的商品，偷走了本来要投资在我们国土上的公司，毁掉了我们的工作机会……我们将遵循两条最简单的原则——买美国的商品，雇美国的工人”[25]。2017 年 3 月，在筹办二十国集团汉堡峰会期间，美国与德国在如何对待贸易保护主义问题上分歧明显，美国财长姆努钦甚至要求此次峰会降低支持自由贸易的调门。[26]特朗普政府退出旨在应对气候变化的《巴黎公约》、减少对国际组织的资金支持等行为，也表明了其对于“全球主义”的反感。

与此同时，在大西洋的另一端，欧洲国家的“反全球化”情绪也日渐高涨，其对移民问题更为关注，而人员的自由流动一度是全球化的重要成就。过去数十年，在阿富汗战争、伊拉克战争、利比亚危机、叙利亚内战等影响下，数百万难民涌向欧洲，出现第二次世界大战以来最严重的难民危机。在难民危机的冲击之下，欧洲民众的不满和不安全感陡增，欧洲一体化进程也备受打击。英国最终选择“脱欧”足以说明问题的严重性。反移民、反自由贸易、反欧洲一体化的政党和政治势力在欧洲做大，如法国“国民阵线”、“德国选择党”、丹麦“人民党”等。欧洲的右翼民粹主义政党通常具有“反精英”“反主流”姿态以及高度的民族主义和排外倾向，主张建立族群、血统、文化意义上的“同质社会”，它们将矛头指向少数族群、非主流的宗教信徒以及外来移民，把后者视为本国经济社会和政治危机的根源。与此同时，这些政党也普遍具有疑欧倾向，甚至是公开反对欧洲一体化，厌恶那些支持“更多欧洲”（more Europe）理念的政治精英群体。

在西方发达国家质疑全球化的情况下，新兴经济体由于经济实力仍较有限等原因，一时也难以成为支持全球化的旗手。过去几年来，“金砖国家”等难以保持“增长冠军”的头衔，它们遇到的经济和社会挑战不容小视。中国经济增速呈下降趋势，并且面临金融体制、国有企业、就业市场等方面的艰巨改革任务。俄罗斯、巴西等长期以来依靠出口能源资源和大宗商品的国家，则需经历更为困难的转折期。土耳其等国还面临国内政治动荡的考验，非洲的尼日利亚、肯尼亚等则饱受恐怖主义和极端主义势力的袭扰。此外，发展中国家和新兴经济体内部的分化也不应忽视，比如印度和中国之间的贸易争端。

因此，全球化进程的“支撑力量”和“发展动力”不足成为一个突出问题。世界也一直在承受着金融危机带来的负面影响，经济复苏进程充满变数，跨境贸易和投资总量有所下降。2008 年以来，沉重的债务及其连带的经济不安全感，导致很多国家的国内消费需求下降，跨境投资萎缩和贸易保护主义上升，全球经济活动大大放缓了。美国和欧元区的需求大约降低了 20%。贸易一直是推动全球化进程的重要手段。在金融危机之前的 20 年里，全球贸易增速是生产增长的两倍，体现了国际商品流动的高度活跃。然而，2015 年世界经济实际增长 3.1%，而全球贸易仅增长 2.8%。跨境资本流动也严重倒退，一度降低至 20 世纪 80 年代初的水平。

全球化进程为何会出现这样的变化？从更深层次的原因看，冷战结束后，全球化虽然续有发展，但“西方”“资本”“国家”这三个重要角色的位置却出现不同程度的失衡。其一，全球化很大程度上被等同于“西方化”，美欧以冷战的“胜利者”自居，力图以自身经济发展模式和政治制度改造世界。其二，资本驱动的全球化重“生产”而不重“分配”，不仅导致美欧国内日趋严重的经济社会不平等，而且还造成广大发展中国家利益受损，一些自然资源条件差、地缘区位不佳的国家甚至长期处于全球发展的“边缘”地带，成为滋生极端主义、恐怖主义等反全球化、反现代化势力的温床。其三，消减政府管制、弱化国家角色被当作全球化的目标，迷信市场这一“看不见的手”，致使政府无为、治理缺位。全球化的发展前景如何，将取决于如何应对上述失衡问题，全球化需要实现一种“再平衡”。实际上，西方精英也认识到全球化正进入一个新的发展阶段。正如英国《金融时报》主编巴伯（Lionel Barber）所言，旧的、西方主导下的“全球化 1.0”时代已经过去，世界正在迎来包含更多非西方现代性元素的“全球化 2.0”。[27]

在全球化实现“再平衡”的进程中，以下几个方面的努力是值得推动的，而中国将在这一进程中发挥至关重要的作用：

首先，无论是西方发达国家还是发展中国家，都需要深入实施“结构性改革”，进而为实现全球化再平衡创造根本动力。全球化不能“只见全球”而“不见国家”，民族国家仍然是国际社会的基本单位，全球化问题的根源很大程度上还是在于国家层面的“发展赤字”和“治理赤字”问题。既需要“有效的市场”，也需要“有为的政府”，后者应善于为长期经济增长寻求新的动力。以往，总是西方国家“开药方”，认为发展中国家的问题在于“大政府”和“自由市场”不足，以“新自由主义”为底色、以削弱政府管制为目标的“华盛顿共识”大行其道。全球化的再平衡需要重新认识国家政府在经济发展中的角色，注重“有为的政府”和“有效的市场”相互结合。要鼓励新兴国家和发展中国家发挥更大的积极性、主动性，纠正“全球化等同于西方化”的弊端，推动全球各国的协同改革和“共同进化”。2016 年中国主办 G20 杭州峰会的重要成就之一，即是为 G20 成员国确定了结构性改革的 9 大优先领域和 48 条指导原则，并制定了衡量结构性改革进展的指标体系。这意味着，不论发展中国家还是发达国家，都需要实实在在地推动“真改革”，而不是靠印钞票、强刺激这类做法来支撑经济发展。

其次，全球化的再平衡需更为重视处理“分配的政治”，更好地维护和促进发展中国家的“发展利益”，实现一种“更多人参与、更多人贡献、更多人受益”的全球化。如果说过去几十年的全球化聚焦于“增长”，那么下一个阶段的全球化就应当格外着力应对“分配的政治”，努力降低经济、社会和机遇的不平等。“有增长，无发展”的状况亟须改变，应进一步提升“发展”议题在全球治理中的重要性，让发展更具包容性，让更多发展中国家的民众享有全球化的成果。以往的全球化主要着眼于增长、利润和资本，造成穷者愈穷的问题，广大发展中国家难以从全球化进程中获得应有的利益，不满者的增多尤其是极端主义、恐怖主义势力趁机而起，最终也会殃及发达国家。2015 年 8 月，联合国通过“2030 年可持续发展目标”，以替代 2000 年制定的“千年发展目标”。在这份由国际社会共同制定的发展议程中，设立了减贫等 17 项主要目标。作为在减贫等领域取得重要成就的国家，中国已经提出要把“一带一路”与落实“2030 年可持续发展目标”更加紧密地结合起来，与其他发展中国家携手推动国际社会更加重视“发展”问题，促使各方围绕如何顺利实现“2030年可持续发展目标”制订和实施系统性的行动计划。

再次，推动全球化的再平衡，各方应更加重视气候变化等影响可持续发展的国际性挑战，节制资本、增进公益，通过绿色金融、跨境联动等新方式予以应对，减少“全球治理赤字”。比如，气候变化问题是全球化的“伴生物”，人类经济活动的增加直接导致了温室气体的增加，气候变化带来的极端天气频密等问题又会对经济发展和人类福祉造成负面影响。面对日益严峻的全球气候挑战，时任联合国秘书长潘基文曾忧心忡忡地表示，我们将是最后一代可以应对气候变化的人。气候变化早已不仅仅是一个环境问题，它和经济发展议题密切相关。根据1997年达成的《京都议定书》，过去几百年发达国家的工业化进程被认为是导致全球气候变化的主要原因，也就是说，造成了温室气体的“存量”问题。发展中国家认为发达国家应承担最主要的减排责任，而发达国家则提出发展中国家尤其是新兴经济体也应做出严格的减排承诺，因为这涉及温室气体的“增量”问题。由此，发达国家和发展中国家之间的这种矛盾就成为全球气候治理的核心难题。在这种情况下，中国开始在引领全球气候治理方面展现令人瞩目的领导力。[28]中国强调要坚持“共同但有区别的责任”原则，同时也呼吁每个国家都应当自主地、积极地承担起减排责任。为支持其他发展中国家应对气候变化，中国还出资设立了“中国气候变化南南合作基金”。中国希望用自己的行动向世界传递出这样的核心信息：不要把应对气候变化视为一种负担，它可以也应当为经济增长创造新的需求和机遇，包括促进绿色金融的发展。在经济全球化的今天，没有与世隔绝的孤岛，我们需要在应对全球性挑战的过程中不断加强和完善全球治理。

“一带一路”推动全球化再平衡

2017 年 1 月，世界经济论坛年会在瑞士达沃斯举行，此次年会将主题确定为“领导力：应势而为、勇于担当”。何谓“领导力”？核心就是在困境中带领大家直面问题、凝聚共识、寻求解决方案的能力。约翰·艾肯伯里（G. John Ikenberry）等学者曾对“国际领导力”（international leadership）问题做出阐释。综合来看，所谓国际领导力，可以分为主要依靠物质性实力的结构型领导力（structural leadership）、主要依靠制度和规则的制度型领导力（institutional leadership）、主要依靠知识生产和理念引领的智识型领导力（intellectual leadership）。[29]

在全球化遭遇质疑和挫折之际，作为世界第二大经济体，中国会做出哪些选择，中国能不能发挥作为一个世界大国的领导力，引起国际社会的强烈关注。2017 年 1 月，中国国家主席习近平首次出席世界经济论坛年会并发表重要演讲，明确表达了中国坚定支持经济全球化的态度，世界为之瞩目。正如英国《金融时报》首席评论员菲利普·斯蒂芬斯（Philip Stephens）所言：“习近平在这个论坛上唱主角，反映出这个世界的某种变化……中国可能会抓住这个机会，走上世界舞台的中心。”[30]美国《纽约时报》刊文评论称，在中国成为影响力遍及全球的超级大国的道路上，习近平主席出席世界经济论坛是合乎逻辑的一步。德国驻华大使柯慕贤（Michael Clauss）发表文章称，面对日益碎片化的世界秩序，一个坚持改革开放的中国可以成为新的全球化领导者。[31]

世界经济论坛的前身是 1971 年设立的“欧洲管理论坛”，它的核心议程是倡导国际自由贸易，探讨影响全球经济发展的重大问题，这一盛会早已成为经济全球化的标志性符号。论坛创始人施瓦布教授早在1979年就曾率团访华，恰逢中国刚刚开始实施改革开放政策之际。同年，中国政府派出代表参加世界经济论坛，表明了中国试图重新融入国际经济体系的意愿。此后40年间，在改革开放政策的带动下，中国实现快速的经济发展，并一跃成为仅次于美国的世界第二大经济体。从2007年起，世界经济论坛开始在大连、天津两地轮流举办"新领军者年会"，与中国方面的联系与合作不断深化。2017年中国领导人习近平亲赴瑞士参加世界经济论坛年会，体现了中国对该组织所倡导的全球化、自由贸易和多边主义的有力支持。

实际上，2017年在达沃斯就全球化问题发出"中国声音"，无论是时机还是地点，都颇为微妙甚而敏感。不可否认的是，"反全球化"现象正在美国和欧洲国家日益散播，高呼反自由贸易、反移民口号的政治人士颇受追捧，不难看出，作为"资本主义的核心地带"和"西方世界的中心"，美欧的"全球化推手"角色正在发生深刻变化，"反全球化先锋"在西方国家不乏其人。美国前财长、哈佛大学前校长劳伦斯·萨默斯（Lawrence Summers）忧心忡忡地写道：冷战结束后，支持全球化的广泛共识成为国际秩序的支柱，然而如今，"抗拒全球化的潮流正在西方大行其道"。[32]在这种情况下，中国如何针对全球化发声，道理怎么讲，话说到什么程度，提出哪些解决之道，对自身正面临经济转型困难的中国而言，实际上是一个巨大的考验。"这是最好的时代，也是最坏的时代"，习近平主席在达沃斯演讲中专门引用了这句英国文学家狄更斯的名言。在国际社会反思全球化的大背景下，机遇和挑战并存，中国推动全球化再平衡，需要因时而动、量力而行，需要有勇有谋、讲求策略。

习近平主席在达沃斯的演讲主要传达了三层核心信息：

第一，问题不在于世界要不要全球化，而在于要一种什么样的全球化。一方面，当今困扰世界的很多问题，并不是经济全球化造成的。另一方面，经济全球化是一把“双刃剑”，发达国家和发展中国家都会感受到压力和冲击。反全球化的呼声，反映了经济全球化进程的不足，值得重视和深思。为了促进更具活力、更加包容的全球化，一是要适度管理，让各国结合自身国情选择融入全球化的路径和节奏；二是要更加注重公平，让不同国家、不同阶层、不同人群共享经济全球化的好处，大力应对经济、社会和机遇的不平等。

第二，中国不仅是全球化的受益者，也是贡献者。换言之，中国为融入和推动全球化付出了一定的代价。过去很多人总爱讲，“中国是全球化的最大受益者”，其实这种观点经不起推敲，也会让中国在“反全球化”潮流中成为众矢之的，甚为不智。习近平强调，中国的快速发展，的确借助了全球化，但从根本上是靠“中国人民几十年含辛茹苦、流血流汗干出来的”。观察中国发展，要看中国人民得到了什么收获，更要看中国人民付出了什么辛劳；要看中国取得了什么成就，更要看中国为世界做出了什么贡献。这才是全面的看法。

第三，推动全球化发展，中国会从自身做起，也会“兼济天下”，希望各国共同努力、相向而行。如果说，过去几十年的全球化进程以“去国家化”为导向，即不断削弱国家的角色；那么，未来的全球化，每个国家都不得不承担起更多、更重的责任。与此同时，由于全球相互依赖的现实，每个国家不仅享有“主权权利”，也要履行“主权义务”，“应该在更加广阔的层面考虑自身利益，不能以损害其他国家利益为代价”。习近平表示，中国人民张开双臂欢迎各国人民搭乘中国发展的“快车”“便车”。[33]

应该看到，推动全球化沿着积极方向发展，维护世界经济的开放性，总体上符合中国的利益。时至今日，中国的经济利益可谓遍布全球，累计对外直接投资超过 1.2 万亿美元，是 120 多个国家的最大贸易伙伴。中国自身发展与世界经济的“内外联通”程度，远远超过人们的一般想象。德国墨卡托中国研究所和美国荣鼎集团发布的研究报告显示，2005 年至 2015 年间中国的海外投资平均每年增长约 30%，仅在 2016 年，中国的海外投资就达到约 2000 亿美元。引导全球化沿着积极轨道发展，符合中国崛起的现实需要，有助于维护中国日益拓展的海外利益。中国企业、人员和资本走向全球，是大势所趋，正如习近平所言，“世界经济的大海，你要还是不要，都在那儿，是回避不了的”。同时也不能忽视，在“反全球化”思潮明显高涨的背景下，在西方国家对全球化态度暧昧甚而迟疑的情况下，在新兴国家遭遇各种困境日趋“内顾”的现实下，推动全球化发展将是一项颇为艰巨的任务，要把各方面的困难估计得充分一些，要对中国的“全球领导力”有更加深入的认识，信心和勇气固然重要，更需有徐图的耐心、智取的策略。

首先，要协调好与西方国家的关系。中国是社会主义国家，也是一个非西方大国，美国和欧洲应该不会情愿让中国抢走风头，成为全球化的引领者。中国在全球经济格局中“块头”虽大，但道行尚不深，不必急于提出一整套方案，而要推动各国共同反思全球化到底出了什么问题，引导国际社会寻求共同解决之道。同时，中国可以不断“拉响警报”，强化国际社会的危机意识和行动意识，避免全球化大幅停滞而导致“双输”“全输”

的局面。其次，要找准可以共同推动全球化发展的伙伴，善于借力。比如说，习近平主席 2017 年 1 月访问的瑞士，虽然国家不大，但在世界经济格局中可以发挥的作用却不小。此外，德国、法国、加拿大、日本等国家在国际经贸政策上与美国特朗普政府存在显著分歧，中国需要增进国际协作，围绕开放性世界经济、全球互联互通等目标做好大文章。再次，要加快深化改革的步伐，做好自己的事。行胜于言，润物无声，中国需要在国内改革上继续爬坡过坎，把近年来推出的各项改革举措真正落到实处。这既是中国经济“强筋健骨”的需要，也是中国为全球治理提供方案、为国际合作贡献智慧的“底气”所在。

推动全球化再平衡，中国势必将发挥重要引领作用，国际社会对中国的期待也在不断增强。作为世界第二大经济体、第一大贸易国、第二大对外投资国，中国应当为全球化发展做出理念贡献、机遇贡献、制度贡献。在当前全球化面临转折的关键节点，需从推动全球化再平衡的战略高度认识和把握“一带一路”建设的深刻意义。应当看到，“一带一路”是推动全球化健康发展的积极探索，是凝聚共赢发展力量的重要平台，有助于引领全球化进程朝着更加包容普惠的方向发展。

“一带一路”建设对全球化发展具有显著的支撑和推动作用，主要体现在以下几个方面：第一，“一带一路”既为长期处于“全球化洼地”的国家提供了发展机遇，助其摆脱贫困和实现现代化，也有望为发达国家增添发展动力。第二，“一带一路”国际合作以各国相互尊重、平等交往为基础，尊重有关各方平等参与、共商共享的权利。“一带一路”建设不搞等级制、排他性安排，力求开放性、网络化合作，鼓励“多拆墙、少筑墙”。第三，“一带一路”践行互利共赢理念，在坚持国家自主发展的同时，努力寻求各方共同发展的最大公约数。第四，“一带一路”注重发挥政府的合理引导作用，而不是任由“资本”逐利扩张，强调为相关国家的普通民众谋福。第五，“一带一路”秉持“各美其美、美美与共”的文化观念，坚持和而不同，倡导成人之美，主张文明之间的包容互鉴。

当前和未来一个时期，“一带一路”建设可结合推动全球化再平衡的重要目标，努力做好以下几方面工作：一是及时总结、提炼和宣介“一带一路”框架下的新型合作模式。“一带一路”建设涉及多元主体合作、国内治理与全球治理相协调、“软联通”与“硬联通”相促进等一系列新尝试，要对这些创新实践加以深入研究。二是既要坚持“开放的一体化”模式，又要注重有形的治理架构建设，要针对“一带一路”面临的现实难题和突破方向，进一步完善规则和制度建设，逐步做实、做强符合“一带一路”建设需要和规律的新型治理机制。三是要深化与联合国机构等地区性、功能性国际组织的合作，增进“一带一路”与联合国事务和发展战略议程的联通性，善于借力，善于构建更加广泛的、以发展为导向的“联合阵线”。四是要坚持“一带一路”建设的民生导向，增强项目成果的普惠性。要推动中国企业在对外经济合作中落实“正确义利观”，积极履行企业社会责任。从“以人为本”的道义高度，重视和支持“一带一路”框架下的教育、医疗、扶贫、减灾等合作，进一步充实健康、智力、绿色、和平丝绸之路建设的具体内容，打造更为坚实的社会民意基础。

不断深化与国际组织的合作

从历史上看，一个大国的成长势必需要借助国际组织和机制的力量，“制度之翼”是国家实现真正崛起所不可或缺的。第二次世界大战后，美国大力推动旨在扶持欧洲复兴的“马歇尔计划”，该计划机制化的成果之一，就是催生了经济合作与发展组织（OECD），它在当今全球经济治理中扮演着重要角色。“一带一路”与“马歇尔计划”存在根本不同，但“一带一路”建设却可以从后者借鉴经验，尤其是需要思考如何用好国际组织的力量，并在此过程中提升“一带一路”自身的机制化水平。[34]正如习近平主席所强调的，“一带一路”建设需要聚焦构建互利合作网络、新型合作模式、多元合作平台。如何深化“一带一路”与国际组织的对接和合作必然是题中之义。

过去几年来，“一带一路”得到联合国等众多国际组织的赞赏和支持。2016年3月，联合国安理会第2274号决议首次纳入“一带一路”倡议内容；2016年4月，中国外交部与联合国亚太及太平洋经济社会委员会签署“一带一路”建设合作意向书；2016年12月，第七十一届联合国大会协商一致通过关于阿富汗问题第A/71/9号决议，决议明确欢迎“一带一路”倡议，呼吁国际社会为开展“一带一路”建设提供安全保障环境。[35]此外，中国已同40多个重要国际组织签署共建“一带一路”合作协议。2016年9月19日，中国政府与联合国开发计划署签订关于共同推进“一带一路”建设的谅解备忘录。开发计划署是联合国的下属机构，也是联合国在国家层面的运营机构，在众多国家与合作伙伴共同促进可持续发展、消除贫困、提高女性地位、提升国家治理水平。其目标是推动经济发展方式调整，实现更具包容性、可持续性及弹性的增长，实现人类全面发展和共同繁荣。双方建立战略合作伙伴关系，目的是在“一带一路”和南南合作框架下，发挥开发计划署拥有的资源、网络和实践经验等优势，推动共建“一带一路”国家的可持续发展。

具体而言，双方可以展开很多实质性的合作。比如，在中国驻外使领馆和代表团以及开发计划署国别和地区办公室的基础上，建立“一带一路”合作网络，加强沟通与信息分享。此外，还可以联合举办高级别政策论坛，邀请相关利益攸关方和实践者共同参与。开发计划署还将协助中方开展研究和分析，支持“一带一路”和南南合作议程达成有影响力的成果。在实施示范项目方面，开发计划署在项目鉴别、设计、实施和风险管控方面具有优势，可通过建立三方合作伙伴关系，共同推动有关项目，促进政府与私营部门之间更好合作，以实现扶贫、包容性增长和绿色融资等目标。双方还将合作举办“一带一路”国家高级别政府官员培训课程，提高官员的领导力和协调力，加强相关国家政府的能力建设。[36]

2017年5月，首届“一带一路”国际合作高峰论坛在北京举行。联合国、世界银行、国际货币基金组织、世界贸易组织、国际移民组织等80多个国际组织负责人和高级代表出席。习近平主席在开幕式发表的主旨演讲中表示，中国将设立“一带一路”国际合作高峰论坛后续联络机制，成立“一带一路”财经发展研究中心、“一带一路”建设促进中心，同多边开发银行共同设立多边开发融资合作中心，同国际货币基金组织合作建立能力建设中心。此外，中国将在未来3年向参与“一带一路”建设的发展中国家和国际组织提供600亿元人民币援助。首届高峰论坛举办期间，中国政府与20多个国际组织签署合作文件。中国政府与上述国际组织初步实现了战略和政策对接，涉及贸易投资、基础设施建设、人文交流等领域。

很多国际组织的领导人都表达了愿意进一步参与“一带一路”的态度。联合国秘书长古特雷斯表示，伙伴关系和政策合力是“一带一路”与“2030年可持续发展目标”的共同点，希望联合国相关机构能够深化与中国方面的合作对接。世界银行时任行长金墉表示，世行与中国财政部签署相关文件，将在贸易便利化、风险管理等方面展开合作，世行牵头的全球基础设施建设互联互通联盟也将提供协助。国际劳工组织则与中国人力资源和社会保障部围绕如何推动“一带一路”相关国家的体面劳动商签谅解备忘录，双方的合作重点包括青年就业、创业培训、劳动力市场建设、职业技能开发等。国际移民组织希望就“一带一路”倡议相关移民和边境管理、中国参与全球人道主义、中国公民从战乱国家撤离等问题，与中国加大沟通协调。

应当看到，国际组织拥有的政治资源、专业特长、管理经验和信息渠道等优势，都可以为“一带一路”建设提供重要助力。未来一个时期，中国可以在多边组织框架内，以“一带一路”为抓手，加大参与各领域国际规则制定，提升中国在全球治理中的话语权和影响力。从具体努力方向而言，首先，要不断深化“一带一路”与国际组织议程的相互融合，将发展经济、扩大就业、消除贫困、改善民生、保护环境等摆在合作的优先位置，将各方积极表态落到实处，把合作协议转化为务实行动。其次，要加强与国际组织之间的沟通和磋商，可以定期举办面向国际组织的“一带一路”建设通报和研讨活动，体现中国的开放和务实态度。再次，要结合落实“一带一路”相关合作，用好中国—联合国和平与发展基金、南南合作基金以及中国在有关国际组织分摊会费、自愿捐款等，推动更多中国公民在有关国际组织任职。当然，国际组织也是各国尤其是大国博弈的空间，一些国际组织还存在资金匮乏、运作效率低等痼疾，而且国际组织与中国在理念、规则等方面难免存在分歧摩擦，这些问题都是中国方面推动与国际组织合作时需要注意的。

注释

①《拉加德：防止“新平庸”变成“新现实”》，《基金组织概览》杂志，2015 年 9 月，http://www.imf.org/zh/News/Articles/2015/09/28/04/53/sonew040915a。

② 习近平《推进“一带一路”建设，努力拓展改革发展新空间》，习近平《习近平谈治国理政》（第二卷），北京：外文出版社，2017 年，第 500 页。

③《习近平在推进“一带一路”建设工作座谈会上强调，总结经验坚定信心扎实推进，让“一带一路”建设造福沿线各国人民》，《人民日报》2016 年 8 月 18 日。

④ 汪洋《推动形成全面开放新格局》，《人民日报》2017 年 11 月 10 日。

⑤ 马建堂《六十五载奋进路　砥砺前行谱华章》，《人民日报》2014 年 9 月 24 日。

⑥ 宋涛《为建设美好世界贡献中国智慧》,《当代世界》2017 年第 1 期，第 1 页。

⑦ 杨洁篪《新形势下中国外交理论和实践创新》，《求是》2013 年第 16 期，第 7—10 页。

⑧ 赵明昊《“重返”还是“重构”：试析当前美国亚太战略调整》,《当代世界》2010 年第 12 期。

⑨ 张蕴岭《中国发展战略机遇期的国际环境》，《国际经济评论》2014 年第 2 期。

⑩《王毅部长在第二届世界和平论坛午餐会上的演讲》，外交部网站，2013 年 6 月 27 日，http://www.fmprc.gov.cn/mfa_chn/zyxw_602251/t1053901.shtml。

⑪ 王缉思《“西进”：中国地缘战略的再平衡》，《环球时报》2012 年 10 月 17 日。

⑫ 林毅夫《中国经济的崛起与南南合作》，《清华金融评论》2016 年第 8 期。

⑬ Braz Baracuhy, “The New Geo-economics of Global Trade”, *IISS Voices*, September 13, 2013, http://www.iiss.org/en/iiss%20voices/blogsections/iiss-voices-2013-1e35/september-2013-38d4/the-new-geo-economics-of-global-trade-064b,2014-2-14.

⑭ US National Intelligence Council: Global Trends: Alternative Worlds, December 2012, https://www.dni.gov/files/documents/GlobalTrends_2030.pdf.

⑮ Gideon Rachman, "Future Belongs to the Emerging Markets", *Financial Times*, February 3, 2014.

⑯ 黄海洲、周诚君《中国对外开放在新形势下的战略布局》,《国际经济评论》2013 年第 4 期,第 36—41 页。

⑰《金砖国家对非合作前景广阔》,《经济日报》2013 年 3 月 27 日;Eva Gross, "BRICS: What's in a Name?", *EUISS Brief*, November 2013。

⑱ Mark Leonard (ed.), *Connectivity Wars: Why Migration, Finance and Trade are the Geo-Economic Battlegrounds of the Future*, The European Council on Foreign Relations, January 2016.

⑲ 吴泽林《亚洲区域合作的互联互通:一个初步的分析框架》,《世界经济与政治》2016 年第 6 期,第 76—78 页。

⑳ 苏长和《关系理论的学术议程》,《世界经济与政治》2016 年第 10 期,第 32—34 页。

㉑ 秦亚青《国际政治的关系理论》,《世界经济与政治》2015 年第 2 期。

㉒ Andrew Elek, "China Takes the Lead on Economic Integration", *East Asia Forum*, July 7, 2015.

㉓ 韩德《美利坚独步天下:美国是如何获得和动用它的世界优势的》,马荣久等译,上海:上海人民出版社,2011 年,第 291 页。

㉔ Thomas Friedman, "A Manifesto for the Fast World", *New York Times Magazine*, March 28, 1999.

㉕ President Donald J. Trump's Inaugural Address, January 20, 2017, https://www.whitehouse.gov/inaugural-address; Presidential Executive Order on Buy American and Hire American, Office of the Press Secretary, the White House, April 18, 2017, https://www.whitehouse.gov/the-press-office/2017/04/18/presidential-executive-order-buyamerican-and-hire-american.

㉖ 在美国的要求下，2017 年 3 月二十国集团财长会议后发表的声明未使用反对贸易保护主义等表述，仅是表示“努力增强贸易对经济的贡献”。David Mchugh, “G20 Drops Pledge to Fully Oppose Trade Protectionism amid Trump Pushback”, The Associated Press, March 18, 2017.

㉗ Lionel Barber, “Globalisation 2.0: An Optimistic Outlook”, *Financial Times*, January 15, 2016.

㉘ Harvard Project on Climate Agreements and National Center for Climate Change Strategy and International Cooperation, *Bilateral Cooperation between China and the United States: Facilitating Progress on Climate-Change Policy*, February 2016, http://belfercenter.ksg.harvard.edu/files/harvard-nscs-paper-final-160224.pdf.

㉙ G. John Ikenberry, “The Future of International Leadership”, *Political Science Quarterly*, Vol. 111, No.3, 1996.

㉚ Philip Stephens, “Xi Jinping, Davos and the World in 2017”, *Financial Times*, December 8, 2016.

㉛ 柯慕贤《中国能否成为新的全球化领导者？》,FT 中文网,2017 年 2 月 20 日。

㉜ Lawrence Summers, “Global Trade Should be Remade from the Bottom Up”, *Financial Times*, April 11, 2016.

㉝ 习近平《共担时代责任，共促全球发展》，习近平《习近平谈治国理政》（第二卷），北京：外文出版社，2017 年，第 476—487 页。

㉞ “Will China’s Belt and Road Initiative Outdo the Marshall Plan?”, *The Economist*, March 8, 2018.

㉟ 刘结一《“一带一路”唱响联合国舞台》，《人民日报》2016 年 12 月 8 日。

㊱ Cristina Pinna, “UNDP and China’s Belt and Road Initiative”, https://isid.unido.org/files/OBOR/Session-1-Pinna.pdf.

第二章　让民间力量“澎湃”起来

“一带一路”的顺利“落地”，不能仅仅依靠政府的力量，必须想方设法让中国与相关国家和地区的民间力量“澎湃”起来。要动员和发挥民间力量，需要中国的企业、社会组织等更加积极有为，需要不断提升中国社会治理的现代化程度，深化与“一带一路”相关国家的社会联系，为“一带一路”构筑更加坚实的“民心相通”保障。

在2016年8月举行的“一带一路”建设座谈会上，习近平强调，要推动各国政府、企业、社会机构、民间团体开展形式多样的互利合作，增强企业自主参与意愿，吸收社会资本参与合作项目，共同打造共建“一带一路”国家多主体、全方位、跨领域的协作平台。无疑，“一带一路”的顺利“落地”，不能仅仅依靠政府的力量，必须想方设法让中国与相关国家和地区的民间力量“澎湃”起来。这首先有赖于做好“一带一路”的政策传播工作，让合作共赢的理念深入人心，让“共商、共建、共享”的原则得到更多认同。与此同时，要强化“一带一路”的民生导向，注重硬性基础设施与软性基础设施（soft infrastructure）的协调发展，加大对教育、医疗、环境保护等涉及民生的项目投入，建设好绿色、健康、智力丝绸之路。“一带一路”要动员和发挥民间力量，需要中国的企业、社会组织等更加积极有为，如此既可提升中国社会治理的现代化程度，也有助于深化与“一带一路”相关国家的社会联系，为“一带一路”构筑更加坚实的“民心相通”保障。

第一节 “酒香也怕巷子深”

“一带一路”是一项由内而外、内外联动的合作倡议，它首先着眼于解决中国自身发展的难题，为实现中国新一轮的全面深化改革和建立更开放经济体制这一目标寻求动能，进而整合中国和相关国家的发展潜力，通过“共商、共建、共享”实现互利共赢。然而，从近年有关“一带一路”的政策传播状况看，已出现值得重视的若干问题。“酒香也怕巷子深”，需要重视“讲好‘一带一路’故事”，并在这一过程中不断增强与互联互通新外交相适应的软实力，尤其是推进兼具研究、传播和行动能力的新型智库建设，让智库在优化“一带一路”软环境方面切实发挥作用。

政策传播的主要问题

过去几年来，“一带一路”倡议日益为国际社会所熟知，这一倡议的实施成果也是有目共睹的。然而，“一带一路”政策传播仍存在以下几方面突出问题：

第一，传播内容略显空泛，国外对此已有些“审美疲劳”。有国外智库学者曾向笔者抱怨，自从“一带一路”倡议被正式提出后，他们一批又一批地不断接待来自中国的代表团，每个代表团几乎都要全面阐述“一带一路”的重大意义，听上去差别不大，重点也不突出，充斥着“互利”“合作”“共赢”“共同体”这种大而化之的表述。好不容易双方就某些合作达成一定意向，也基本会陷入“再无下文”的结局，能够及时、充分落实的项目非常有限。以印度尼西亚为例，它是与我国共建“海上丝绸之路”的重要伙伴，自“一带一路”倡议提出以来，印度尼西亚方面给予了积极回应。然而，在印度尼西亚国内，媒体却经常报道与中国签署的合作协议难以得到全面落实，与之相形，日本在这方面的舆论形象要更好一些。印度尼西亚担心的是，来自中国的投资只是存在于纸面上，难以化为实际的项目和成果。印度尼西亚投资统筹机构的统计数据显示，2005 年以来中国机构在印度尼西亚投资承诺的兑现率仅为 7%，而日本的兑现率达 62%。当然，投资的意向最终能否真正实现，也和印度尼西亚方面的履约情况、政府作为等因素有关。但无论如何，在“一带一路”建设过程中，中国需要重视“投资者形象”的构建，避免被贴上“承诺多、行动少”的标签。

第二，“一带一路”的对外政策传播出现核心信息不够明确、权威信息源不清的现象，国外机构搞不清楚为了获取准确的信息，到底该找中国政府的哪家机构。[①] 英国《金融时报》刊文称，有中国邻国的外交官提出，“如果我们想要与丝绸之路对话，我们不知道给谁打电话”[②]。这一情况非常形象地说明了“一带一路”政策传播的问题之一，即到底谁才是最权威的信息源。外界的一大疑问是，要想及时了解有关“一带一路”倡议的详细信息，“是通过这个项目专有的官僚机构，还是通过不同部委和政策银行中专门设立的部门”，“随着外国政府和跨国银行热切关注北京方面隐晦的发言，试图理解其中的含义，这种含糊和混乱引起了注意”。有新加坡学者反映，此前中国一家官方媒体发布了“一带一路”建设示意地图，新加坡方面因为未能在该地图上找到本国的位置而一度颇感焦虑。“一带一路”到底有多少个国家，到底是哪些国家，至今鲜有官方认定的明晰答案，“秘鲁、斯里兰卡，甚至英国出现在一些半官方的路线图上，但在另外一些路线图中却没有出现”。如何回答好“一带一路”到底包括哪些国家等基本问题，值得深思。

第三，在“一带一路”政策传播中，中国方面的人员有时表现出一种“以中国为中心、向他国施加恩惠”的心态。对于处在快速崛起进程中的中国来说，需要对自身实力和发展阶段时刻抱有清醒的认知，中国没有骄傲自大的本钱，需要特别警觉一种“施惠者”心态。巴基斯坦一名智库学者曾对笔者说，与美国的“新丝绸之路”计划相比，中国的“一带一路”

倡议的最大优势在于，中国也是“苦出身”，它知道如何帮助发展中国家有尊严地走出贫困、走出穷苦。然而，有些中国的商业界人士和官员在欠发达国家却表现出一副趾高气扬的姿态，只讲中国取得的成就如何之大，不讲中国面临的难题如何之多；只讲中国实现快速发展的“奇迹”，不讲中国在发展过程中的失误和教训。有些国家的人士私下坦言，他们担心中国变得越来越像美国，错误地认为只要有足够的资源投入就会有相应成果，偏信钱和实力可以解决一切难题。

第四，缺乏有效的对内政策传播。长期以来，中国政府投入大量资金用于外宣，即向国外受众宣传中国的政策，却忽视了全面、准确、及时地针对国内民众做好政策宣介。近年来，虽然中国外交部实施开通“外交小灵通”、设立开放日、举办“蓝厅论坛”等一系列举措，旨在减少外交工作与民众之间的隔阂感，国内也出现一些致力于国际问题研究和传播、公共外交的民间机构，但总体而言，国内民众对于“一带一路”仍存在不少认识上的误区：一是认为“一带一路”建设和自己没有什么关系，特别是民营企业不了解自己应如何作为；二是认为“一带一路”就是“到处撒钱”，将不可避免地影响中国政府对解决国内问题的资源投入；三是认为“一带一路”就是为了对抗美国这一霸权力量，最终让中国成为世界的“带头大哥”。

上述“一带一路”政策传播出现的问题，会导致一个更大的麻烦，即无法有效带动中国国内和相关国家内部的社会力量、民间力量。“一带一路”建设的社会民意基础如果不够坚实，而仅仅是依靠政府力量，必定行之不远。很多重大经济项目将缺乏社会民意层面的“软保护”，甚至出现损失巨大的“烂尾工程”。应当看到，与以往的国际经济合作相比，“一带一路”倡议的内涵更加丰富，它不是仅仅着眼于签订更多的商业合同，它想要实现的除了道路、贸易、货币等“互联互通”之外，还强调政策沟通和民心相通。从过去十几年中国实施对外经济合作的经验看，如果不重视社会民意层面的“软联通”，经济合作就难以持续，中国的海外经济利益也难以得到保全。很大程度上，由于不重视赢得民心的“软环境”建设，过于相信和依赖走上层路线，中国企业在缅甸、赞比亚等国遭受了巨大的损失。如今，中国虽然与哈萨克斯坦政府就“一带一路”建设达成很多共识和协议，但据称居然有多达 69% 的哈萨克斯坦受访民众认为中国将对该国构成经济上的威胁。无疑，“一带一路”建设迫切需要在汲取以往对外经济合作教训的基础上，探索保障国际经贸合作健康、可持续发展的新思路、新举措，避免重蹈覆辙。

政策传播，强调的是发挥说服的力量和跨文化交际的技巧，是构建有助于落实相关政策的“软环境”的重要一环。广义的政策传播，不仅是指政府机构从事的相关工作，也包括智库等非政府行为体为实现自身目的而开展的传播活动。在推动“一带一路”倡议落地的过程中，中国在政策传播方面的“赤字”还是相当明显的。参与共建“一带一路”的国家大部分属于经济发展水平较低的发展中国家，很多国家内部都长期存在复杂的族群、宗教和教派冲突，它们正在经历的政治和社会转型也往往酝酿着很多新的动荡因素，尤其是舆论生态异常复杂。“一带一路”建设的推进，势必带来中国政府机构、企业、民间组织、个人等各种行为体与有关国家的“亲密接触”，如果缺少过硬的政策传播能力，如果缺乏跨文化交际的敏感性和相关经验，就可能会导致“亲密接触”沦为“危险接触”，“一带一路”建设也将承受巨大压力。

那么，如何做好“一带一路”的政策传播呢？首先，要切实整合既有的各类传播资源，注重提升对外传播能力，而不是单纯靠增加资金投入。其次，要准确理解什么是“讲好中国故事”，注重传播内容和方式的针对性、差异性与融通性。“讲好中国故事”不等于只讲中国的“好故事”，也要善于讲清楚中国的“难事”和“烦心事”，要注重讲好“当代中国”“海外中国”的故事。“讲好中国故事”不仅要聚焦经济发展，还应突出社会矛盾化解、政治体制改革、国家治理优化、价值观与时俱进等问题。在手段上，要更注重传播的故事性和画面感，所谓“展示而非宣示”（To Show，Not To Tell.）。此外，“讲好中国故事”还要有国际比较的视野，对相关国家面临的发展难题应更有“同情之了解”。比如，对于中亚国家而言，水资源管理和安全问题属于“头等大事”，“一带一路”的政策传播就可围绕“水资源治理”做文章。再次，要丰富政策传播的人才库，建立和完善传播效果的动态评估体系。政策传播需要贯穿“一带一路”建设的全过程，发挥前期侦测预警、中期跟踪研判、后期反馈矫正的作用。要善于为各类技术、产业、文化等方面的专业人士搭建沟通平台，并帮助他们了解“一带一路”的政策大图景，使政策传播更加实实在在、精细精准。政策传播的人才建设要满足“建言献策、倡议造势、落实行动”的功能要求，特别是需要进一步发挥外国留学生、外国专家学者、海外华侨华人、国际性组织的积极作用，构建立体化的传播通道。

总而言之，讲好“一带一路”故事，是为“一带一路”建设提供有效“软保护"、构筑有利"软环境"的重要一环，面临诸多理论和实践层面的挑战。一方面，"一带一路"政策传播的规律、流程、模式、架构等问题亟待深入的理论探讨；另一方面，构建"一带一路"政策传播的多元化内容体系、集约型协同体系、多层次人才体系、立体化通道体系、动态性评估体系等，都是需要大力破解的实践难题。"一带一路"的政策传播必须做到"重心下移"，要促进"拨动心弦"的民心相通，要千方百计地带动社会力量、民间力量。要"言为心声"，把"共商、共建、共享"落到实处，不要"以己度人""自我中心"。为促进政策传播，中国政府、企业和其他机构需要切实提高自身与他国社会群体打交道的能力，中国外交也亟待"社会化"转型，力争实现国内和国外两个"民间"的对接。毋庸置疑，传播具有"双向沟通、双向影响"的根本属性，在中国期待影响他者的同时，也需要做好准备，迎接中国自身政策理念、价值观念和行为模式的重塑，"一带一路"建设需要的是一个"自信、自强、自新"的中国。

发挥好智库作用

2016 年 6 月，习近平主席在波兰首都华沙出席丝路国际论坛暨中波地方与经贸合作论坛开幕式的讲话中强调，"一带一路"建设需要"智力先行，强化智库的支撑引领作用"。在随后的乌兹别克斯坦之行中，习近平进一步倡议建立大数据交流平台，共同打造"一带一路"智库合作网络。2017 年 5 月，习近平主席在首届"一带一路"国际合作高峰论坛开幕式发表的主旨演讲中提出，要发挥智库作用，建设好智库联盟和合作网络。时任副总理张高丽在高级别全体会议致辞中强调，要围绕"一带一路"建设，创新国际智库合作模式，建设好智库联盟和合作网络，深化各领域智库的交流合作。显然，在中国决策者看来，智库在“一带一路”建设中具有非常重要的作用。

智库是各类精英汇聚之地和公共舆论的形成来源，也是联结“智力”“财力”“权力”和“影响力”的纽带。当前和未来一个时期，中国外交决策和对外传播对智库建设的专业性和国际性提出了更高的要求。③中国外交决策的复杂性主要来源于三个方面：一是气候变化、粮食安全等全球性挑战已远远超越“外交”的传统领域，而且这些问题对国家战略全局和总体外交的影响正不断加深；二是国内国际两个大局、外交和国内政策之间的联动性、传导性日趋增强，对总体外交运筹提出了更高要求；三是重大突发事件时有发生，需要具备较强的前瞻意识、知识储备和处置能力。鉴于此，各级政府和相关部门近年加大了对国际问题智库建设的支持力度。一方面，中央出台了有关建设新型智库的文件并遴选了一批试点单位，着力建设“国家亟需、特色鲜明、制度创新、引领发展”的高端智库。教育部启动区域与国别研究基地培育工程，旨在使这些基地能够为国家制定对外政策提供智力支持、决策咨询和实践分析。另一方面，广东、云南、山东、宁夏等省区已经或正在筹划设立省（区）属的国际问题研究专门机构，力求使其为本地区拓展对外开放与合作发挥特殊重要作用，并在一定程度上配合国家总体外交外事工作。但对于建设什么样的智库、如何建设智库以及智库如何做好对外传播等问题，仍然缺乏讨论、缺乏共识、缺乏规范。

“一带一路”为中国智库的大发展提供了新的机遇，但智库建设本身也面临诸多需要破解的难题。从完善政策传播的角度而言，智库既是了解“一带一路”政策传播“瓶颈”和“短板”的重要来源，又是进一步讲好“一带一路”故事的有效媒介和关键抓手，是“一带一路”软环境建设的生力军。如前所述，“一带一路”建设必须高度重视国际经济合作的软环境优化问题，切实为中国企业“走出去”“走进去”“走上去”以及（必要时候）“走回来”保驾护航。可以说，在“一带一路”建设中，软环境优化问题正成为一项硬任务，也是一根难啃的硬骨头，而这在很大程度上关乎中国智库的使命担当。

发挥智库在软环境建设中的作用，用好智库渠道完善“一带一路”政策传播，主要体现在以下几个方面：一是通过分析国外智库对“一带一路”的基本认知，力争在知己知彼的基础上，制定和细化讲好“一带一路”故事的本土化、大众化策略。二是通过智库渠道深入研究共建“一带一路”国家的主要诉求和受众特点，更加生动地阐释“一带一路”倡议力促“合作共赢”的本质特征。做好“一带一路”政策传播，需要紧紧围绕“共”字做文章，需要将这一国际合作倡议的“共商、共建、共享”原则讲清讲透。应更好利用智库渠道，为讲好“一带一路”故事提供依据、挖掘资源、构建平台，力争做到更加善于使用贴近对象国本地观念和文化习俗的表达方式，更加善于把握中外文化和发展诉求的汇合点，更加善于用国际比较的视角讲好“一带一路”故事。

应当看到，中国智库发展现状仍存在“多而不强、有库少智”的问题，“一带一路”建设应有助于这一问题的解决，而不是反过来使其加剧。目前，很多高校和地方都成立了冠以“丝绸之路”的专门研究机构，然而其中不少还是“空壳子”“虚体机构”。“一带一路”建设不应成为制造“智库泡沫”的助推器，智库要想搭乘“一带一路”的快车，就必须踏踏实实地对接需求、突出特色。不需要再对“丝绸之路”进行泛泛的研究，而应将任务分解、重心下移，采取“模块化”的方式确定研究议程。“一带一路”能否顺利落地，说到底，还是对中国政府、企业、社会组织和个人的一种能力测试，它可以分解为很多相互关联的“能力模块”，比如企业实施“公司外交”的能力、民间组织与东道国社会的接触能力等。在中国智库参与“一带一路”建设的过程中，要特别注重智库的特色型发展，有特色才有活路，有特色才有活力。

除了特色型发展，中国智库在“一带一路”建设过程中还要努力完成一种转型，即成为兼具研究、倡议、行动能力的新型智库，改变过去那种只满足于纸上谈兵而不注重实际政策影响力、对策建议也缺乏可操作性的弊端。具体而言，智库需要求实、求新、求声音、求人才，如此方能在“一带一路”所带动的智库竞争浪潮中行稳致远。

第一是“求实”，要与政府职能部门和在一线奋战的中国企业做好深度对接，找准“痛点”，整理出有实际意义的“问题清单”，使传播议程的设定、传播对象的界定、传播重点的规划、传播手段的选择更加有的放矢，确保传播产品和服务“适销对路”。也需要掌握好其他智库的研究动态，不做无谓的重复劳动，不开议题雷同的研讨会，不办没有特色的刊物，不搞空对空。目前，相关智库交流存在权威信息缺位、双向性不足、“自说自话”、缺少案例支撑等问题，在交流形式上也缺少创新。就“一带一路”问题进行的智库对话流于形式、偏于空泛，缺少共同研究等支撑，缺乏“后续动力”，缺乏以解决问题为导向的交流。智库交流未能发挥应有的“外溢效应”，难以拓展相应政策影响力网络。应努力寻求解决上述问题的策略，如搭建“智库+X”的交流平台，更多采用“情境分析”“决策推演”等方法。更重要的是，要着眼于“一带一路”建设的总体需要，大力推动对发展中国家问题的研究，以及更加突出比较政治视角和方法论的区域和国别研究。④如果仅有政策关切，但缺乏有力的学科框架和方法论的支撑，区域和国别研究容易变成“列国志”，其政策价值就相当有限。此外，还要进一步开掘外语院校和系科的语言优势、地方特别是边境省份高校对相邻国家研究的传统优势和“本地知识”，使其与国际问题的规范研究、学科建设的内在需求、国家外交的整体需要相结合，从而焕发新的光彩。

第二是“求新”，需要在研究方法和模式上进行更新升级，不能满足于“手工作坊式的”研究，要探索区域和国别问题研究的新路径，也要善于运用大数据等新的研究工具。智库要善于使用新的技术手段突破以往政策传播的瓶颈。比如，可利用大数据分析工具，及时监测东道国的民意变化，尤其是社交网络上涉及“一带一路”的民意热点，把传统的“大舆情”分析进行改造、细化，多做针对具体项目、针对具体领域、针对具体人群的民意调查。同时，“一带一路”倡议的政策传播重点要放在国外、境外，各类智库不能只是在中国国内讲得热火朝天，必须想办法在东道国讲好“一带一路”故事。此外，为做好“一带一路”智库建设和政策传播，还需要从完善“国家语言战略”的高度强化“一带一路”外语能力建设，从“丝路旅游”“民间艺术”“创意产业”“文化园区”等新的角度推动中国与有关国家的“民心相通”。再者，要下大力气推动前瞻性问题研究，不能仅盯住“昨天”和“今天”，更要关注“明天”，研究应“抓早”“抓先”。即便从资政角度讲，也要研究一些决策者还没来得及想或还没想到的问题。在这方面，美国国家情报委员会与大西洋理事会、麦肯锡全球研究院等合作展开的“全球趋势”研究，新加坡总理办公室下属的“战略未来中心”所做的战略预测性研究值得借鉴。前瞻性问题往往需要多学科、跨学科研究，需要真正的协同创新。

第三是“求声音”，要做好研究成果的对外传播，但不要自说自话、自娱自乐，特别是要避免将汉语文章简单、生硬地翻译成外文，出几本国人不看、外国人更不看，想看也难看明白的所谓外文读物。如今，世界迫切希望听到中国说什么，了解中国想什么，中国学界的国际问题研究成果实际上很有国际市场。清华大学主办的国际政治英文学术期刊已得到国际学界认可，但中国还没有像美国《外交事务》《外交政策》、俄罗斯《全球事务中的俄罗斯》这类有影响力的时政评论性英文刊物。

第四是“求人才”，“一带一路”智库建设面临的最突出挑战之一是缺少具有国际视野、中国情怀，同时熟谙传播技巧的复合型人才。唯有满足以下四个标准才能算作理想的政策研究者、传播者：一是精通当地语言；二是熟悉当地情况；三是在当地有较好的人脉关系；四是有一定的政策意识。在人才培养方面，可采取政府、企业、民间组织和智库“四位一体”模式，用好“小旋转门”，使政策传播人才拥有值得全心投入的职业发展前景。对于不以政策传播为职业的人士，可采取“模块化”的方式提升其相应能力，进而增强企业实施“公司外交”等能力。政策传播需要贯穿“一带一路”建设的全过程，发挥前期侦测预警、中期跟踪研判、后期反馈矫正的作用。

要善于为各类技术、产业、文化等方面的专业人士搭建沟通平台，并帮助他们了解“一带一路”的政策大图景，使政策传播更加精准。政策传播的人才建设要满足“建言献策、倡议造势、落实行动”的功能要求，特别是需要进一步发挥外国留学生、外国专家学者、海外华侨华人、国际非政府组织的积极作用，构建立体化的传播通道，用好国外人才资源，构建国外人才网络，为“一带一路”的政策传播和公共外交工作提供助力。

此外，在智库建设中需要注意的是，既要用好社会力量和资源，也要规范其中的利益关系，避免智库成为某些利益团体的代言人。近年，很多企业在“走出去”过程中碰到大量实际难题，它们对某些国际问题的感知更加敏锐，也有意愿支持国际问题智库的发展。这既需要政府部门和相关机构消除社会力量支持智库建设的诸多观念性、体制性障碍，也需要相应的立法和监管保障。要注意各类智库的相互协调，高校国际问题研究应有其本体性、本位性，如果缺少这一点，它的独特价值也就很难彰显。大学中的智库所进行的研究可有明确的政策关切，但要和政府、社科院、军队系统的智库有所区隔，如此方能琴瑟和鸣、相得益彰。要建立科学的评价体系和奖罚机制，研究成果得到领导批示的确重要，但人才培养、社会服务、自身建设等方面的成就也是一个智库长期健康发展的关键要素。要培育智库的“内生性发展能力”，予其空间、予其耐心，毕竟历史反复证明，很多研究今天看来是“无用之功”，但未来某一时刻则可能“其功阙伟”。要搭建学术界和政策界的实质性、机制性、双向性交流协作平台，但官学关系应是“君了之交淡如水”。中国外交实践往往走在了理论研究的前面，学界对政策界应有更多“同情之了解”。而官员也应礼敬学者。智库建设最忌“官本位”，因为没有足够的平等和尊重，就不会有独立性、批判性、创新性思考，就不可能指望智库发挥好谏言资政的作用。

最后，为推进“一带一路”建设，中国在加大本国智库建设的同时，也应密切跟踪、深入挖掘、充分利用世界知名智库全方位、跨学科、综合性的人才资源、专业优势和研究成果，应通过不断深化智库交往，影响“有影响力的人”。智库交往不能“包打天下”，既要重视“面”（领域）、“线”（国别和地区），也要着眼于“点”（智库和个人），对有潜力的“新生代”力量要进行量体裁衣式的交往。特别是，智库交往不能只盯住发达国家的智库，也要关注新兴和发展中国家的智库。关键在于，通过智库传播和交往不断苦练内功，加强自身能力建设，切实提高智库外交的深度、广度、精度和效度。

第二节　优化“一带一路”建设软环境

与中国以往开展的对外经济合作相比，“一带一路”建设尤为重视软环境，即维护和增强各国参与“一带一路”建设的社会民意基础，为中国企业在当地的经营、为相关项目的落地营造良好的舆论氛围。“一带一路”建设将伴随着中国“强起来”的历史进程，不容否认的是，国际社会对于中国崛起的影响还存在不少疑虑，一些人甚至担心中国借助“一带一路”争夺世界霸权。由于中国对大多数“一带一路”建设伙伴国家的了解和研究仍然相对有限，中国方面与其开展合作时也难免出现摩擦和分歧，中国企业仍然相对缺乏国际化经营的经验。“一带一路”建设不仅要推进硬性基础设施的拓展和完善，也必须注重加强软性基础设施建设，在教育、医疗、环保、科技、文化等方面加大投入，积极构筑民心相通之桥，为“一带一路”的可持续发展打下更为坚实的民心基础。

国际社会对中国崛起存在疑虑

近年来，随着中国崛起进程的加快，中国和外部世界之间也在开启新的“相互适应”过程。2017 年，中国经济总量迈上 80 万亿人民币关口（约为美国 GDP 总量的 65%），发展模式的转型升级稳步推进，在地区和国际事务中越发积极主动，军事实力也在大幅提升。特别是，中共十九大报告明确提出未来 30 年建设“社会主义现代化强国”的战略安排，中国开启了从“强起来”到“全面强大”，从“国之强”到“民之强”的新征程。世界历史，既见证着强国崛起，也充斥着强国相争。人类社会，从未有过一个 13 亿多人口的东方大国实现工业化、现代化的先例。外部世界对“强起来”的中国将会扮演何种角色难免抱有这样那样的疑虑。

“一带一路”将促使中国进一步“走向全球”，也是中国“为人类做出更多贡献”的具体体现。但是，其他国家民众眼中的“中国”与中国人眼中的“中国”还是有不小差距的。尤其是，西方发达国家人士对中国崛起的担心日益突出。面对一个比以往任何时候都要强大和自信的中国，不少西方精英越发感到不适应。比如，英国《金融时报》首席外交事务评论员吉迪恩·拉赫曼（Gideon Rachman）称，中共十九大是一个重要的里程碑，中国人相信自己正在崛起，而西方正在衰落；随着一个新时代的开始，中国对西方的挑战正变得更加明显，而这种挑战正在意识形态、经济和地缘政治三条战线同时发生。[⑤] 欧洲对外关系委员会中国问题资深专家顾德明（Francois Godement）甚至认为，如果说 1978 年以来中国是在慢慢融入国际秩序并接受相关规则，那么现在中国正在朝着和西方发生制度性冲突的方向转变。

一些美国人士则认为，“一带一路”是中国谋求全球霸权的工具，20 世纪 70 年代以来通过与中国接触、合作进而促使中国“民主化”的美国对华战略已经失败，中国不会成为“负责任的利益攸关方”，中国不仅不会接受西方制度，而且还要把美国“赶出亚洲”，并在国际事务上“另起炉灶”，包括建立中国主导的亚洲基础设施投资银行（亚投行）。2017 年 12 月，美国总统特朗普公然称，美国正在面临一个全球竞争的“新时代”，而中国已经成为最重要的“对手”。显而易见，在中国人和美国人眼中，“新时代”的含义有着根本不同，两种“新时代”是否会形成对撞引人深思。值得警惕的是，特朗普的核心智囊、前白宫首席战略师班农更是把中国当成了“开战对象”，不断挑动西方国家民众的“反华”情绪。

2017 年 8 月班农从白宫离职后，在东京等地接连发表颇具煽动性的演讲，贯穿的主题就是“全世界民粹主义者联合起来对抗中国”。班农毫不掩饰自己的民族主义、民粹主义者身份，宣称百年后人们会记住其为了阻止中国称霸世界所做的努力。班农认为，中国正在走上争夺全球霸权的道路，“儒家重商威权主义”正在击败西方自由民主和自由市场资本主义模式；全球化的问题恰恰是中国造成的，中国早已对西方打响经济战，通过输出过剩产能等方式摧毁西方国家的工业能力，导致美欧中产阶层日益穷困。班农称，过去美欧的“全球主义”精英结成“达沃斯党”，他们从中国的发展中得到大量利益，因此不愿对抗中国，而现在民粹主义者已经觉醒，将从根本上改变面对中国时的软弱和被动。⑥虽然班农的“中国故事”并不是西方对华认知的主流，但它的确在提醒我们：西方人士过去担心“经济上的中国崛起”，如今越发担心“政治上的中国崛起”。“政治上的中国崛起”既包括中国对自身发展模式和政治制度的自信，也是指中国对全球政治和安全事务的影响力日益增强。班农版“中国故事”的真正危险在于，它可能会促使西方“草根民众”和“战略精英”两个层面的疑华、反华情绪形成共振。

在西方国家对中国疑虑上升的同时，一些新兴国家和发展中国家的“中国观”也在发生变化，尤其是中国周边国家对“强中国”的出现抱持着非常复杂的心态。2017 年 10 月 16 日，美国皮尤研究中心网站刊文称，该民调机构对中国在亚太地区的形象进行的研究表明，中国周边国家对华正面观感正在缓慢下滑。尤其是，只有 20% 的印度受访者认为中国经济的增长对印度来说是好事，韩国和越南的受访民众则把中国的实力和影响力列为他们国家的“头号威胁”。还有一些非洲国家人士批评中国搞“新殖民主义”，他们认为中国企业不注重保护当地环境，也不尊重非洲工人的权利。当然，也有很多外国学者批驳了这些观点，比如，长期研究中非关系的美利坚大学发展学教授博黛蓉（Debora Brautigam）在《龙的礼物：中国在非洲的真实故事》一书中详尽阐述了中非合作的互惠性。

总的看，伴随着“一带一路”建设的推进，国际社会对中国的发展走向主要存在五类质疑。一是认为中国是一个“脆弱的大国”。这种看法认为，面临着复杂而严峻的内部挑战，中国的和平发展缺乏强固的内在根基。

难以持续的经济发展，不断扩大的贫富悬殊，日益严重的环境问题，特别是急速上升的资源能源需求等，都可能导致中国同外部世界之间出现更大的矛盾和竞争，甚至爆发激烈冲突。二是认为中国是一个“强势的大国”。外界有人认为，中国不断加速推进军事现代化，但军事透明度不够，又不愿完全放弃以军事手段解决现存的主权和领土争议问题，中国的和平发展缺乏必要的安全制衡。三是认为中国是一个“另类的国家”。有人说，中国具有独特的文化传统、政治制度和意识形态，同当今世界其他大国的价值观、世界观、权力观和责任观有显著差异，因此中国的崛起会冲击现存国际秩序。“中国模式”同西方现代化模式格格不入，两者之间的“零和”竞逐在所难免。四是认为中国是一个“资源饥渴型国家”。在同资源大国和其他发展中国家的关系中有“新殖民主义”倾向，向外输出资本，在获取海外能源资源时很少考虑生态平衡、当地劳工权益、善政等问题，甚至力图在重要的战略支点国家进行“前沿部署”，争夺对交通要冲的控制权，排挤和损害其他国家的利益。五是认为中国难逃“国强必霸”的历史覆辙，特别是必将挑战不愿放弃霸权的超级大国美国。有人担心，“一山不容二虎”的规律，将导致中日两国在东亚冲突，中美两国在更大范围内“摊牌”。在这一过程中，即使中国不主动挑起争端，力避衰落的霸权国也会先发制人，从而引发严重的大国对抗甚至战争。⑦

民心相通既是手段也是目的

为了有效化解国际社会对中国崛起特别是“一带一路”建设的疑虑，中国政府将民心相通作为“一带一路”建设的“五通”目标之一。在这“五通”之中，民心相通占据着特殊重要的地位，是促进各国间互联互通的“基石”。民心相通目标旨在增进参与共建“一带一路”国家和地区民众之间的相互沟通、相互理解和相互认同，为“一带一路”国际合作的可持续发展发挥助推作用。那么，如何能够促进民心相通目标的实现呢？从“一带一路”建设的实践看，在推进交通、能源等领域重大项目合作的同时，注重软性基础设施的开发和完善，是赢得相关国家民间社会和普通民众支持的重要途径。

“一带一路”框架下国际合作的顺利发展，有赖于进一步深化有关国家和地区之间的民心相通，共同搭建起联通各国人心、增进心灵沟通的民心之桥，需要各国政府和相关国际组织更加积极主动地顺应民愿、汲取民智、凝聚民心、动员民力。推动民心相通建设，可以为各国经济合作夯实社会根基。正所谓“以利相交，利尽则散”，“唯以心相交，方成其久远”，“一带一路”不仅是经济发展倡议，更是民心相通倡议。正如习近平所强调的，我们所要实现的互联互通，是政策沟通、设施联通、贸易畅通、资金融通、民心相通五个领域齐头并进。搞好“一带一路”建设，离不开各国民众的支持，只有各国民众交往多了、感情深了，心与心才能贴得更近，各种务实合作才能开展得更加顺畅，各国友好的基础才能更加坚实。可以说，民心相通建设既承担增进友谊、加深了解的重任，又发挥助推经济合作的功能。民心相通既是手段，也是目的。

“人之相知，贵在知心”。民心是最大的政治，民心相通则是最基础、最坚实、最持久的互联互通。“一带一路”要行稳致远，离不开“民心相通”的支撑和保障，需要实施好“增进民心相通”这项基础性工程。民心相通事业，一是要致力于为“一带一路”建设营造有利的社会和舆论环境，为相关合作项目的顺利实施汇聚民意支持，使“一带一路”建设的实际成果更快更好地为各国民众所享有。二是要致力于增进有关国家之间的相互理解，不断探索和丰富互利共赢的合作模式，以促进可持续发展和社会公正。三是要致力于增进有关各国民众的人文交流，加强不同文明之间的对话，弘扬和平合作、开放包容、互学互鉴、互利共赢的丝绸之路精神。正如新加坡资深外交官许通美（Tommy Koh）所言，从古代丝绸之路中人们可以得到两点启示，一是航运自由的重要性，一是多元文化主义的重要性。“海上贸易的参与者来自不同的国家。他们的种族、宗教、语言和文化各不相同。他们成功地开展了贸易，因为他们十分尊重彼此。比如，阿拉伯商人获准在中国福建省修建清真寺，以践行他们的信仰。这是我们今天应该秉持的古代海上丝绸之路的精神”，需要“形成一种尊重多样性和增进不同宗教、不同文化间相互了解的氛围”。⑧

过去几年来，中国政府对推进“一带一路”人文交流、民心相通和软环境建设愈加重视，相关的顶层设计越发明晰。2016 年 12 月 5 日，习近平总书记主持召开中央全面深化改革领导小组第三十次会议，会议专门审议通过了《关于加强“一带一路”软力量建设的指导意见》。会议指出，“软力量”是“一带一路”建设的重要助推器，要加强总体谋划和统筹协调，坚持陆海统筹、内外统筹、政企统筹，加强理论研究和话语体系建设，推进舆论宣传和舆论引导工作，加强国际传播能力建设，为“一带一路”建设提供有力理论支撑、舆论支持、文化条件。⑨这份指导意见对于未来一个时期如何做好“一带一路”民心相通方面的工作具有顶层设计的重要意义。与此同时，中国方面持续加大对“人文丝路”建设的规划和投入力度，人文交流的内容日益丰富，形式日益多样，为实现民心相通目标不断积累条件。中国积极与共建“一带一路”国家互办文化年、艺术节活动，民心相通合作涉及教育、科技、卫生、环境保护、旅游、体育等多个领域。

中国方面在推动开发交通等基础设施互联互通的同时，也非常重视“软性基础设施”的开发，比如促进技能和专业知识的分享、合作开发人力资源、鼓励人员特别是年轻人之间的交流。“软性基础设施”的含义非常广泛，涉及文化、教育、科技、治理等多个方面，其要旨在于通过推动以民生为导向的合作以及各国民众之间的交流，确保硬性基础设施能够充分发挥应有的作用，真正增加各国普通民众的福祉。为了增强“一带一路”建设的普惠性，习近平提出，要着力深化环保合作，携手打造绿色丝绸之路；着力深化医疗卫生合作，携手打造健康丝绸之路；着力深化人才培养合作，携手打造智力丝绸之路；着力深化以发展促安全，携手打造和平丝绸之路。2017 年 5 月，习近平主席在首届“一带一路”国际合作高峰论坛开幕式发表的演讲中表示，“中国将在未来 3 年向参与‘一带一路’建设的发展中国家和国际组织提供600亿元人民币援助，建设更多民生项目。我们将向‘一带一路’沿线发展中国家提供 20 亿元人民币紧急粮食援助，向南南合作援助基金增资 10 亿美元，在沿线国家实施 100 个‘幸福家园’、100 个‘爱心助困’、100 个‘康复助医’等项目。我们将向有关国际组织提供 10 亿美元落实一批惠及沿线国家的合作项目”。显然，这些举措对于促进相关国家的软性基础设施建设将发挥重要作用。

文化领域 “观乎天文以察时变，关乎人文以化成天下”。习近平高度重视文化因素、人文交流对促进“一带一路”建设的重要性，无论是在乌兹别克斯坦撒马尔罕古迹写下的感言，还是在联合国教科文总部发表的演讲，他都阐述了“和羹之美，在于合异”的道理，表达了“文明因交流而多彩，文明因互鉴而丰富”的理念。不同民族和宗教，不同历史和国情，孕育了不同文化，构成了多姿多彩的文化景观。文化是民心的呈现，民心是文化的支撑。“一带一路”建设不仅是物质性的，也是精神性的；既需要经贸合作的“硬”支撑，更离不开文化融通的“软”助力，需要推动各国之间的文化交流，倡导相互尊重、相互欣赏、相互学习的文明互鉴。在来华出席首届“一带一路”国际合作高峰论坛前夕，联合国教科文组织总干事伊琳娜·博科娃表示，“一带一路”倡议在促进有关国家经贸合作的同时也有力推动了跨文化对话和文明交流互鉴，与教科文组织在加强国际合作和交流方面有共通之处，她呼吁建立“和平相处、相互理解并拥有跨文化能力”的国际社会。[10]

过去几年来，“一带一路”相关文化交流取得较大进展。除了举办艺术节、文化年等活动，中国方面还实施“丝绸之路影视桥工程”和“丝路书香工程”等项目，以“一带一路”为主题的博览会、国际论坛、遗产保护和考古研究合作、博物馆交流等活动接连举行，丝绸之路联合申遗取得成功，海上丝绸之路联合申遗业已启动。截至2016年9月，已有60部优秀影视作品被译配为20种丝路沿线国家语言，在25个丝路国家播出。“丝路书香工程”重点资助了530种图书在海外推广，并扶持相关文化企业在“一带一路”有关国家建设本地化机构。2016年10月，位于匈牙利首都布达佩斯的罗兰大学“一带一路”研究中心举行揭牌仪式，这是中国境外设立的专门研究“一带一路”的机构。着眼未来，中国将与相关国家和国际组织一道，本着地缘相联、人缘相亲、文缘相通、命运与共的目标，共同构筑起美人之美、美美与共的“文化大观园”。

教育和人才培训领域 “一带一路”建设的可持续发展，离不开各类人才的培养，相关国家也希望与中国扩展在教育领域的合作。为此，2016年8月，中国教育部印发《推进共建“一带一路”教育行动》，决定设立丝绸之路中国政府奖学金，着力深化中国与“一带一路”相关国家的人才培养合作。此外，中方还提出成立“一带一路”职业技术合作联盟等倡议，重点培训各类专业人才，携手打造“智力丝绸之路”。过去几年来，中国政府每年向相关国家提供1万个政府奖学金名额，中国的地方政府也设立了相应的丝绸之路专项奖学金，用以支持国际教育交流事业。中国方面还加大了“海外办学”的力度，开设一批与“一带一路”建设和当地发展密切相关的学科专业，推动中国高等教育“走出去”，如兴办厦门大学马来西亚分校、老挝苏州大学、云南财经大学曼谷商学院等。[11]

参与“一带一路”建设的伙伴国也高度重视人才培养的问题。比如，2015年9月，俄罗斯外贝加尔边疆区行政长官康斯坦丁·伊利科夫斯基在《全球政治中的俄罗斯》撰文称，要发展丝绸之路上的“新汉学”，为欧亚的一体化发展培养人才。传统上，俄罗斯在莫斯科、圣彼得堡、滨海边疆区和外贝加尔边疆区形成了几大汉学中心，俄罗斯的汉学家分为传统汉学家、新汉学家和实用型汉学家三个类别。而新一代的汉学家需要具备的技能包括：掌握汉语、对当今中国有系统性的了解、在中国有一定的人脉网络、具有某个领域的专业特长。伊利科夫斯基认为，在俄罗斯，发展“新汉学”

的领军者应是与中国联系最多的滨海边疆区和外贝加尔边疆区。其中，外贝加尔边疆区与中国接壤的国界线最长，从20世纪60年代即开始培养汉学人才，外贝加尔国立大学与30多所中国高校建立了合作关系。考虑到基础设施建设的实际需要，外贝加尔边疆区倡议在外贝加尔国立大学设立培养技术方向汉语翻译人才中心，得到了俄罗斯教育部的支持，该中心将成为在远东和西伯利亚建立“新汉学”的实验项目。“新汉学”培训中心建设将有助于保障“欧亚经济联盟”和“丝绸之路经济带”的对接。根据规划，莫斯科—喀山高铁项目预计将创造37万个工作岗位，需要大量的建筑工人、铁路职工等。鉴于此，伊利科夫斯基提出，除了新汉学家的培养之外，有必要打造覆盖中小学、高等院校和小型创新企业、技术产业园、农业园区等的培训体系。

医疗卫生领域 “健康丝绸之路”建设旨在推进与共建“一带一路”国家在卫生领域的务实合作，带动中国与相关国家的健康事业发展。值得注意的是，传统医学正在为健康丝绸之路建设发挥独特而重要的作用。中医药是防治疾病的有效手段，具有预防保健作用突出、治疗方式灵活、费用较为低廉等特点，据估计，全球中医药服务市场每年的产值约有500亿美元。外国领导人多次向中方提出合作需求，2013年10月，北马其顿总统伊万诺夫访华期间提出扩大中医药合作。2015年5月，习近平主席访问白俄罗斯，卢卡申科总统提出帮助建立中医中心。2016年3月，习近平主席访问捷克期间两国联合声明称，“进一步支持中国传统医学在捷克和中东欧地区的传播、推广和应用”。捷克中医中心早在2015年就已经成立，捷克患者络绎不绝。有着2500多年历史的苏州吴门中医正通过访问交流、教育培训等方式加快“走出去”，如在罗马尼亚的图尔恰省成立了一所两地合作建立的中医诊疗中心。“十三五”期间，中国将在条件成熟的有关国家与当地政府合作建设30个中医药海外中心；在中国境内建设50家中医药对外交流合作示范基地；支持100种成熟的中药产品在有关国家进行注册，将中医药打造成为“一带一路”的重要卫生资源。

与相关国家展开医疗健康合作之外，中国方面也在与世界卫生组织推进“一带一路”框架下的协作。2017年1月，在习近平主席对世界卫生组织进行首次访问之际，中国政府与该组织签署了关于“一带一路”卫生领域合作的谅解备忘录，涉及一系列具体合作领域，包括实施《国际卫生条例》、应对突发公共卫生事件、改革卫生系统以实现全民健康覆盖等。2017年5月，世界卫生组织总干事陈冯富珍来华参加首届“一带一路”国际合作高峰论坛期间，与中国国家卫生和计划生育委员会主任李斌共同签署了“一带一路”倡议卫生部门合作实施计划。双方将在西太平洋区域和非洲区域的相关国家开展示范项目，世界卫生组织将为这些合作活动提供技术支持和区域协调。世界卫生组织还将为公共卫生人员培训、建立医院和公共卫生机构协作网络等提供支持。

环境保护领域　“绿色丝绸之路”建设着眼于促进“一带一路”相关国家的环保事业发展，这也体现了中国在自身发展中所日益倡导的“绿色”理念。2017年4月，中国环境保护部、外交部、国家发展改革委和商务部联合发布《关于推进绿色“一带一路”建设的指导意见》，提出在“一带一路”建设中要突出生态文明理念，推动绿色发展，加强生态环境保护，并为全球环境治理做出贡献。主要目标是：力争用3至5年时间，建成务实高效的生态环保合作交流体系、支撑与服务平台和产业技术合作基地，制定落实一系列生态环境风险防范政策和措施，为绿色“一带一路”建设打好坚实基础；用 5 至 10 年时间，建成较为完善的生态环保服务、支撑、保障体系，实施一批重要生态环保项目，并取得良好效果。

显然，中国方面已经明确意识到“一带一路”建设可能会面临一些环境风险，包括产能合作所伴随的“碳足迹”扩大。考虑到共建“一带一路”国家生态环境普遍较为脆弱，需要未雨绸缪、防患于未然。在促进“一带一路”环保事业发展的过程中，中国也可以加快培育和发挥“绿色领导力”，通过“一带一路”建设“引领世界走向更加绿色的未来”。[12]实际上，中国近年来已经在可再生能源、低碳经济等方面逐步占据领先地位，根据联合国气候变化会议 2017 年 5 月发布的报告，中国在可再生能源领域取得的成就显著，二氧化碳排放量达到峰值的时间将比中国政府的预计提早 10 年。中国在减排等方面的经验完全可以与“一带一路”相关国家分享。过去几年来，“一带一路”建设的相关项目非常重视环保问题，比如河北钢铁集团在收购塞尔维亚钢铁厂后引入绿色制造技术，中石油集团在土库曼斯坦实施“阿姆河右岸天然气项目绿化工程”。此外，亚投行重点支持的项目也多与可再生能源开发、提高能效等有关，如该行和世界银行共同出资 7.2 亿美元支持巴基斯坦的塔贝拉（Tarbela）水电站五期等项目。

第三节　不断深化“民间外交”

“国之交在于民相亲”，从新中国建立初期倡导的“人民外交”到后来的“民间外交”，如何针对外国社会和普通民众而不是外国政府开展好对外交往活动，一直是中国外交政策和实践中的重要问题。中共十八大以来，习近平多次强调民间外交的重要性，他提出，“人民友好是促进世界和平与发展的基础力量，是实现合作共赢的基本前提，相互信任、平等相待是开展合作、实现互利互惠的先决条件”，“民间外交要开拓创新，多领域、多渠道、多层次开展民间对外友好交流，广交朋友、广结善缘”。[13]“一带一路”建设为中国深化民间外交提出了新的考验。外交与“国家利益”息息相关，随着中国海外利益的不断拓展，中国企业、社会组织和公民个人都已经成为跨境交往的重要主体，仅仅依靠政府间的外交活动不足以切实维护中国海外利益，需要开展更多“外交部以外的外交”。

推动中国民间组织“走出去”

根据参与主体、实施对象、政策领域等不同，外交包括政党外交、军事外交、文化外交、公共外交等。民间外交，主要是指一个国家的非政府行为体与其他国家的非政府行为体之间展开的友好交往。[14]当前和未来一个时期，“一带一路”建设的目标之一即是强化民心相通纽带，需要借助更加积极有效的民间外交活动，顺应民愿、汲取民智、动员民力，不断优化互利共赢的合作模式，让“一带一路”建设的成果更好地惠及相关国家民众，为各方务实合作构筑强有力的社会环境和民意基础。换言之，“一带一路”建设，既需要经济合作，更需要真情交流和民心共振，正所谓“积力之所举，则无不胜也；众智之所为，则无不成也”。

通过“一带一路”框架下的民间外交，可以更好地把握各国民众的发展诉求，更及时地回应各国民众的变革意愿，更有力地引导社会力量开展相关合作，更平衡地维护好各方利益。增进民心相通，拓展民间外交，需要把握以下几个原则：一是要突出一个“共”字。各方要坚持“共商、共建、共享”的原则，共同做好民心相通合作的顶层设计、整体布局和项目规划，共同构建双边、多边交流平台。要加强协调、通力合作，强化共同担当意识，履行好各自的责任义务，提升相关项目的落地效率，促进民心相通建设的常态化、机制化。二是要把握一个“情”字。要带着感情做好民间外交事业，让相关项目能够真正深入各国民众的内心。多开展可以拨动人们心弦的活动，注重厚植情谊、以情动人，提升各国民众对“一带一路”建设的认同感、支持度。要循序渐进、久久为功，一步一个脚印地做好“一带一路”的“心通”工程。三是要讲求一个“实”字。要把民间外交事业与各方务实合作更加紧密地结合起来，围绕建设绿色、健康、智力、和平丝绸之路，实施好一批指向明确、重点明晰、效果明显的项目。要注重增进相关项目的普惠性，提升有关国家不同群体、不同阶层民众的参与度和获得感。四是要彰显一个“容”字。民间外交和民心相通合作需要秉承包容开放原则，不断完善多元主体合作模式，带动更多国家、更多国际组织、更多社会力量参与进来。要倡导文化包容意识，培育双赢、多赢、共赢理念，促进各国民众相互学习、取长补短，正确对待观念分歧，妥善处理好合作与竞争的关系，追求共同发展。

上文阐述了过去几年来中国在促进共建“一带一路”国家民间交往方面所做的大量工作。同时，也应看到，在围绕“一带一路”建设民心相通目标深化民间外交方面仍然面临不少突出问题：第一，总体上存在“重官轻民”“头重脚轻”的问题。外交资源的投入大多面向相关国家的政府尤其是高层，中国外交官由于人数少、任务重等原因，与驻在国的基层民众接触较少，对相关国家社会民意的了解不足。第二，民间外交缺乏顶层设计和统筹协调，虽然中国政府各部门、中国企业的海外交往和对外关系资源较多，但是由于整体规划不到位，也缺乏相应的机构进行有效整合，难以形成民间外交的合力。第三，在海外经营的中国企业的“外交”意识总体上较为薄弱，也缺少相关的培训和能力建设，对在东道国拓展各方面“人脉”、履行企业社会责任问题重视不够。第四，中国民间组织在推动民心相通方面的实力、经验和资源明显不足，难以对中国海外企业和相关项目形成有效的支撑。

这其中，中国缺少具有国际影响力和行动力的民间组织，是制约“一带一路”民间外交工作的突出因素。相较于政府力量，民间组织在促进民心相通方面具有特殊优势。一是敏感度低，民间组织更容易为相关国家所接受，能够在沟通双方民意、增进两国关系方面发挥独特作用。尤其是企业与东道国社会之间出现摩擦和矛盾时，不宜直接由中国政府出面解决，以免被当地政治势力和媒体“热炒”，民间组织可以担当“斡旋者”角色。二是行动方式灵活，与政府部门或使领馆相比，民间组织具有很强的行动自由度，它们的组织架构也较有灵活性，可以为“走出去”的中国企业和公民提供必要协助和引导。三是联系面广，民间组织既可以和相关国家政府部门和精英层建立关系，又能够与企业、媒体等机构在信息咨询、项目推广等方面开展合作。四是延伸效应强，中国民间组织在相关国家开展扶贫、慈善等活动，可以大力提升我国企业和公民的海外形象，民间组织还可以成为“一带一路”建设的“人才储备库”，逐步为企业等机构输送熟悉当地情况、能力较为全面的优秀人才。

据统计，2014 年，美国拥有的国际性非政府组织（INGO）共 7001 家；目前与国际合作和海外发展援助有关的英国非政府组织有 400 余家；根据日本国际协力 NGO 中心的统计数据，截至 2014 年 10 月，日本的 INGO 有 328 家。[15] 相比之下，虽然中国的民间组织近年呈现一定发展势头，且很多组织希望到国外开展活动，但我国具有国际行动能力的民间组织极少，中国民间组织从“想出去”到真正“走出去”还存在不少实际困难。比如，民间组织在有关国家开展活动既缺乏中国国内法律的保障，也常在东道国遭遇法律法规风险，有关管理民间组织活动尤其是海外活动的立法工作需要提上议程。其次，在难以设立正式分支机构的情况下，民间组织一般会通过派驻人员开展相关项目，但这些人员在获取签证、工作许可、资金流转等方面存在不少困难。再次，由于经费有限，大多数民间组织在有关国家仅能从事周期短、规模小的项目，难以做“长线”，自然也难以形成品牌效应。[16]

应该说，“一带一路”建设为中国民间组织的发展和“走出去”提供了重要机遇，但需要政府、企业等各方面力量提供必要支持，尤其是要大力推动构建企业与民间组织相互支撑的合作模式。2016 年，中央出台《关于加强我国社会组织参与国际非政府组织活动协调管理工作的指导意见》《关于进一步加强国际组织人才培养推送工作的意见》等文件，总体目标是推动我国各类社会组织更好地“走出去”，成为服务国家总体外交的积极力量。为了实现这一目标，就政府可发挥的作用而言，可包括以下几个方面：第一，政府需要完善相关法律法规，提供资金等方面的扶持，构建多部门协调机制，为民间组织“走出去”积极创造条件。民间组织在相关国家开展活动的初期，往往都会在租用场所、招募人员、维护安全等方面遇到难题，中国的各类政府性驻外机构可以提供必要协助，帮助它们顺利起步。第二，政府可以在民间组织的能力建设方面发挥导向性作用，引导国内高校等为民间组织培养和输送国际化人才，提供语言和专业技能等方面的培训课程。通过税收减免等方式，引导企业向民间组织提供资金等支持，确保民间组织获取可持续的发展资源，同时也注重提升民间组织向企业提供服务的针对性和有效性。第三，政府可以通过“购买服务”的方式，将我国的民间组织打造为对外发展援助的主要承担者，推动民间组织为东道国民众提供教育、医疗、环保、减灾等方面的服务，增强当地普通民众的获得感和对“一带一路”国际合作的认同感。2018 年 3 月，中国政府决定成立国家国际发展合作署，旨在加强对外援助的战略谋划和统筹协调，这一机构的成立对于促进中国民间组织“走出去”而言是一大利好。

除了政府给予一定扶持，中国民间组织要想在“一带一路”建设中大展身手，还需要设法和相关企业“联手”。从美国、日本等国经验看，民间组织可以为企业的“走出去”发挥铺路搭桥的作用，尤其是帮助企业与当地建立良好关系，改善社会舆论环境。[17]目前，在“一带一路”开展经营和投资活动的中国企业普遍面临社会责任方面的压力，征地、拆迁、环保、用工等问题也常常给企业带来困扰。由于一些基础设施项目施工周期长、见效慢，如果由企业自己来开展社会责任项目，不仅不够专业且花费成本高，还容易引发“花钱买名声”的非议。由此，需要探索民间组织与企业实现共赢合作的新模式、新路径，包括以企业为主导成立开展“一带一路"社会公益事业的基金等。民间组织除了帮助企业开展一些社会责任和民生项目之外，还可以为企业培养和储备一批熟悉当地情况、善于沟通、富有行动能力的人才。再者，民间组织可以帮助企业提升与当地政府、本地和外国非政府组织沟通交流的能力，共享"人脉"资源。

中国民间组织在共建"一带一路"国家开展活动固然是好事，但也需要提高政治意识，注意规避风险。民间组织所从事的项目和活动需要征得当地政府的同意，坚持公益和民生导向，避免卷入当地的政治纷争，处理好与当地媒体的关系。在选择和开展项目时，要有"打通最后一公里"的思维，深入研究当地的社情民意和风俗习惯，善于用"小而美"的项目让当地民众分享发展红利。民间组织"走出去"要审时度势，突出特色，"一哄而上"或是"盲目进入"等都会给自己带来麻烦。可以更多关注"一带一路"建设的重点国家和重点项目，尽量选择一些总体对华友好的国家"先行先试"。此外，中国民间组织在"走出去"的过程中也要学会与乐施会（Oxfam）等西方非政府组织打交道，可以与其开展适当的合作，以放大活动的效果和影响，但也需要谨慎从事，防止产生不必要的争端。

中国企业需要"走进去"和"走上去"

"一带一路"本质上是以经济发展为导向的国际合作倡议，因此，企业应当成为"一带一路"建设的主力军。2016年8月17日，推进"一带一路"建设工作座谈会在北京召开，习近平总书记在此次会议上指出，以"一带一路"建设为契机，开展跨国互联互通，提高贸易和投资合作水平，推动国际产能和装备制造合作，本质上是通过提高有效供给来催生新的需求，实现世界经济再平衡。他要求，“一带一路”建设，要切实推进关键项目落地，以基础设施互联互通、产能合作、经贸产业合作区为抓手，实施好一批示范性项目，多搞一点早期收获，让有关国家不断有实实在在的获得感。无论是提升各国间互联互通水平，还是产能合作等具体项目的落实，都需要企业发挥先锋和骨干作用。

中国人民银行行长、经济学家易纲认为，过去数十年，中国企业的“走出去”主要经历了三个阶段，即“引进来”阶段、加入“世贸”走出去加速期与金融危机后的大规模海外投资阶段。[18] 积极参与经济全球化为中国企业“走出去”提供了重要契机，而“一带一路”建设则给中国企业进一步提供了布局海外、升级产业链、打造品牌的良好平台，当然，同时也对企业的国际化经营能力提出新的考验。近年来，打造具有全球影响力和竞争力的中国企业，已经成为中国国家发展战略的一部分。中共十八大报告提出，要“加快走出去步伐，增强企业国际化经营能力，培育一批世界水平的跨国公司”。中共十九大报告强调，要“培育具有全球竞争力的世界一流企业”，“培育若干世界级先进制造业集群”，“创新对外投资方式，促进国际产能合作，形成面向全球的贸易、投融资、生产、服务网络，加快培育国际经济合作和竞争新优势”。

应当看到，虽然近年来中国企业的国际竞争力总体有所提升，但能够在全球产业链中占据主导地位、具有世界性影响的中国公司数量仍然较为有限。“一带一路”合作倡议的要义在于“整合”与“提升”，即整合有关国家发展动力、强化自主发展韧性、更新“现代化”理念，并在此过程中提升我国政府、企业、社会组织等适应内外环境变化、经营对外发展空间的能力。中国企业应当抓住“一带一路”建设带来的重要机遇，在“走向全球”的过程中做强做优做大。

“一带一路”倡议提出以来，不同类型的中国企业积极响应、广泛参与，特别是成为“一带一路”框架下国际产能合作的重要参与者。截至2016年6月，中国同20个国家签署了产能合作协议，同“一带一路”17个国家共同建设了46个境外合作区，中国企业累计投资超过140亿美元，为当地创造6万个就业岗位。[19]通过参与“一带一路”合作，一大批中国企业努力迈向全球价值链的中高端，不仅进一步夯实了在交通、水利、电网等基础设施建设方面的传统优势，还积极推动互联网、大数据、新能源、人工智能等新兴产业融入“一带一路”经济合作。中国的产能“走出去”表明中国正加快从商品输出转向资本输出，从具体的生产组织者变成资源配置者，意味着中国在全球产业链条中的分工地位上升。尤为重要的是，中国产业标准也在加快“走出去”。比如，由三峡集团承建的巴基斯坦旁遮普省卡洛特水电站是目前中国对外投资在建的最大水电项目，也是该企业打造全产业链“走出去”的样板，该项目对于中国水电技术和标准走向海外具有重要意义。[20]

当然，也要看到，中国企业在参与“一带一路”建设过程中仍面临不少复杂问题和挑战。一是存在中国企业之间竞相压价、“同质化竞争”的现象，此举不仅会造成相关项目的建设质量下降或是企业利润减少等后果，同时也必然影响中国企业的国际声誉。这种“同质化竞争”还出现从中国企业向中国银行机构演变的不良趋势，需要政府部门和相关行业协会积极发挥协调作用。二是企业融资难问题仍很突出，尤其是中国民营企业拿到贷款比较难。有民营企业希望能将其境外资产作为贷款抵押，不必非要抵押国内资产，从而保证对海外项目的资金投入。对于一些重要的投资项目，可采取“先债后股”方式，我国国有银行先给予民营企业贷款，后期将贷款转化为股权。三是部分金融产品仍不能满足企业“走出去”的实际需要。比如，中资企业在海外投资或出口大型成套设备等，需要出口信用中长期保险。相关承保公司的承保信用额度较小，国别风险评估和分类覆盖不全，险种与实际经营风险有差别，承保费率相对于欧美企业较高。承保公司对中长期险自批权限较小，需报国家有关部门层层审批，难以适应海外项目的时效性要求。四是有关国家汇率变动较大等问题。一些国家汇率的急剧变动造成企业不得不承受损失，在柬埔寨等地开展经营的一些中国企业，为规避汇率变动，用瓷砖、卫浴产品等与当地企业交换大米，搞“易货交易”。五是产品内销有一定困难。比如，河南贵友集团在吉尔吉斯斯坦经营“亚洲之星”农业产业合作区，种植小麦、玉米、棉花等作物，但是我国对这些农产品实行配额进口，大部分配额给了国有企业，民营企业的产品较难进入国内。六是受到其他合作机制和规则体系的不利影响，比如，中国一拖集团在哈萨克斯坦设有办事处，专门负责在该国开展拖拉机贸易。以往，哈萨克斯坦相关项目和企业使用中国国家开发银行的低息贷款购买一拖的产品。俄白哈关税同盟成立后，组建了欧亚开发银行，该银行的贷款利息比中国国家开发银行的利息低，但条件是哈萨克斯坦企业要更多进口俄罗斯的拖拉机，这导致中国一拖集团相关产品在哈萨克斯坦的销售量大幅下降。显然，“一带一路”并非缺乏竞争之地，众多区域组织和经济一体化制度安排在该区域相互交织，我国应进一步推进实施自贸区战略，这对于减少中国企业在境外面对的贸易壁垒至关重要。[21]

上述问题和挑战主要涉及商业经营方面，参与"一带一路"建设的中国企业还面临如何应对政治、社会和文化风险的突出难题。中国企业是与相关国家社会和民众接触最紧密的中国行为体，它们应当而且需要更加积极地履行企业社会责任，促进"软联通"和"软环境"建设。从过去数十年中国实施对外经济合作的经验看，如果不注重深化与当地社会民众之间的"软联通"，相关经济合作就难以持续和顺利展开，中国的海外经济利益也难以得到保全。很大程度上，由于不重视面向普通民众的政策沟通，不重视旨在赢得民心的"软环境"建设，过于相信和依赖"走上层路线"，部分中国企业在缅甸等国已经遭受了不少的损失。以往，中国企业"走出去"碰到的更多是经济、商务、法律方面的风险。如今，由于缺乏对他国国情、他国民意的了解，缺乏政策传播、跨文化交际的技巧与经验，这些企业或将面临更为复杂棘手的政治、社会风险。在这方面，中国民营企业遇到的问题和困难更为突出。[22]

有意在共建"一带一路"国家增加投资的中国企业需要意识到，重要的不仅仅是"走出去"，还要努力"走进去"和"走上去"。所谓"走进去"，就是要提升企业与当地社会和普通民众打交道的能力，能够深入其中、融入其中。所谓"走上去"，就是要增强企业与当地精英层级的交往能力，不仅努力走上当地产业链的中高端，也能在当地获得合理、适当的政治和文化影响力。

为了实现上述目标：

第一，要促进中国企业有序"走出去"，切实确保和努力提升经济合作项目的质量，更加重视推动“小而美”的“轻资产”项目“走出去”。在有关国家，中国项目的示范效应非常重要，不能容许部分企业的行为损害中资企业的声誉。应采取措施强化中国企业的形象意识、责任意识，建立中国企业参与“一带一路”建设的声誉管理制度。建立企业参与“一带一路”建设的咨询指导服务体系，国有企业资源多、渠道广，而民营企业多要靠自己，抗风险能力弱，因此这一服务体系十分必要。可促进“主力军”国有企业和“生力军”民营企业的合作联动模式，多搞混合经营，鼓励民营企业对国有企业项目投资。搭建以政府为主体的、跨国产能合作的信息网络体系，研究建立跨国产能合作重大项目库，向相关中国企业提供更精确的境外项目信息，避免其盲目“走出去”，在境外沦为“僵尸企业”。[23]

第二，产能合作必须以市场为导向，找准利益契合点，优选项目，协同推进，不断提升企业在当地的竞争力。[24]产能“走出去”不能搞大跃进、不能一哄而上，有些国家国内需求有限，又希望能保护本国国内的一些产业，中国产业的输入就会使其感到压力巨大，从而损害两国长期关系。产能合作要注重技术含量，切忌将中国国内能耗高、污染大、破坏生态环境的落后产业转移到共建“一带一路”国家。东南亚、南亚、中亚等地区的一些国家，虽然经济发展水平较低，但它们对来自欧美、日本等发达国家的产业和技术并不陌生。在这一激烈竞争中，中国的企业不能仅从“产业输出”角度想问题，还要切实注重自身产业能力和水平的提升，这样才能在国际竞争中更具吸引力。

第三，中国企业“走出去”需要立体化思维作为支撑，需要做好“打包”的工作，注重与有关国家推动装备、技术、管理与标准的全方位合作。这类合作往往是涉及东道国基础设施建设、工业生产、技术转移、经营管理等“一条龙”的系统工程，相关企业要做足功课，从资金保障、市场销路、服务配套等环节做好研究，降低参与相关经济合作的风险。中国在推动优势产能“走出去”的过程中，不仅要向东道国迁移它们缺乏的生产线，也可以考虑就地建设产业园区，进行资源深加工，延长产业链和价值链，并带动双方中小企业和其他相关产业的发展。[25]

第四，要引导中国企业在东道国认真履行企业社会责任，企业要善用文化和情感因素赢得东道国民众的喜欢、信任和尊重，不断增强海外中国企业的“软实力”。徐工集团的一位企业界人士用非常通俗的方式表达了自己对“一带一路”的理解：“‘一带一路’就好比一个农村人富裕起来后想为村里修路、架电线、装路灯。”[26]相应的，中国企业也需要通过支持当地的教育、卫生、环保、文化等事业，力所能及地回馈当地社会，增进当地民众福祉。要注重和当地政府的交往，加强对东道国税收、标准、劳务、签证、投资者权益保障等方面政策的了解。除了中央政府层面，经济合作项目要想真正落地，还需要共建“一带一路”国家地方政府的大力支持，可以通过“地方合作论坛”、产业博览会等形式，推动产能合作的重心向地方和基层下移。

注释

① 曾向红《中国的中亚外交与丝绸之路经济带的构建》,《上海交通大学学报》（哲学社会科学版）2015 年第 3 期，第 10—11 页。

② Charles Clover and Lucy Hornby, “China’s Great Game:Road to a New Empire”, *Financial Times*, October 13, 2015.

③ 中共中央办公厅、国务院办公厅《关于加强中国特色新型智库建设的意见》，2015 年 1 月，http://politics.people.com.cn/n/2015/0120/c1001-26419175.html。

④ 曾向红《“一带一路”倡议的智力支持——中亚研究的现状与未来》，《国际展望》2016 年第 5 期，第 9—13 页。

⑤ Gideon Rachman, “An Assertive China Challenges the West”, *Financial Times*, October 23, 2017.

⑥ Guy Taylor, “Stephen Bannon in Japan, Rails agaist China’s ‘Hegemonic’ Ambitions”, *The Washington Times*, November 15, 2017.

⑦ 潘成鑫《国际政治中的知识、欲望与权力——中国崛起的西方叙事》，张旗译，北京：社会科学文献出版社，2016 年，第 45—60 页。

⑧ Tommy Koh, “21st Century Maritime Silk Road”, *The Straits Times*, August 4, 2015.

⑨《总结经验完善思路突出重点　提高改革整体效能扩大改革受益面》，《人民日报》2016 年 12 月 6 日。

⑩《“一带一路”倡议有力推动跨文化对话和文明交流互鉴——访联合国教科文组织总干事伊琳娜·博科娃》，新华社，2017 年 5 月 3 日。

⑪ 教育部国际合作与交流司《推进共建“一带一路”教育行动有关情况》，教育部网站，2017 年 4 月 19 日，http://www.moe.edu.cn/jyb_xwfb/xw_fbh/moe_2069/xwfbh_2017n/xwfb_170419/170419_sfcl/201704/t20170419_302850.html。

⑫ Andrew Leung, “China’s Belt and Road can Lead the World to a Greener Future”, *South China Morning Post*, June 15, 2017.

⑬《习近平在中国国际友好大会暨中国人民对外友好协会成立 60 周年纪念活动上的讲话》，人民网，2014 年 5 月 15 日，http://cpc.people.com.cn/n/2014/0516/c64094-25024391.html。

⑭ 张胜军《民间外交的内涵与特征：以新中国的基本经验为考察》，《当代世界》2017 年第 4 期。

⑮ 转引自邓国胜、王杨《中国社会组织“走出去”的必要性与政策建议》，《教学与研究》2015 年第 9 期。

⑯ 张玲、张万洪《“一带一路”倡议中的民间外交——基于缅甸田野调查的反思》，《上海对外经贸大学学报》2017 年第 3 期。

⑰ 黄浩明、赵国杰《美国非营利组织国际化发展现状与趋势》，《中国行政管理》2014 年第 3 期。

⑱ 易纲《中国企业走出去的机遇、风险与政策支持》，《中国市场》2012 年第 37 期，第 31—34 页。

⑲ 习近平《携手共创丝绸之路新辉煌——在乌兹别克斯坦最高会议立法院的演讲》，2016 年6月22日，http://www.xinhuanet.com/world/2016-06/23/c_1119094900.htm。

⑳ 刘梦娇、王志敏《步正道坦途　播星火燎原：三峡南亚公司卡洛特水电站纪实》，《国际工程与劳务》2017 年第 11 期，第 28 页。

㉑ 张国军、庄芮、刘金兰《“一带一路”背景下中国推进自贸区战略的机遇及策略》，《国际经济合作》2016 年第 10 期，第 26—29 页。

㉒ 王济光《民营企业参与“一带一路”战略走出去问题研究》，《经济界》2017 年第 6 期，第 4—5 页。

㉓ 沈铭辉、张中元《中国境外经贸合作区：“一带一路”上的产能合作平台》，《新视野》2016 年第 3 期，第 113—115 页。

㉔ 郭朝先、邓雪莹、皮思明《“一带一路”产能合作现状、问题与对策》，《中国发展观察》2016 年第 6 期，第 45—47 页。

㉕ 邹昊飞、杜贞利、段京新《“一带一路”战略下境外经贸合作区发展研究》，《国际经济合作》2016 年第 10 期，第 43 页。

㉖ Brenda Goh and Koh Gui Qing, “China’s ‘One Belt, One Road’ Looks to Take Construction Binge Offshor”, *The Reuters*, September 6, 2015.

第三章 构建海外安全保障体系

推动“一带一路”顺利落地，需努力提升安全保障能力建设。这是管理互联互通风险的基本要求，是新时代中国维护海外利益的基本要求，有助于进一步落实“统筹发展安全两件大事”“总体国家安全观”“共同综合合作可持续的亚洲安全观”等重要政策理念，促进我国外交和国家安全事业的积极转型。

2015年以来，“一带一路”建设已进入从愿景到行动的实施阶段，如何确保这一宏大深远的国际合作倡议得到稳步推进落实，是亟待筹谋的重大课题。“一带一路”建设虽然是以发展为基本导向的国际合作倡议，但却被认为是中国实现地缘战略目标的工具，面临“被安全化”的难题。与此同时，“一带一路”建设客观上也存在诸多安全风险挑战。为推动“一带一路”顺利落地，不仅需要探索深化对外经济合作的创新性思路和做法，也需努力提升安全保障能力建设。做好这一工作，是管理互联互通风险的基本要求，是新时代中国维护海外利益的基本要求，有助于进一步落实“统筹发展安全两件大事”“总体国家安全观”“共同综合合作可持续的亚洲安全观”等重要政策理念，促进我国外交和国家安全事业的积极转型。①

第一节 “被安全化”问题

2015年3月，经国务院授权，由国家发展改革委、外交部、商务部联合发布《推动共建丝绸之路经济带和21世纪海上丝绸之路的愿景与行动》，该文件明确指出，“共建‘一带一路’旨在促进经济要素有序自由流动、资源高效配置和市场深度融合，推动有关各国实现经济政策协调，开展更大范围、更高水平、更深层次的区域合作，共同打造开放、包容、均衡、普惠的区域经济合作架构”。由此，“一带一路”建设基本着眼点是扩展中国与相关国家和地区的经济联系，具有以发展为导向的鲜明特征。换言之，“一带一路”倡议是一种以发展为导向的规划，而不是以安全为导向的战略。

然而，由大国倡导的国际经济合作往往需要应对“地缘政治化”或“安全化”问题，处理不当就会直接影响这类合作的推进。美国“新丝绸之路”计划、俄罗斯主导的“欧亚经济联盟”建设在这方面提供了教训。美国欲借“新丝绸之路”计划推动中亚和南亚地区的经济一体化，助其稳定北约撤军后的阿富汗形势，进而促使中亚国家降低对俄罗斯的经济依赖。同时，美国严重高估了中亚国家与阿富汗发展经济合作的意愿，高估了中亚和南亚地区的地缘经济一体性。与提升和阿富汗的经济联系相比，塔吉克斯坦、乌兹别克斯坦、土库曼斯坦等国更加担心的是阿富汗国内政局动荡的“外溢”、阿富汗—巴基斯坦地区暴力极端主义势力“回流”。由此，在美国等北约国家部队从阿富汗撤离的情况下，中亚国家纷纷高筑篱笆、加大防范，从而导致美国“新丝绸之路”计划缺乏地区国家的足够支持和自发动力。此外，正如一位美国学者所言，“‘新丝绸之路’计划毫无必要地将典型的贸易政策‘地缘政治化’了，该政策有意将俄罗斯、中国和伊朗排除在外”[②]。由于上述安全和地缘政治方面的问题，美国2011年提出的“新丝绸之路”计划至今没有产生多少实际成果。与之类似，俄罗斯力推的“欧亚经济联盟”建设也面临如何妥善处理地缘政治和安全因素的难题。哈萨克斯坦、白俄罗斯等联盟成员国坚决主张该机制应完全聚焦经济问题，由此与俄方产生一定嫌隙。近年主要由地缘政治因素引发的“乌克兰危机”也对“欧亚经济联盟”建设产生显著负面影响。[③]

“一带一路”建设需充分吸取美俄等大国推进国际经济合作的教训，明确坚持该倡议以发展为导向的属性和“共商、共建、共享”原则，注重在地缘政治和安全方面为倡议“脱敏”。“一带一路”建设不应贪大求全、好高骛远，不要追求超出能力范围的战略目标，应有一种“在商言商”的分寸感，时刻保持稳扎稳打、久久为功的战略审慎，防止陷入大国的“过度伸张”。在“一带一路”建设的定位问题上不要含糊，在对外政策传播方面也应避免使用“战略支点”“战略屏障”“桥头堡”等带有显著军事安全色彩和自我中心意识的表述，以免引发外界不必要的误解。

与此同时，需高度重视如何应对“一带一路”建设“被安全化”的问题，即安全色彩或安全因素在并非自身本意的情况之下被过度突出。第一，大国倾向于从地缘政治博弈视角看待“一带一路”倡议，担心中国以经济发展为“外衣”扩展在中亚、南亚等地区的安全存在和地缘政治影响力。虽然中俄两国政府已就“一带一路”与“欧亚经济联盟”对接达成初步协议，俄方也期待借此获得中国在资本、技术等方面的支持，但俄战略界仍对中国的“西进”抱持较大疑虑。④印度则对中国通过“海上丝绸之路”建设扩大在印度洋地区的影响力感到忧心，有印度专家称，“‘海上丝绸之路’成为‘珍珠链’战略的经济掩盖方式”，中国通过在孟加拉湾、阿拉伯海沿岸地区经营港口、铁路等基础设施，以及推动中巴经济走廊建设，对印度构成战略围堵之势。⑤

第二，发展水平和国家实力落后于中国的一些国家担心“一带一路”建设会使其在经济上更加依赖中国，从而致其国家安全利益受到威胁。“一带一路”建设涉及公路、铁路、港口、油气管线、通信等诸多基础设施重大项目，中国在贸易、货币等方面的联通进程中也处于优势地位。客观讲，无论从“国家安全”还是从“经济安全”角度，发展水平和国家实力普遍落后于中国的一些国家对“一带一路”建设存在一定担忧。很多在中方看来有助于实现互利共赢的经济合作项目，在中小国家看来却有可能影响其国家安全利益，它们对安全问题的敏感程度普遍较高。对于大国来说，架桥修路是一个经济问题，但对于中小国家而言，也许就会成为一个安全问题。对于有关国家来说，在经济上对中国的依赖越强，它们往往就会在安全问题上增强对华戒备与防范，尤其是与中国存在领土主权和海洋权益争端的国家。⑥

第三，“一带一路”建设关涉经济利益的调整和分配，或会间接地引发和深化有关国家内部和跨国性安全问题。安全在本质上也是一个利益问题，“一带一路”建设势必牵动相关国家国内或是跨国、跨地区的利益分配格局，进而造成安全问题的凸显。2015年5月，时任巴基斯坦总理谢里夫召集全巴政党会议，专门讨论中巴经济走廊问题，旨在协调不同族群、教派团体、地方势力之间的利益冲突。作为中巴经济走廊建设的重点地域，瓜达尔港区位于该国俾路支省西南部，长期受到俾路支分裂主义武装力量的袭扰，巴政府对该地区实际控制力有限，相关经济建设难免受到当地复杂政治关系和利益格局的影响。此外，在“一带一路”建设过程中，运输通道的同质竞争等问题也可能引发不同群体之间的矛盾。除受到国内利益冲突的影响，“一带一路”建设还面临大量跨国性安全因素的掣肘。比如，缅甸“罗兴亚人”问题对孟中印缅经济走廊项目带来负面影响。中亚国家围绕水资源、边界划分等产生的矛盾或对共建“一带一路”造成冲击。⑦

第四，随着各类项目的推进，“一带一路”建设的安全保障责任划分与成本分担等问题将会越发突出。“安全”在本质上是有属性的，也具有一定的排他性和竞争性。过去十余年，美国在阿富汗展开大规模“反恐”

行动，阿富汗人却认为这只是在满足美国人自身安全需求，抱怨美方不尊重阿富汗政府在安全事务上的主权。[⑧] 由此引发美国在阿行动究竟在保护“谁的安全”的争论。“一带一路”建设需要一种新型安全观的支撑，中国政府已提出和倡导“共同综合合作可持续的亚洲安全观”。“一带一路”建设境外安全保障相关工作应秉承“共商、共建、共享”的原则，但在完善其内涵体系和规则建设等方面仍有大量工作要做。

综上所述，“一带一路”建设虽然不是以安全为导向的战略，但却面临不少导致其“被安全化”的难题。需要看到的是，这些难题都不是简单的安全挑战，而是一种较为复杂的“发展—安全相互联结”（development-security nexus）问题。发展通常是解决不安全根源的一种手段，但它在一定条件下也可能成为诱发和深化各类安全问题的因素；而安全方面的状况和相关保障举措如何，也将对实施经济社会发展项目具有重要影响。这一状况很可能会在“一带一路”建设进程中出现，需要更好筹谋如何处理好发展与安全之间的复杂互动关系，这是“一带一路”建设给中国外交和国家安全政策带来的核心挑战。

第二节　复杂多元的安全风险

“一带一路”建设的“被安全化”并不是中国政府希望看到的，但也间接反映出妥善应对安全风险和挑战对于落实这一国际合作倡议的重要性。应当说，“一带一路”建设不仅是经济合作的扩展深化，也对我国如何维护海外资产安全、与相关行为体构建新型安全关系等提出考验。“一带一路”建设的安全保障工作，其核心挑战在于统筹发展安全两件大事，处理好我国对外关系中越发突出的“发展—安全相互联结”问题。相较于以往我国参与或推动的国际经济合作，“一带一路”建设面临的安全保障难度和复杂性会更加突出。

当前，与经济合作方面的前期准备、机制构建和资源投入相比，“一带一路”建设存在较为显著的“安全赤字”，并体现为以下三大矛盾：一是推进“一带一路”建设与维护中国国家安全之间的矛盾。比如，考虑到阿富汗等中亚、南亚国家安全局势堪忧，不排除宗教极端势力、民族分裂势力和国际恐怖势力“三股势力”以及跨国犯罪集团对我国维护国家安全、民族团结和社会稳定带来“输入性风险”。二是“一带一路”作为整体性规划与分散性、多样性、碎片化的安全风险之间的矛盾。“一带一路”有望成为实现合作发展、互利共赢的“大体系”，但各类安全风险也可能借此相互转化、交叠强化、外溢泛化。三是“一带一路”建设安全保障需求的增大与我国相关经验不足的矛盾。除了参与联合国维和行动、亚丁湾地区护航等之外，中国目前以军事力量、准军事力量介入地区和国际安全事务的经验较为有限。在海外经济利益的安全保障方面，很多工作仅是处于起步阶段，缺少先例可循。⑨

为妥善防范、化解安全风险和隐患，确保“一带一路”建设行稳致远，还应从以下几方面着手做好相关工作。首要任务是对“一带一路”建设面临的主要安全风险进行分类梳理，尤其是针对重点国家、重点方向和重点项目涉及的安全风险进行科学、细致、深入的评估。所谓“安全风险”，就是指与个人、项目、资产等安全相关的风险因素的集合。与一般性的投资风险或经贸合作风险分析不同，“一带一路”建设的安全风险具有涉及面广、动态性强、交织联动的特征。因此，不能仅满足于罗列各类安全风险，还应努力厘清安全风险发生作用的机理，识别安全风险所涉及的“利益攸关方”，预测各类安全风险转化散播的情景。需要在既有安全风险认知和分析方法的基础上，建立一套适合“一带一路”建设实际需求、适合中国海外安全保障工作实际情况的安全风险评估体系。综合来看，“一带一路”重大项目存在的若干共性安全风险包括以下几个方面：

第一，地缘政治安全风险。大国之间的复杂关系以及战乱、武装冲突等因素将对“一带一路”相关项目构成威胁。一些中小国家面临来自美国等大国的压力，“多面下注”情况比较普遍，这会对“一带一路”重要项目的合作和对接产生负面影响。“一带一路”沿线，有 20 多个国家有美国驻军或与美国存在军事同盟关系，美国 16 个“非北约盟国”中有 10 个以上处于该区域。⑩美国担心中国通过“一带一路”建立“去美国化”的经济和政治安排。⑪随着“一带一路”建设不断向西拓展，将有不少项目牵涉北约成员国，北约 28 个成员国中有 13 个位于该区域。此外，美国也担心“一带一路”冲击美国提出或推动的地区合作进程，如“新丝绸之路”“印太经济走廊”“亚太全面能源伙伴计划”“湄公河下游倡议”等。“一带一路”建设或将触动美国的敏感神经，相较于其他地区性大国，美国的反制将具有全局性特征，它不仅在“海上亚洲”对中国进行压制，也会在“陆上亚洲”尤其是临近中国的中南半岛地区加大掣肘力度。⑫

印度担心其在南亚和印度洋地区的传统优势地位受到挑战，也不愿其所推动的“中亚—南亚走廊”等倡议受到“一带一路”的冲击。据称，斯里兰卡科伦坡港口城项目风波即与来自印度方面的阻力有关。[13] 孟加拉国、马尔代夫等国在对外经济合作上也受到印度的很大影响。欧盟则担心“一带一路”对其“东部伙伴关系计划”“地中海伙伴关系计划”“中亚伙伴关系战略”带来不利影响。此外，有些地缘处境复杂的中小国家也会对“一带一路”项目带来安全风险。俄美欧三方力量的博弈致使乌克兰危机不断深化，形成欧亚核心区的典型地缘政治风险。阿富汗以及阿富汗—巴基斯坦边境地区的安全形势可能进一步恶化，进而危及“丝绸之路经济带”的南翼和“海上丝绸之路”的北线。中亚国家之间如塔吉克斯坦和乌兹别克斯坦的资源争夺，外高加索国家之间如阿塞拜疆和亚美尼亚的领土争端等，都是“一带一路”建设应高度重视的地缘政治安全风险。

第二，国家内部或跨国性的政治风险。在共建“一带一路”国家中，不少都处于政治、经济和社会的敏感转型期，政治生态复杂，经济成熟度不高，国内各种政治势力容易受到外部力量的影响。政治风险对“一带一路”建设的不利影响主要体现在以下几个方面：一是国内政治反对派借中国问题攻击现政权，强化本国社会民意针对中国的“经济民族主义”等情绪。二是国内权力交接导致政局波动。中亚国家的“老人政治”问题较突出，南亚部分国家军人干政现象也多有发生。政局变化不一定完全不利于中国与相关国家的关系，但难免会对“一带一路”建设带来干扰。三是国内不同族群和教派之间的冲突导致“一带一路”项目推进不力，有些冲突还具有跨国性影响。四是有关国家政府内部各部门协调不力，行政效率低下，难以为“一带一路”项目提供必要的安全保障。在不少有关国家，中央政府对地方缺乏有效管控，有些腐败的政府官员甚至与不法分子合谋利用安全问题牟利。[14]

值得高度关注的是，在部分共建“一带一路”国家，经济发展形势的恶性变化也会诱发和加剧相应政治风险。近年西亚北非地区的政局动荡，其直接因素就是经济发展长期停滞。不少共建“一带一路”国家在经济上的外部脆弱性比较明显，长期处于经常项目收支逆差，出口结构单一，外汇储备薄弱，负债率较高。未来一个时期，在能源资源出口下降、粮食价格上涨、国内资本加快外流等因素的影响下，这些国家或将出现货币大幅贬值、急剧的通货膨胀以及持续的经济低迷，进而造成社会动荡，深化政治风险，给“一带一路”的相关合作带来重大安全压力。

第三，非传统安全问题带来的风险。非传统安全是指除军事、政治和外交冲突以外其他对经济和社会发展构成威胁的安全问题，主要涉及非国家行为体，具有跨国性、易突发、外溢性强等特点，防范和治理难度较大。“一带一路”建设面临的非传统安全风险主要集中在以下几个方面：

一是来自恐怖主义和极端主义势力，且暴力恐怖活动近年呈现分散化、本土化、独狼化、网络化特征。近年，中东地区恐怖主义分子向东南亚、南亚国家“回流”的态势也十分明显。2016 年，印度尼西亚共处置 170 多起恐怖袭击事件。此外，“海上恐怖主义”活动日趋增多，它们通常以船舶、钻井平台、港口城市、旅游景点等作为袭击目标，造成海洋运输路线中断、海洋污染等严重后果。[15]

二是海盗、贩毒等跨国有组织犯罪活动日趋猖獗，它们往往与恐怖主义和极端主义势力形成复杂的“共生体系”，甚至和政府官员、军队相互勾结。马六甲海峡、孟加拉湾、阿拉伯海、亚丁湾等都是海盗袭击和抢劫案件频发地区。“亚洲反海盗及武装抢劫船只区域合作协定组织”（ReCAAP）2015 年 1 月发布的数据显示，亚洲海域 2014 年共发生 183 起海盗袭击和抢劫案件，较 2013 年增加 22%，创 10 年来新高，亚洲海域案件已占全球案件总数的 75%。[16]“金三角”（泰国、缅甸和老挝三国交界地带）和“金新月”（阿富汗、巴基斯坦和伊朗三国交界地带）地区的毒品走私等跨国犯罪活动也长期难解。这些跨国犯罪组织或与恐怖主义组织相互勾连，对参与“一带一路”建设的相关人员实施绑架勒索等。

三是海啸、地震和风灾等自然灾害频发，环境、生态安全问题较为突出。《世界灾害报告 2014》称，2013 年全球约有 1 亿人受自然灾害影响，而其中超过半数生活在亚洲地区。根据慕尼黑再保险集团发布的全球巨灾数据，2014 年一半以上的自然巨灾发生在亚洲，印度、日本、巴基斯坦、中国等亚洲国家的损失最大。按照瑞士再保险公司的估算，2014 年全球自然灾害与人为灾难造成的经济损失总额为 1099 亿美元，其中亚洲占了 47%，达到了 517 亿。共建“一带一路”国家尤其是中亚、南亚和东南亚国家因经济实力有限，在自然灾害预测与管理、备灾机制、救援和灾后重建方面资源投入显著不足，同时也缺乏灾害应对的区域性机制和安排。“一带一路”建设不仅应重视经济发展的“增量”投入，还应关注“损失”控制，尤其是自然灾害对涉及中国的经济合作项目和人员的安全威胁。

第三节　优化安全保障

应当看到，“一带一路”建设面临各类复杂的安全风险，安全保障工作涉及面广、不可预测性强，应对难度大。然而，风险是可以被管理的，需将安全风险的防范与应对贯穿落实“一带一路”倡议的全过程。尤其是在这一倡议落地的起步阶段，须对安全风险保持清醒头脑，强化对安全风险的预警、预防和化解，从机制、资源、人力等多方面强化与“一带一路”建设相适应的安全保障能力建设，力争实现“防范为主、风险共担、重心下移、行动有力”。

第一，对重大安全问题进行系统评估，建立科学规范的安全风险评估体制。预防是最好的保护，必须深入做好安全风险的评估工作。这类评估应首先聚焦于重点国家、重点方向和重点项目，加紧探索安全保障工作的支撑体系建设。要以保障重点项目顺利落地为目标，做好国别和地区安全形势调研，拓宽收集安全风险信息的渠道，识别影响安全风险的“利益攸关方”，细化风险情景分析，使风险评估工作更具针对性和实效性。应尽量使重大项目避开风险聚集或高风险地带，做好“预防、准备、响应和恢复”各阶段的风险应对预案。此外，考虑到“一带一路”倡议的特点，需注重从区域一体性和不同安全风险转化、联动的角度进行评估。

主要风险类型	主要风险来源
国家政局	执政党、议会、地方及主要政治人物的主张。反对党等力量的主张。行政能力、效率和腐败问题。族群、教派、反叛群体等情况及相互冲突。外部力量对该国政局的干预情况。
经济和社会风险	失业率、贫富差距等情况。与中国的双边经贸、投资金融、援助等经济关系。对外国人或外国人财产的处置方式。与中国的司法执法合作情况。社会对华民意。非政府组织对华态度。教育、旅游等民间交往情况。
大国战略博弈	美国、欧盟、俄罗斯、印度、日本等的地区政策、国别政策及其对地区热点问题、地区一体化的政策。
军事安全	该国的军事政策、军事力量分布。军事结盟和对外军事安全合作情况。军队在国家政治中的影响力。军队在国家经济事务中的作用。
非传统安全	恐怖主义、海盗、暴力极端主义。有组织犯罪和绑架勒索。大规模传染性疾病。水、粮食等资源安全。能源供应情况。

做好安全保障工作的评估和预案制定，需大力发挥驻外使领馆人员的积极性，以及外交机构和企业之间的协同性。驻外使领馆负责政治、安全和商业事务的人员可进一步完善定期联合研判机制，尤其是商务处在帮助企业应对安全风险方面可成为更为有力的纽带。可考虑邀请在当地有经验、有资源的人士协助处理安保问题。驻外使领馆可在符合工作规定的情况下，与他国相关使馆进行安全信息和风险评估方面的机制性交流。还可联合他国外交人员、企业共同组织“危机推演”，提前就危急时刻如何使用当地有限的安全资源进行预先协调，从而降低撤离、救援时可能产生的冲突，使安全保障更具协同性和效率。[17]

第二，实现风险的分散是管理安全风险的重要途径，“一带一路”建设需要培育各主体的“风险共担”意识，并完善相应机制体制。应真正贯彻“共商、共建、共享”精神，力争实现倡议与有关国家发展战略的深度对接。在尊重他国维护经济发展自主性以及他国主权的情况下，对接越深越安全，特别是有助于降低他国政局变化对“一带一路”建设的负面影响。在与相关国家开展合作谈判过程中，需关注安全风险防控问题，尽可能地明确安全保障方面的权责划分，推动东道国政府对相关项目的安全保障切实承担责任。可结合项目落地的实际需求，深化与相关国家的安全和执法合作，完善多边性安全保障合作安排，订立有约束性的协议，避免出现国际法层面的矛盾，使多主体参与的安全保障工作更加协调有序。

此外，需注重从“地区安全治理”的视角推进风险共担，通过提升功能性议题（如水资源、能源安全）的治理水准，降低和防范相应的安全风险。为在更大范围内实现风险分散，可考虑建立区域性的安全风险保障基金。基金可主要用于强化相关国家应对非传统安全挑战的能力，为企业提供必要救济等，通过这类平台使“一带一路”建设的成果共享、风险共担与团结互助更有保障。可借鉴欧盟建立灾害防范共同框架、设立 E-Risk 系统等经验，运用先进技术手段，联合相关国际组织推动实现“区域灾害风险管理一体化”，帮助共建“一带一路”国家开展洪水、海啸、地震、核危机等风险的监测分析，更好地协调各方的风险响应政策和行动。[18]

第三，强化企业安全风险意识，使安全保障的责任“重心下移”。“一带一路”建设的安全保障，要靠企业自身能力建设和国际合作来落实。近年，在多次海外紧急撤离行动中，中国政府并未像很多西方国家那样对相关企业和公民收取费用，但未来如何进一步明确救济原则和范围、有效分担安全保障成本，并借此增强中国企业和公民的安全意识，应进行研究。

不少中国企业存在四无现象，即“无风险意识、无安保人员、无安保资金、无安保方案”。中国企业需尽快补足跨国经营中安全保障“短板”，借鉴国外跨国公司经验，设立负责安全保障的主管职位，充实企业内部相关机制和资源投入，建立跨国安保、风险管理方面的“标准操作规程”。企业不仅应深入评估安全风险，还要善于和影响安全风险的各类行为体打交道，包括增强与本地和跨国非政府组织的沟通能力。企业在当地应重视建立“信息获取网络”和“政策影响力网络”，挖掘有助于提升自身安全保障的本地资源，有意识地锻造抗风险能力和安全危机后的再生能力。

在“一带一路”建设中，政府应鼓励中国企业与美欧等国企业开展联合投资项目，从而促使各方共担安全风险。探索设立针对政治和安全风险的投资保险机制，分担企业“走出去”的非商业成本。可借鉴美国国务院的海外安全咨询委员会、英国海外企业安全信息服务机构、日本海外安全公私合作理事会等机制，大力发挥企业的积极作用。[19]政府可支持中外企业、行业之间围绕安全保障问题进行对话与协作。可考虑由省一级外事部门建立“企业外事人员安全培训中心”，对外派人员和机构的安全保障资质进行认证。制定符合中国发展实际情况的“企业社会责任”标准和指南，提升企业在海外经营的冲突预防和化解能力。借鉴美国“志愿国际行动理事会”“班克罗夫特环球发展组织”等机构经验，鼓励企业积极支持中国民间组织在共建“一带一路”国家的活动，在民间组织和企业之间建立“小旋转门”制度，培养和储备相关人才，培育具有海外行动能力的中国民事安保力量。[20]

第四，提高应急处置能力，形成反应迅速、多方联动的安全风险应对机制。构建服务“一带一路”建设的安全保障能力，有赖于中央、地方、企业和驻外机构的四位一体，有赖于外交、发展和防务政策的紧密结合，有赖于中国与东道国的沟通协调，有赖于中国与相关地区和国际组织的高效协作。可借鉴美国等其他大国的经验，在外交和发展援助机构中嵌入冲突预防、安全援助等功能，建设在危急时刻可迅速展开行动的“专家池”和“突击队”，发挥其前瞻预警、快速反应和在地协调的功能。[21]需要与相关大国和重要地区性组织加强在安全事务方面的接触，可在救灾、海上搜救等低敏感性领域进一步扩展合作，做好海陆联合救援等新型合作模式的预研。[22]比如，可考虑与欧洲安全与合作组织等机构深化沟通，[23]还可增进与伊斯兰合作组织等机制的接触，探索在中亚、西亚等地的伊斯兰国家完善安全保障的有效方式。

总之，“一带一路”建设应发挥巨大的“带动性作用”，带动解决一系列困扰中国外交、对外经济合作等方面的长期性难题，包括提升对中国海外资产、人员和利益的安全保障能力。近年，随着我国对外经济合作不断扩展，与之相关的安全问题越发突出，特别是海外领事保护案件呈现从偶发、单发向频发、群发演化的态势。[24]如前所述，“一带一路”建设并非以安全为导向，但面临“被安全化”的突出难题，客观上也存在诸多安全风险挑战。这为我国加快海外安全立法建设、完善海外安全保障机制、深化国际安全与执法合作等提供了有利契机，将使相关工作的推进更具针对性、实效性、前瞻性。探索如何做好“一带一路”建设的安全保障工作，尤其是如何有效应对“发展—安全相互联结”问题，具有理论和实践层面的重要意义。这一工作需要未雨绸缪、提前着力，调动各方面积极性，平衡运用外交、发展和军事安全方面的政策手段，加快培养兼具研究、倡议和行动能力的复合型人才，寻求切实管用的创新性思路和做法。

注释

① 王毅《构建以合作共赢为核心的新型国际关系》，《国际问题研究》2015年第3期。

② Erica Marat, “Following the New Silk Road”, *The Diplomat*, October 22, 2014.

③ 亚历山大·利布曼《乌克兰危机、俄经济危机和欧亚经济联盟》，《俄罗斯研究》2015年第3期，第50—52页。

④ Alexander Gabuev, “Eurasian Silk Road Union: Towards a Russia-China Consensus?”, *The Diplomat*, June 5, 2015.

⑤ Zorawar Singh, “Indian Perceptions of China’s Maritime Silk Road Idea”, *Journal of Defence Studies*, Vol.8, No.4, 2014.

⑥ 周方银《中国崛起、东亚格局变迁与东亚秩序的发展方向》，《当代亚太》2012年第5期。

⑦ Erica Marat, “Following the New Silk Road”, *The Diplomat*, October 22, 2014.

⑧ Max Boot, “More Small Wars: Counterinsurgency is Here to Stay”, *Foreign Affairs*, Vol. 93, No.6, November/December 2014.

⑨ 夏莉萍《海外中国公民安全风险与保护》,《国际政治研究》2013年第2期，第14—16页。

⑩ 美国的“非北约盟国”包括澳大利亚、埃及、以色列、日本、韩国、约旦、新西兰、阿根廷、巴林、菲律宾、泰国、科威特、摩洛哥、巴基斯坦、阿富汗、突尼斯等。

⑪ Yukon Huang, “Courting Asia: China’s Maritime Silk Route vs America’s

Pivot", *The Diplomat*, April 25, 2014.

⑫ 赵明昊《试析奥巴马政府第二任期亚太再平衡战略走向》，《国际论坛》2014 年第 3 期。

⑬ 斯里兰卡前国防部长哥达巴雅·拉贾帕克萨（Gotabaya Rajapaksa）在 2015 年 7 月公开演讲中透露这一信息，"India asked Lanka to stop Colombo Port City Project, says Gotabaya", http://www.eyesrilanka.com/2015/07/18/india-asked-lanka-to-stop-colombo-port-city-project-says-gotabaya/。

⑭ Stephen Biddle, "Afghanistan's Legacy: Emerging Lessons of an Ongoing War", *Washington Quarterly*, Vol.37, No.2, summer 2014.

⑮ Carolin Liss, "New Actors and the State: Addressing Maritime Security Threats in Southeast Asia", *Contemporary Southeast Asia*, Vol.35, No.2, August 2013.

⑯《去年亚洲海盗袭击抢劫案件激增》，2015 年 1 月 15 日，http://world.huanqiu.com/exclusive/2015-01/5413896.html。

⑰ 杜懋之、赵晨《海外公民保护与欧中安全合作》，《国际政治研究》2013 年第 2 期。

⑱ 游志斌《欧盟推动区域风险管理一体化的战略》，《学习时报》2013 年 10 月 14 日。

⑲ 以美国海外安全咨询委员会为例，目前有 3500 多家美国私营企业、教育机构、非政府组织为该委员会成员，根据经营领域、专业特长等因素，部分成员单位派员任"风险与信息分享""促进创新和行动优化"等分委员会的主席，https://www.osac.gov/Pages/AboutUs.aspx。

⑳ 徐彤武《当代美国非营利部门与美国国家安全》，《国际政治研究》2014 年第 3 期。

㉑ J. Brian Atwood, M. Peter McPherson, and Andrew Natsios, "Arrested Development: Making Foreign Aid a More Effective Tool", *Foreign Affairs*, November/December 2008.

㉒ Timothy Heather, "China's Pursuit of Overseas Security", *RAND*, pp.34–37.

㉓ 笔者与德国国际与安全事务研究所（SWP）学者的交流，2015 年 6 月。

㉔ 中国外交部领事司司长黄屏曾在2014年7月表示，“重大领保案件全球多点同时爆发常态化”。另参见“2014年中国境外领事保护与协助案件总体情况”，人民网，2015年7月1日，http://world.people.com.cn/n/2015/0701/c1002-27237232.html。

第四章　激发亚太发展潜力

习近平等中国领导人多次强调，要“让命运共同体意识在周边国家落地生根”，共同构建互信、包容、合作、共赢的亚太伙伴关系。亚太地区是推动“一带一路”国际合作的重点区域，中国希望通过“一带一路”建设营造和平有利的周边环境，进而为中国从“地区性强国”向“全球性强国”的跨越提供必要条件和基础。

进入新世纪以来，亚太地区整体实现快速发展，国际货币基金组织（IMF）在2017年发布的《亚洲及太平洋地区经济展望》中指出，过去几年，亚太地区经济对全球经济增长的贡献率已经达到60%以上，考虑到人口总量、技术发展水平、文化多元性等因素，亚太地区在世界经济、政治、安全格局中占据的位置越发重要。中共十八大以来，中国越发重视深化与亚太地区国家的全方位联系，中国周边外交在顶层设计、机制建设、策略运筹、资源投入等方面实现较大进展，其在中国外交全局中的地位和重要性不断提升。习近平等中国领导人多次强调，要“让命运共同体意识在周边国家落地生根”，共同构建互信、包容、合作、共赢的亚太伙伴关系。[①] 正如张蕴岭教授所言，中国的周边区域观正在回归，“亚太作为一个区域，既要为中国经济参与提供平台，又要为中国处理政治与安全关系提供空间”[②]。有鉴于此，亚太地区成为推动“一带一路”国际合作的重点区域，通过加强与地区国家的多层次互联互通，中国希望营造和平有利的周边环境，进而为中国从“地区性强国”向“全球性强国”的跨越提供必要条件和基础。

第一节 促进基础设施建设

“要致富、先修路”

基础设施是指为社会生产和居民生活提供公共服务的物质工程设施，是用于保证国家或地区社会经济活动正常进行的公共服务系统，包括高速道路体系、供电网络、港口水利设施、信息通信工程等。没有这类基础设施的建立和完善，就不会有经济的快速、平稳发展，就无法使普通民众更多享受到发展的成果。基础设施的建设具有“乘数效应”，对这类项目的投入会拉动更多的社会总需求，也会提高就业，增加民众收入。20世纪30年代，当美国遭遇史无前例的“经济大萧条”时，美国总统罗斯福推出著名的“罗斯福新政”，其中由政府主导推动美国国内基础设施的建设是重要内容。

“要致富、先修路”，这是中国过去40年实现快速发展所得到的重要经验。它非常生动地阐明了一个道理，即交通、能源、水利、信息网络等基础设施的不断完善，是经济得以可持续发展的前提与保障，而这也是各国之间顺利展开经济合作的重要条件。“一带一路”追求的是共同发展、共同繁荣，基础设施的互联互通在这一进程中占据优先地位。过去数十年，中国在基础设施建设方面取得了突出成就，这也为中国推动“一带一路”框架下的基础设施建设国际合作提供了有利条件。比如，2017年，中国的高铁里程达到2.5万公里（位居世界第一，2020年将达到3万公里），高速公路13.65万公里，世界集装箱吞吐量排名前10位的港口有7个在中国，世界最大斜拉桥前10位有8座在中国。

近年来，中国高度重视促进亚太地区基础设施的互联互通。“一带一路”合作倡议的核心目标是实现基础设施、制度规章、人员交流三位一体的互联互通，只有基础设施建设搞上去了，才有可能真正实现一种全方位、立体化、网络状的大联通。2014年11月，在北京APEC领导人非正式会议召开前，中国政府专门举行了“加强互联互通伙伴关系对话会”，邀请蒙古国、缅甸、柬埔寨、巴基斯坦、孟加拉国、老挝、塔吉克斯坦等国领导人共商地区基础设施建设大计。习近平主席在这次会议上发表的讲话中指出，如果将“一带一路”比喻为亚洲腾飞的两只翅膀，那么互联互通就是两只翅膀的血脉经络。他还强调，我们要实现亚洲国家联动发展，亚洲各国就像一盏盏明灯，只有串联并联起来，才能让亚洲的夜空灯火辉煌。借助这些形象而又生动的比喻，习近平阐明了加强基础设施等领域互联互通的重要性。

2016 年中国主办 G20 杭州峰会期间大力推动的一项议程聚焦“全球基础设施互联互通”。2014 年 G20 布里斯班峰会曾提出《全球基础设施倡议》，世界银行也设立了“全球基础设施论坛”“全球基础设施基金”等机制。根据世界银行 2014 年做出的估算，发展中国家每年在基础设施方面的开支是 1 万亿美元，但为了保持经济增长势头，在 2020 年之前还需要至少增加 1 万亿美元。[③] 由此，中国方面认为，为了推动全球基础设施建设，各国不仅要兴建自己的基础设施，还需要与其他国家合作增强各国间基础设施的联通度，包括促进跨境基础设施网络建设。与此相关，为了解决基础设施建设融资困难的问题，中国还大力推动多边性开发银行展开更多合作。2016 年 G20 在成都举办财长和央行行长会议，在中国方面的倡导下，世界银行等 11 家全球主要多边开发银行在此次会议上首次共同发表了《关于支持基础设施投资行动的联合愿景声明》。[④]

中国之所以如此重视基础设施的互联互通问题，主要是其充分认识到这是阻碍世界各国尤其是亚洲地区国家实现共同繁荣的最主要障碍之一。一方面，共建“一带一路”国家中，大多数都处于较低的经济发展阶段，处于工业化、城镇化的初期，由于缺乏大规模投资、技术水平有限等因素，这些国家的基础设施条件普遍较为落后。另一方面，亚洲地区城市人口的快速增加、中产阶级消费群体的扩大又给基础设施建设带来越来越大的需求。[⑤] 根据联合国有关机构的预测，到 2030 年，生活在城市地区的亚洲民众将新增 6.5 亿人。2010 年，亚洲开发银行发布对亚洲经济体基础设施需求所做的评估报告，这份报告指出，从2010年到2020年，亚洲地区的基础设施资金缺口为8.2万亿美元，发电、交通运输、供水、电信和卫生设施是亟须加强建设的重点领域。2017年2月，该行发布的报告称，2030年前亚洲每年需要在基础设施建设方面投入1.7万亿美元，用以确保经济增长、减少贫困以及应对气候变化等挑战。⑥

显而易见，在基础设施领域，需求和供给之间的巨大矛盾已成为拖累亚洲国家经济发展的重要因素，而且这种矛盾在近年变得越来越突出。以印度为例，它虽然是南亚地区经济发展水平最高的国家，但印度普通民众长期受到电力供应不足的困扰，一半国土没有公路，其铁路网也非常落后。由于基础设施条件有限，“印度制造”也很难形成规模经济，印度的长期高速增长缺乏坚实的支撑力量。印度莫迪政府极为重视应对基础设施不足的问题，它在2015年提出增加15%—20%基础设施的目标，包括新建26 000公里农村道路和6300公里高速公路，新增20 371兆瓦装机容量，为3500个农村通电等。但是，要想全面实现这些雄心勃勃的目标，仍是充满巨大挑战的。

作为东南亚地区主导力量的印度尼西亚，同样也遇到基础设施建设严重落后的难题。⑦根据2015年世界银行发布的相关报告，印度尼西亚在全球投资便利度排名中仅列第114名，基础设施不完善极大地削弱了国家的整体竞争力。佐科政府上台后，非常重视这一问题，并制定了《2015—2019年中期建设发展规划》。2015—2019年，印度尼西亚将建设2650公里公路、1000公里高速公路、3258公里铁路、24个大型港口、60个轮渡码头、15个现代化机场、14个工业园区、49个水库、33个水电站，并为约100万公顷农田建立灌溉系统，预计所需资金约4245亿美元。⑧而另一个东盟成员越南也格外注重发展基础设施，如希望到2020年将该国的高速公路里程从2015年700公里增加到2000公里。[9] 菲律宾政府则提出升级改造马尼拉机场等一系列基础设施建设计划。值得强调的是，基础设施条件落后的问题，其实不仅影响到一个国家或地区的内部经济发展，也对它们参与国际经济合作带来非常显著的阻碍。

毫无疑问，“一带一路”合作倡议将极大有助于解决相关国家和地区在基础设施建设方面面临的诸多挑战：

第一，有助于缩小基础设施投资需求的缺口。2016年，由中国倡导成立的亚洲基础设施投资银行（亚投行）正式开始运营，该行拥有1000亿美元的初始资本。来自欧洲、亚洲、非洲等地区的57个国家成为创始成员国，其中包括英国、德国、法国等发达国家。2014年，中国政府还出资400多亿美元设立“丝路基金”，用以带动和盘活更多民间私营资本参与基础设施建设。2015年4月，位于中巴经济走廊的卡洛特水电站被确立为丝路基金首个投资项目。在2017年5月举行的首届“一带一路”国际合作高峰论坛开幕式上，习近平主席宣布中国将加大对“一带一路”建设资金支持，向丝路基金新增资金1000亿元人民币。除了亚投行和丝路基金，其他中国的政策性金融机构也在为“一带一路”建设提供支持，如中国进出口银行设立的“一带一路”项目有1000多个，分布于49个国家，涵盖公路、铁路、港口、电力资源等多个领域。[10] 还有一批服务“一带一路”建设的双多边合作基金正在酝酿筹建之中。

第二，有助于提升相关国家的基础设施建设水平。目前，中国在能源、通信、铁路、公路、港口、机场等基础设施建设领域已取得令世界瞩目的成就。2015年，中国对外承包工程新签合同额2100.7亿美元，首次突破

2000亿美元大关，其中在参与共建“一带一路”的60个国家的新签合同额为926.4亿美元，占同期我国对外承包工程新签合同额的44.1%。[11] 随着与中国企业相关合作的推进，有关国家也将在基础设施的规划建设、运营管理等方面得到助益。中国和印度方面考虑合作建立铁路大学，为印度培养数千名急需的铁路专业技术和管理人才。2015年7月，由中资企业牵头组建的“东盟制造中心”在马来西亚正式投产。该中心具备每年制造100辆动车组的能力，并兼营电力机车和轻轨车辆等全系列轨道交通装备制造业务。它的成立标志着马来西亚成为东盟首个拥有轨道交通装备制造能力的国家。[12]

第三，有助于促进区域性的基础设施联通。跨越国家边境的基础设施发展往往得不到足够重视和投入，由此影响了区域整体的经济一体化。“一带一路”建设将更加注重解决这一“各家自扫门前雪”的问题。近年来，中国积极开展亚洲公路网、泛亚铁路网规划和建设，与中亚、南亚及东南亚国家开通主要公路13条，铁路8条。中国与周边国家已建成18条跨国输电通道。中国将进一步推动创新融资和商业模式，促进相关国家和地区之间基础设施的共同发展。2015年3月，中国对外承包工程商会会长刁春和在参加博鳌亚洲论坛期间表示，“一带一路”倡议将优先发展跨境、跨区域的基础设施，包括开展区域电网、光缆传输系统、跨界桥梁、油气管道的升级改造等。

作为“一带一路”基础设施互联互通的重要项目，中国—老挝铁路、中国—泰国铁路、印度尼西亚雅万高铁等工程目前已经全面开工建设。2015年12月2日，中老铁路老挝段开工奠基仪式在万象举行，时任老挝国家主席朱马里亲自为这一该国历史上最大规模基建项目填土奠基。中老铁路全长417公里，建设期5年，总投资约374亿元人民币。该条铁路贯穿老挝国内，是第一个以中方为主投资建设并运营、与中国铁路网直接连通的境外铁路项目，承载着老挝从内陆“陆锁国”变为“陆联国”的发展之梦。此外，中国—泰国铁路项目也在2016年9月正式开工建设，该项目曾因泰国国内政局动荡等因素而一波三折。中泰铁路对于推进泛亚铁路网的成型意义重大。这是泰国首条标准轨复线铁路，总长度约845公里，也将全部使用中国技术、标准和装备。未来，中泰铁路项目将与中老铁路实现相连，纵贯中南半岛的泛亚铁路“主骨架”也将由此初现雏形。2016年1月21日，印度尼西亚雅万高铁开工奠基仪式举行。这是印度尼西亚乃至东南亚地区的首条高铁。预计建成通车后，从印度尼西亚首都雅加达到历史名城万隆的旅行时间将由目前的2个多小时缩短至30分钟以内。[13]这是中国企业在海外全程参与规划、建设、运营和管理的首条高铁，也是中国高铁第一次全系统、全要素、全产业链走出国门。2016年7月，印度尼西亚交通部与雅万高铁合资公司签署特许经营协议，8月该项目获得全线建设许可，目前征地工作已经完成超过60%。

当然，推动基础设施联通也存在一些不可忽视的风险和挑战。比如，铁路、水利、电信网络等基础设施与一个国家的国家安全密切相关，如果缺乏足够深入的政策沟通，会带来不必要的误解。此外，基础设施建设往往需要巨额的投资，工期长、施工难度大，投资回报率短期内也不会很高，而且运营维护的成本较大。如何确保投资的可持续性和安全，如何通过国家政府层面的投资带动更多民间资本的投入，如何避免出现“烂尾工程”，如何在建设基础设施过程中防范不同社会群体、利益群体之间的冲突等，都是需要中国和共建“一带一路”国家共同努力破解的难题。

为了更好地在“一带一路”建设中推动基础设施合作，需要充分践行“共商、共建、共享”的总体原则。一要进行深度的、有效的政策沟通，化解有关国家和地区不必要的疑虑，切实与其自身的发展需求相互对接，倡导运用“整体观”推进发展规划、标准体系、管理规范等方面的一体化，解决好“断头路”“车不同轨”等长期阻碍地区经济一体化的问题。二要大力构建利益共享、风险共担的合作伙伴关系，共同推进国际骨干性的基础设施工程，防控基础设施建设和管理过程中的各种安全风险。三要注重产业配套和技术创新，“只有路、没车跑”是不可持续的，基础设施的生命力在于同经济项目、产业园区等深度融合。考虑到相关国家和地区的特殊地理环境等因素，“一带一路”建设具有激发新技术革命的巨大潜力，包括路桥设计、智能电网、高速铁路等领域，需要努力建设具有高技术含量的设施联通网络。四要格外警惕基础设施所带来的“软风险”，无论是道路桥梁的选址，还是油气管线的铺设，背后都隐含着平衡利益分配、化解利益冲突的问题，需要建立起官方和民间、政府和企业、国家和社会、域内和域外相互衔接、各尽其责的立体化治理体系，确保合作的普惠性和稳定性。

亚洲基础设施投资银行

倡导成立亚洲基础设施投资银行是中国实施互联互通新外交的一大创举，虽然这一新的国际多边机制将有助于“一带一路”建设，但它不应被简单认为是“一带一路”的融资工具。中国政府2013年提出设立亚投行的倡议，2014年10月包括中国在内的首批22个意向创始成员国代表签署了《筹建亚洲基础设施投资银行备忘录》。2015年6月，50个意向创始成员国代表共同签署《亚洲基础设施投资银行协定》，另外7个国家随后在年底前先后签署。同年12月，《亚洲基础设施投资银行协定》达到法定生效条件，亚投行宣告成立。2016年1月16日，该行正式开始运营。在57个创始成员国代表的注视下，习近平主席为亚投行标志物“点石成金”揭幕。

亚投行是中国人首次尝试在国际发展融资领域提供“公共产品”，体现了中国对全球治理和多边主义的积极拥抱。考虑到亚洲和世界在基础设施融资方面的巨大需求，亚投行的成立具有重大意义，它并不是中国要在国际机制方面“另起炉灶”，而是对现有国际机制的有益补充。然而，美国、日本等国却对亚投行表现出消极的甚至是“对抗”态度，奥巴马政府竭力阻止美国的亚洲和欧洲盟友对亚投行给予支持。时任美国财长雅各布·卢多次亲自打电话给英国财政大臣奥斯本，劝说英国不要加入亚投行。美国政府的理由是，亚投行不仅达不到管理和贷款方面的“全球最高标准”，而且会成为被中国主导的、服务于中国地缘经济目标的工具。然而，美国的盟友们却并不买账，最终英国、德国、法国、韩国、澳大利亚等不顾美国阻力，选择成为亚投行的创始成员国。后来，美国另一重要盟友加拿大也选择加入亚投行。

作为既有的国际多边性发展银行，亚洲开发银行和世界银行加起来每年仅能为基础设施建设提供约600亿美元的贷款，而且这两大机构更加重视的工作领域是“减贫”，以基础设施建设为主要关注领域的亚投行完全可以和这些机构形成互补。需要指出的是，1966年建立的亚洲开发银行由日本和美国共同主导，中国虽然是亚洲数一数二的大国，但它的出资额和表决权均不及日本和美国的一半。中国等国多次要求在亚洲开发银行中增加出资，并推动该行的改革，却遭到拒绝或迟滞。中国的确对自身话语权和决策权不足感到不满，但这并不意味着它希望利用亚投行与之“对抗”。应该说，无论是从资金数量的角度，还是从工作优先领域的角度，亚投行都不会与亚洲开发银行和世界银行形成“对抗”关系。即便存在竞争，也应是一种良性竞争。2016 年，亚洲开发银行也在改革方面迈出重要一步，将贷款能力提高了 50%。正如该行首席经济学家魏尚进所言，“亚洲对基础设施的需求非常庞大，所有跨国银行加在一起所能提供的资金也只占一小部分”⑭，各类开发银行机构进行合作的空间是巨大的。

中国政府对于亚投行的认知是清醒的，它并没有将其定位为仅仅服务于“一带一路”的工具，也没有寻求中国在该机构的绝对主导权，而是希望通过亚投行增强中国开展多边主义外交的能力。在中国领导人看来，多边主义与互联互通必然是一种相辅相成的关系。2016 年 1 月，习近平主席在亚投行开业仪式的演讲中强调，亚投行应该奉行开放的区域主义，同现有多边开发银行相互补充，应该以其优势和特色给现有多边体系增添新活力，促进多边机构共同发展，努力成为一个互利共赢和专业高效的基础设施投融资平台，在提高地区基础设施融资水平、促进地区经济社会发展中发挥应有作用。⑮

作为新的多边开发机构，亚投行秉持“精简、廉洁、绿色”（lean，clean，green）的发展理念，以使自身能够更有效率、对腐败零容忍并致力于促进可持续发展。首先，亚投行希望在其注册资本与世界银行同等规模时，雇员仅为后者的三分之一。这意味着该行的效能更好。其次，为了预防腐败，该行设立了专门的监察部门。再次，绿色基础设施、可再生能源、清洁交通以及减缓气候变化等方面的项目是亚投行的重点关注领域。该行首任行长金立群表示，所谓“国际最佳实践”并不等同于西方实践，要吸收发达国家也要吸收发展中国家的良好经验，亚投行要创办成一个新型的、具有 21 世纪治理水平的国际多边机构。[16]

据估计，未来十年全球基础设施融资需求高达数十万亿美元，亚投行与世界银行、亚洲开发银行等多边开发机构拥有广阔的合作空间，各方完全可以通过一种互补关系让彼此受益。亚投行正式运营后，与其他国际性多边开发融资机构顺利开展了相关合作。2016 年 4 月，金立群行长在华盛顿与世界银行行长金墉签署了双方首份联合融资框架协议。根据这份协议，这两大机构将共同资助和开发相关基础设施项目。截至 2016 年 6 月，亚投行董事会通过批准了首批 4 个项目总计 5.09 亿美元的贷款，涉及能源、交通和城市发展等领域。4 个项目中，除孟加拉国的电力输送升级和扩容项目为亚投行独立提供贷款的项目，其余 3 个项目都是与世界银行、亚洲开发银行、欧洲复兴开发银行等其他多边开发银行联合融资。[17]美国《福布斯》杂志刊文梳理了亚投行成立一年的表现后肯定了该机构的“成功”，认为该机构在向相关项目贷款方面进行了高标准的尽职调查，遵守了环境、社会等方面的国际规则，而且“并没有在政治经济利益上给予中国偏袒”。2016 年全年亚投行共参与了 9 个项目的投资开发，放款额超过 17 亿美元，其支持的项目不仅涉及亚洲国家，还同意向跨安纳托利亚天然气管道项目（连接阿塞拜疆与欧洲）投资 6 亿美元。[18]

第二节　联通南亚次大陆

南亚是中国周边外交中的重要板块，也是“一带一路”倡议的重点覆盖地区。涉及该地区的中巴经济走廊、孟中印缅经济走廊等是“一带一路”建设的骨干性项目。南亚地区包括印度、巴基斯坦、斯里兰卡、孟加拉国、尼泊尔等国，人口数量超过17亿，占世界总人口的比例约为21%，该地区经济总量占世界经济总量的7%。近年来，南亚国家的经济发展速度普遍有所上升，加之该地区的“人口红利”显著，其发展前景受到国际社会关注。与此同时，南亚地区面临较为严重的贫困问题，根据世界银行的统计，在南亚约有5.7亿人每天的生活费不到1.25美元，而基础设施匮乏、能源供给不足、地区冲突和恐怖主义问题等因素也很大地制约了该地区的可持续发展。[19] 有研究指出，为了维持发展活力，到2020年前南亚国家每个月需要创造100万个就业岗位。无疑，“一带一路”国际合作将有助于应对上述发展挑战，并推动中国与南亚国家关系的不断深化。[20]

中巴经济走廊

巴基斯坦是中国的全天候战略合作伙伴，两国之间的友谊源远流长。巴基斯坦也是最坚定支持“一带一路”合作倡议的国家之一。2015年4月，习近平主席访问巴基斯坦期间，双方确定了以中巴经济走廊建设为中心，瓜达尔港、能源、交通基础设施、产业合作为重要领域的“1+4”合作框架。

中巴经济走廊可谓“一带一路”建设中的重大先行先试项目。这条长达3000公里的经济走廊以中国新疆的喀什为起点，终点则在巴基斯坦俾路支省的瓜达尔港，中巴经济走廊北接“丝绸之路经济带”，南连“21世纪海上丝绸之路”，是贯通南北丝路的关键枢纽。对于中巴两国来说，经济走廊的建设将带来“双赢”的局面。一方面，中国可以新开辟一条直接通向印度洋以及中东等地区的贸易大通道，适当缓解海运过于依赖马六甲海峡的问题，减少贸易运输成本和时间。目前从西亚国家将石油和其他大宗商品运往中国港口，需要经过马六甲海峡，行程约为 1.2 万公里，而从中国沿海港口运往新疆地区则另需 3500 公里。中巴经济走廊建成后，中国与南亚、中东等地区国家之间的联系将更为便捷，这也将带来更多的贸易和投资机遇。当然，巴基斯坦本国就拥有 7000 多万消费者，这本身就是很大的市场。

另一方面，中巴经济走廊将给巴基斯坦的发展注入强大动力。由于阿富汗战争等地区冲突以及国内政治不稳定、安全形势不佳等因素，巴基斯坦长期缺乏来自国际社会的投资，基础设施也非常欠缺。尤其是，缺电成为困扰巴基斯坦民生和经济发展的一大难题。即使在首都伊斯兰堡，在夏天时经常会出现每天停电 12 小时的情况。实际上，巴基斯坦煤炭储备丰富，而且也有丰富的水力发电资源（如吉拉姆河）。中巴经济走廊建设的主要目标之一是解决巴基斯坦的能源匮乏问题，大约将使巴基斯坦的发电能力翻一番，只有供电得到保障，该国的经济发展也才具有稳健的基础。除了缓解能源不足问题，中巴经济走廊建设还将推动纺织、家电、化工、冶金、汽车等产业的发展，这必然会为巴基斯坦创造大量就业机会。此外，国际货币基金组织的一项研究称，到 2024 年，相关项目将使巴基斯坦的国内生产总值每年增加 30—130 亿美元。鉴于上述利好，时任巴基斯坦总理谢里夫在 2016 年 12 月兴奋地宣称，中巴经济走廊意味着“一个新的巴基斯坦正在形成”。巴基斯坦计划发展部部长阿赫桑·伊克巴尔（Ahsan Iqbal）认为，中巴经济走廊是“游戏改变者”（game changer），随着相关项目的推进，未来一个时期该国的 GDP 增长率有望升至 6%—8%，2025 年之前巴基斯坦或将跻身世界前 25 大经济体。[21]

2015年以来，在两国领导人和相关政府部门的有力推动下，中巴经济走廊建设不断取得进展。在能源领域，萨希瓦尔燃煤电站、卡西姆燃煤电站已经建成并正式开始商业运营，位于信德省的多个风电项目也将并网发电，新增装机容量将显著缓解巴基斯坦供电困难问题。在交通基础设施方面，喀喇昆仑公路升级改造项目、白沙瓦至卡拉奇高速公路（木尔坦—苏库尔段）项目、旁遮普省拉合市的城市轨道交通橙线项目等进展顺利。在产业园区方面，多个经济特区已经完成可行性调研，并被列入优先发展序列，包括开伯尔—普什图省的拉沙凯伊工业园、旁遮普省的费萨拉巴德M3工业城、信德省的塔贝吉（Dhabeji）特区等。两国还于2017年12月联合发布《中巴经济走廊远景规划（2017—2030）》。2018年1月，瓜达尔港自由区开园仪式举行，巴总理阿巴西、内政部兼计划发展部部长伊克巴尔、俾路支省省督阿查克扎伊、俾路支省首席部长卡杜斯等多位政要出席仪式。阿巴西表示，瓜达尔港建设是中巴经济走廊的重要组成部分，自由区的开园标志着瓜港建设取得重大进展；巴政府将保持政策延续性，希望在双方共同努力下，中巴经济走廊建设早日取得更多成果。已有超过30多家中巴企业决定入驻该园区，涉及物流、家电、渔业、银行等产业领域。

中巴经济走廊建设可以说是两国建交以来最大规模、最具系统性的经济合作，这是一项需要不断探索经验、增进相互协同性的试验，在此过程中难免会出现各种问题和困难：

首先，需要强化中巴两国国内不同地区、不同部门之间的协作。特别是，巴基斯坦国内存在很多的政治派别、族群、宗教团体、地方势力等，各个省份之间的经济发展水平也具有很大差异。中巴经济走廊分为东中西三条主要线路。由于东部线路的基础较好也较安全，巴基斯坦政府曾一度决定优先发展东部线路，包括旁遮普省等。但是，巴国内其他地区的政治人士和普通民众对此感到不满，并出现上街抗议事件。旁遮普省是巴最富裕的省份，而且是当时执政党穆斯林联盟的大本营。在巴基斯坦 2016 财年基础设施开发预算中，70% 流向旁遮普和信德两个富裕省份，只有 12% 给了俾路支省和开伯尔—普什图省。[22] 因此，中巴经济走廊建设需要平衡好巴国内不同地区和族群的发展需求，避免相关合作成为巴国内族群矛盾和政治斗争的“牺牲品”。

其次，要不断优化投融资合作模式，并加大相关政策配套的效率和力度。中巴经济走廊建设框架下的基础设施项目众多，资金投入巨大，资金使用和监管面临不少新的挑战，而且还需要避免滋生腐败问题。由于融资协议未能达成一致，2017 年巴基斯坦方面决定将迪亚米尔—巴沙（Diamer-Bhasha）大坝项目从中巴经济走廊建设项目中移除。巴国内还有人担心，该国未来会因为中巴经济走廊建设而承受较大的债务负担，国际货币基金组织等机构也提出这一问题。[23]2017 年 5 月，巴基斯坦《黎明报》对外披露所谓中巴经济走廊建设详细规划，更是引发一轮“巴基斯坦会沦为中国殖民地”的轩然大波。此外，由于缺乏相关的税收、环保等政策的配套，中巴双方围绕产业园区的合作进展相对缓慢。很多情况下，巴基斯坦地方政府拥有较大的自主权，它们有时与中央政府和部委之间存在一定的矛盾。如果没有产业园区的顺利发展，即便巴基斯坦拥有一流的公路、铁路，经济增长依然会缺乏动力，巴国普通民众的就业问题也得不到解决。

再次，需切实解决好影响中巴经济走廊建设的安全问题。由于恐怖主义、极端主义和分裂主义的影响，巴基斯坦国内面临较突出的安全挑战。

尽管过去几年来，巴国内安全形势有所好转，但仍要对中巴合作项目涉及的安全风险时刻保持警惕。尤其是在瓜达尔港区所在的俾路支省，各方面势力的关系非常复杂，发生过多次涉及中国人的绑架和袭击事件。早在2004年几位在瓜达尔港工作的中国工程师就曾不幸遇害。随着中巴经济走廊建设进入全面实施阶段，有超过1.5万名中国工程师和技术人员在巴工作。虽然巴基斯坦方面为保障人员和项目安全专门成立了一支上万人的特别部队，但这并不足以全面消除安全风险。

当然，中巴经济走廊建设的顺利推进，也需要谨慎处理一些外部因素。一方面，哈萨克斯坦、土库曼斯坦、乌兹别克斯坦、伊朗等国对于参与中巴经济走廊建设表现出一定兴趣，它们将会受益于瓜达尔港等地区基础设施项目的完善。土库曼斯坦总统别尔德穆哈梅多夫2016年3月与巴基斯坦总理谢里夫就该国未来使用瓜达尔港进行了商讨。塔吉克斯坦则开始新建若干条能够将中亚国家与中巴经济走廊相联系的公路。[24]伊朗明确表示，恰巴哈尔港与瓜达尔港并不是“零和博弈”关系，伊朗希望与巴基斯坦合作促进南亚、中亚和西亚之间的互联互通。另一方面，美国、印度等国的战略界人士对中巴经济走廊建设颇有不满。印度政府发言人曾公开表示，中巴经济走廊穿越巴控克什米尔地区，无视印度的主权和领土完整等核心利益，是“不可接受的”。[25]

印度与“一带一路”

印度是南亚地区的主导力量，它的经济增长率已经多年保持在5%以上，预计到2030年会成为世界第三大经济体。印度人口目前已经超过13亿，仅次于中国，用不了多久它将成为世界上人口最多的国家，而且青年人口所占比例较高。近年来，在莫迪政府的领导下，印度在地区和国际事务中正扮演越发积极的角色，其“全球雄心”日益增强。而不少西方国家也希望能够把印度打造成为制衡中国崛起的力量。正如美国对外关系委员会资深研究员艾丽莎·艾尔斯（Alyssa Ayres）所言，印度已开始自视为“领导型国家”，印度决策者相信“我们的时代已经来临”，“一个更加自信、迫切希望塑造全球事务而不仅仅是被动应对的印度已经让世人感受到了其外交影响力”[26]。很大程度上，中印关系的走向将对21世纪的世界战略格局发挥决定性影响。“一带一路”建设需要审慎应对印度因素。

印度是目前少数没有表态支持“一带一路”倡议的大国之一，莫迪政府还拒绝派代表参加2017年5月在北京举办的首届“一带一路”国际合作高峰论坛。印度对“一带一路”的消极态度主要出于以下几点原因：第一，印度方面认为中巴经济走廊建设对其构成战略性“威胁”。过去几十年，由于存在领土主权争议等因素，印度和巴基斯坦已经发生多次武装冲突，印度还认为巴基斯坦当局包庇和怂恿恐怖主义势力在印发动袭击。印巴矛盾具有很强的敌对性，由此，印度自然会认为中国试图通过中巴经济走廊建设扶持可以制衡印度的巴基斯坦。第二，印度战略界人士多认为，中国通过“一带一路”建设尤其是“21世纪海上丝绸之路”不断深化与斯里兰卡、孟加拉国、马尔代夫等印度邻国的关系，中国支持兴建的港口未来会成为海军基地，中国借此实施对印度进行“围堵”的“珍珠链”战略。第三，印度方面难以放弃将“印度洋”变为“印度之洋”的想法，对中国通过“一带一路”建设加大在印度洋区域的活动始终抱持高度警惕，尤其是中国近年在东非战略要冲吉布提修建军事后勤保障基地。第四，中印之间曾在1962年爆发边界冲突，时至今日两国仍存在复杂难解的领土争端，印度担心中国借助“一带一路”建设扩展对尼泊尔以及印度东北部地区的影响，进而使印度陷入战略劣势。印度东北部地区与中国邻近，且长期存在地方分离主义武装。印度担心中国修建边境公路等将对该地区的“西里古里走廊”构成安全威胁。

很大程度上，正是出于对东北部地区安全的担忧，印度方面对于孟中印缅经济走廊的态度较为消极。多年来，印度中央政府不断加大对东北部地区发展的投入，但收效不大。孟中印缅走廊将直接使印度东北部地区受益，还有助于解决从西孟加拉邦过境孟加拉国到东北各邦的运输通道问题。然而，印度方面担心，与孟加拉国和缅甸改善互联互通之后，孟缅两国的非法移民会进一步涌入印度，而东北部地区的民族分裂势力也会更容易获取外部援助。此外，印度还担心，孟中印缅经济走廊建设将使中国获得在该地区的主导性地位，从而冲击印度自身推动的“湄公河—恒河合作倡议”（MGC）、“孟加拉湾多领域经济技术合作倡议”（BIMSTEC）等区域合作机制。孟加拉国人口众多而资源贫乏，希望通过参与孟中印缅经济走廊建设，改善道路、港口等基础设施，吸引更多外国投资。尽管孟加拉国方面对走廊建设态度积极，但它仍受到来自印度的很大影响。虽然2013年12月孟中印缅经济走廊建设得到了四个国家政府的正式批准，但至今取得的实际进展依然不多。[27]

正如印度政策研究中心专家佐拉瓦尔·辛格（Zorawar Daulet Singh）所言，新德里对“一带一路”持消极态度，其根源在于担心中国崛起以及对外投射地缘经济影响力会威胁印度的大国梦与其在南亚次大陆的传统地位。然而，印度的处境矛盾，一方面它希望加强与欧亚国家的联系，另一方面又害怕过早参与中国主导的“一带一路”会导致自身崛起受阻。印度应对“一带一路”的真正问题在于，“无法将其地缘政治利益与更大的发展目标相互调和”[28]。

应当看到，印度对于如何促进地区互联互通有着自己的构想，如果中国希望推动与印度的合作，就需要更加深入地了解印度的所思所为。第一，印度希望在南亚国家和印度洋区域加大投入，包括开发斯里兰卡的亭可马里港和位于孟加拉湾的安达曼—尼科巴群岛。[29]2017 年 5 月，非洲发展银行会议在印度总理莫迪的老家古吉拉特邦举行，莫迪在会上提出“亚非增长走廊”设想，这是印度和日本共同推动的“印度洋—太平洋自由走廊”的一部分，旨在扩大印日两国对南亚、西亚和非洲地区发展的影响力。9 月中旬，安倍晋三访问印度期间，双方再次确认了在“亚非增长走廊”等问题上深化合作的共识。日本政府还宣布为印度“东北各邦道路网络改善计划”提供 386 亿日元的优惠贷款。第二，在“东望”政策变为“东进”政策的背景下，印度重视加大与缅甸等东南亚国家的互联互通，莫迪政府已计划重启印度—缅甸—泰国公路项目，这一计划最早由印度政府在 2002 年提出。第三，印度还与伊朗、日本等国合作开发位于阿曼湾东北部的恰巴哈尔港，该港与巴基斯坦瓜达尔港的距离不到 100 海里。这一项目使印度能够绕开巴基斯坦，与阿富汗以及中亚国家建立更便捷的贸易和运输通道。第四，印度与俄罗斯、哈萨克斯坦、阿塞拜疆、阿曼、土耳其等国共同推动“国际南北运输走廊”（INSTC）项目。2016 年 3 月，印度决定加入《阿什哈巴德协议》，这将促进其与相关国家的交通联运合作。国际南北运输走廊开通后将连接孟买和圣彼得堡，全长 7200 多公里，印度到俄罗斯的货物运输时间将从目前的 40 多天减少到不足 25 天，预计该走廊每年可运送 2000—3000 万吨货物，为印度向中亚、西亚、欧洲等地区拓展经济影响力提供重要平台。[30]

显然，如果印度与中国围绕地区互联互通而陷入对抗的话，那将是一种“双输”的局面。印度的国家实力相对中国来说仍然较弱，尤其是可以投入地区互联互通建设的资金也比较有限，加之很多国家并不希望成为印中对抗的“砝码”，印度国内不乏建议莫迪政府调整应对“一带一路”策略的声音，“如果印度选择远离‘一带一路’，这只会深化它在南亚地区的孤立，并加快其地区主导权的终结”[31]。中国方面则始终对印度参与“一带一路”建设表现出开放和欢迎的态度，并多次明确表示中巴经济走廊建设并不针对印度，希望印巴关系得到改善。在中国、巴基斯坦和印度，都有一些专家认为印度完全可以参与中巴经济走廊建设，甚至可以考虑对这一项目进行重新命名。[32]此外，由中国倡议设立的亚投行也邀请印度成为创始会员国，该行董事会已批准为修建古吉拉特邦道路项目提供3亿多美元贷款。未来，中国一方面应继续与印度中央政府加大沟通，增进两国战略互信；一方面应注重与印度企业、智库、媒体以及西孟加拉邦、阿萨姆邦等地方政府增进接触，提升它们对“一带一路”的了解。除此之外，还可以尝试推动中印两国在缅甸、孟加拉国等“第三国”的合作。该地区是中国“南进”和印度“东进”的汇聚之地，中印企业在很多大项目上存在合作空间，比如缅甸的皎漂港和孟加拉国的吉大港经济特区建设。

第三节 升级与东南亚的关系

东南亚地区构成了中国周边外交布局中的主要板块，在推进“一带一路”建设的背景下，其对中国的重要性越发增强，东盟共同体的建成也将为双方关系的深化提供新平台、新契机。保持与东盟关系的稳定，确保中国“家门口”不出现动荡，是中国国际战略的基本目标之一。如今，中国和东盟国家的人口加起来有20亿，约占世界人口总量的30%。2018年，双方贸易额达到5878.7亿美元，双向投资累计超过2000亿美元，人员往来突破5000万人次。中国连续多年保持东盟第一大贸易伙伴地位，而东盟则是中国第三大贸易伙伴。2016年7月1日，中国—东盟自贸区升级版议定书正式生效，双方经济合作迎来新的机遇。按照中国和东盟共同设定的目标，2020年双方贸易额有望达到10 000亿美元，新增双向投资1500亿美元。显然，中国—东盟关系正迈入提质升级的“成熟期”，双方需要紧抓机遇、相向前行，而“一带一路”将为此提供重要助力。

构建中国—东盟命运共同体

当前中国与东盟的关系总体融洽，双方的合作也不断扩展，这一成就实际上来之不易。冷战时期，东南亚国家多持“反共”立场，它们甚至担心中国利用在本国的华人势力进行渗透扩张。1967年8月，印度尼西亚、菲律宾、新加坡、马来西亚和泰国五国共同发起成立东南亚国家联盟（简称“东盟”）。很大程度上，东盟的建立源于东南亚国家对“共产主义威胁”的恐惧和防范，尤其是要抗衡当时受到苏联和中国支持的越南、柬埔寨和老挝。1965年印度尼西亚发生未遂政变，当时的苏哈托政府认为政变的“主角”印度尼西亚共产党受到了中共的支援和鼓动。[33] 而中国对东盟最初也采取了敌对态度，声称它不过是美帝国主义的“走狗”和“工具”。20世纪60年代后期，中苏关系破裂，社会主义国家阵营内部矛盾越发突出，越南选择靠近苏联并转而反对曾大力“援越抗美”的中国。在这一背景下，中国和东盟国家的关系也有所改善。马来西亚于1974年与中国建立外交关系，敦·拉扎克总理为此发挥了积极作用。泰国则在1975年7月与中国建立外交关系。新加坡李光耀政府为中国在20世纪70年代末推行改革开放政策提供了非常重要的帮助。1978年12月越南入侵柬埔寨，遭到中国、美国和东南亚国家的一致反对。

20世纪八九十年代，中国和东盟的关系总体而言是友好的，双方都希望能够突破“美苏争霸”的冷战格局束缚，增加各自的战略自主性。冷战结束后，由于失去了抗衡苏联的价值，东盟一度受到美国的冷落。而中国则继续保持与东盟的合作。1989年春夏之交中国出现了“政治风波”，但东盟国家并没有选择追随西方国家孤立中国。中国则努力以东盟作为打破孤立的突破口，通过与东盟建立对话关系等举措，逐步赢得东盟国家的支持和信任，中国的周边外交环境也随之大为改观。1990年8月，中国与东盟大国印度尼西亚恢复外交关系。1991年，中国与东盟开启对话进程。1997年史无前例的亚洲金融危机爆发，印度尼西亚、马来西亚和泰国等遭受重大冲击。与美国采取袖手旁观的态度不同，中国坚持人民币不贬值等政策，为东盟国家走出困境提供了支持。面对这场金融危机，东盟和其他地区国家都认识到促进东亚地区合作的重要性和紧迫性。1997年底，东盟+中日韩三国（10+3）对话机制应运而生。

在21世纪头10年，中国和东盟关系实现了迅速发展，经贸合作成为坚实支柱。2000年11月，为进一步扩展中国与东盟的经济联系，时任国务院总理朱镕基在第4次东盟—中国领导人会晤上提出了建立中国—东盟自贸区的构想。这一举措恰逢中国基本完成加入世界贸易组织谈判之时，对于构建有利的外部发展环境意义重大。东盟方面对于中国此举也感到“不同寻常”，日本、韩国、澳大利亚等国虽然与亲西方的东盟保持密切经济联系，但“这些国家没有一个提出过要与东盟签署自由贸易协定。然而，共产党领导的中国政府竟然是第一个这么做的”[34]。2002年11月，中国和东盟签署《全面经济合作框架协议》，2004年、2007年和2009年又相继分别签署《货物贸易协议》《服务贸易协议》和《投资协议》。2010年1月1日，中国—东盟自由贸易区正式成立，从人口规模看这是世界上最大的自贸区。值得强调的是，中国还“实施早期收获计划，旨在使东盟国家可以早一点尝到构建自贸区的甜头（从开放农产品开始，实行不对等的让步）”[35]。中国—东盟自贸区的成立，也带动了日本、韩国、澳大利亚、印度等国争相与东盟商签自贸协定。在经济关系得到拓展的同时，中国与东盟的政治关系也不断深化。2003年10月，中国正式加入《东南亚友好合作条约》，中国和东盟宣布建立面向和平与繁荣的战略伙伴关系。由此，“中国在东盟对话伙伴中率先加入《东南亚友好合作条约》，率先与东盟建立战略伙伴关系，率先与东盟建成自贸区”[36]，这三个“率先”体现出中国与东盟关系的特殊性。

进入21世纪第二个10年，虽然受到南海争端等因素的负面影响，中国和东盟仍然希望保持关系稳定，并拓展多领域合作。2013年10月3日，习近平主席对印度尼西亚和马来西亚进行国事访问。在印度尼西亚国会发表的演讲中，习近平呼吁携手建设更为紧密的中国—东盟命运共同体。10月9日，李克强总理在文莱出席第16次中国—东盟领导人会议时，提出“2+7合作框架”，并得到了东盟的支持。该框架的核心是深化战略互信、聚焦经济发展，主要内容包括建设中国—东盟自贸区升级版、加快互联互通基础设施建设、加强本地区金融合作和风险防范、推进海上合作等，这被认为是建立中国—东盟命运共同体的具体路径。2016年9月，第19次中国—东盟领导人会议暨中国—东盟建立对话关系25周年纪念峰会在老挝万象举行。李克强就中国—东盟关系发展提出建议，包括尽早商签“睦邻友好合作条约”、打造人文交流新支柱等。2017年11月，李克强总理出席在马尼拉举行的第20次中国—东盟领导人会议，将“2+7合作框架”升级为“3+X合作框架”。

过去几年来，“一带一路”建设为中国—东盟关系发展提供了新契机、新平台，中国和东盟围绕地区基础设施互联互通等开展的对接合作不断推进，中国—中南半岛经济走廊、澜沧江—湄公河合作机制也逐步取得成果。[37]

2016年，东盟成员国通过了《东盟互联互通总体规划2025》（MPAC2025），将推动基础设施建设、提高东盟一体化水平、国际竞争力、民众生活水平等作为主要目标。[38]2017年是MPAC2025实施元年。同年2月，在菲律宾举行的东盟非正式外长会议明确了“3+5+6”的基本框架。“3”就是以基础设施、规制和人文为三大支柱。在基础设施方面，重点推动新加坡至金边段铁路、横跨湄公河的乃良大桥等项目。在海运方面，东盟滚装海运网络和短途海运可行性研究已经完成，各国同意优先建设“杜迈—马六甲”“勿拉湾—槟城—普吉”“达沃/三托斯将军市—比通”线路。此外，东盟电网、输气管道、宽带走廊建设等工程也在推进。从规制建设层面看，东盟关于交通便利化合作框架协议以及相关议定书进入核准阶段，各国也已签署单一航空市场建设文件。“东盟投资、服务与贸易方案”得到落实，“东盟单一窗口”建设有所推进。在人文方面，主要项目包括东盟中小学课程资料集编制和推广、启动东盟虚拟学习资源中心、建设东盟大学网络等。东盟国家还签署工程、护理、建筑、旅游等七个领域任职资格的互相认证协议，以促进技术人员的跨境流动。

“5”即确定五大优先战略领域，包括可持续基础设施、数字创新、无缝物流、卓越监管和人员流动。近年来，东盟移动网络、大数据、物联网等发展迅速，预计 2030 年东盟数字市场规模将达到 6250 亿美元，届时将占东盟 GDP 总量的 8%。东盟将进一步降低域内通关和物流成本，建立“无缝物流”体制，提升互联互通的监管能力，重点推进标准统一、互相认证、技术规范等领域监管合作。为更好落实 MPAC2025，东盟提出从六大方面（“6”）着力，包括成立东盟互联互通协调委员会，设立国别联络点，扩大东盟互联互通国家协调员的职权，降低推进规划建设的行政成本等。东盟秘书处努力促进互联互通职能部门的能力建设，并通过专题网站加强对外宣介，促进其他利益攸关方加大对东盟的支持。东盟提出，每半年要对五大战略领域实施进展进行评估，2020 年和 2025 年分别进行中期和完期审评。[39] 此外，还将制定东盟潜在基础设施项目和资金来源滚动清单，建立衡量和提高基础设施生产力的东盟平台，搭建中小企业技术互助联盟，打造东盟数字金融体系和数据治理框架，开展东盟跨境职业培训和高等教育交流等。

虽然东盟提出了雄心勃勃的互联互通规划，但在实践中还存在不少困难和挑战，涉及融资、技术、人才等方面。尤其是，东盟每年基础设施建设资金缺口超过 1100 亿美元，而东盟内部跨境融资平台远未成型，这就大大限制了东盟落实 MPAC2025 的能力。中国方面大力推动“一带一路”建设与 MPAC2025 进行对接，中国—东盟互联互通合作委员会等机制运转良好。中国加大对东盟的融资支持，正如中国前驻东盟大使徐步所言，“中国倡议设立的亚洲基础设施投资银行、丝路基金等机制都可为东盟国家互联互通建设提供长期、低成本融资服务”[40]。在具体项目上，中国力推昆明—新加坡铁海联运线路的建设，该线路总长约7000公里，完工后将使中国的西南地区与东盟的所有陆上国家（马来西亚除外）连接起来。此外，正如《东盟经济共同体2025蓝图》所表明的，加快工业化和基础设施建设是未来东盟国家发展的重要目标，而其与“一带一路”建设目标高度契合。2015年中国企业与东盟新签承包工程项目合同额比2014年增长41.2%。中国企业与东盟国家的伙伴方合作，在越南、柬埔寨、泰国、马来西亚等东盟国家共同建立了多个经贸合作园区。其中，越南的龙江工业园、柬埔寨的西哈努克港特区成为所在国政府确立的重点项目，中国与东盟国家开展的产能合作取得“早期收获”。

中国—中南半岛经济走廊是“一带一路”要建设的六大经济走廊之一，为深化中国—东盟关系提供了重要平台。越南、老挝、柬埔寨、泰国、缅甸等东盟国家位于中南半岛，越南在1995年、缅甸和老挝在1997年、柬埔寨在1999年先后加入东盟。进入新世纪以来，中南半岛国家的经济发展取得很大成就。2000—2015年，越老柬缅四国的经济年均增速约为7%，其人均GDP增长近4倍，吸引外资的年均增速达到20%—30%。但它们仍面临诸多发展挑战，与东盟其他较富裕国家相比也存在很大差距。中国—中南半岛经济走廊建设涵盖基础设施、制造业、金融等多方面的合作，旨在促进各国互联互通、构建分工合理的产业链体系、维护区域金融稳定等。该走廊将不仅有助于深化中国与中南半岛国家的关系，也能促进中南半岛国家缩小与其他东盟成员国的发展差距，从而为东盟共同体建设提供助力。[41]

中国—中南半岛经济走廊建设主要包括东中西三线。“东线”主要是促进“一带一路”与越南“两廊一圈”的对接，支持越南老街—河内—海防铁路、东兴—芒街—下龙高速公路等建设，发展好凭祥—同登、东兴—芒街、河口—老街等跨境经济合作区。“中线”的大项目主要包括中国—老挝铁路、中国—泰国铁路以及中老磨憨—磨丁、中柬西哈努克经济合作区、中泰罗勇工业园。“西线”主要包括建设瑞丽—皎漂公路、推动中缅陆水联运、开发皎漂经济特区以及探索推进中国—缅甸铁路项目。应当看到，虽然中国—中南半岛经济走廊建设取得了不少进展，但也面临一些挑战。比如，随着越老柬缅等国的经济发展进入新阶段，中国同这些国家的部分产业存在“同质竞争”现象。有些国家的部分政治势力污蔑中国在中南半岛搞“资源掠夺”和“经济控制”，针对中国的民族主义和民粹思潮有所发酵，走廊建设的社会舆论环境有待进一步改善。此外，美国、日本等也在加大对中南半岛国家的经济、政治和安全影响力，尤其是近年有上千家日本企业进驻这些国家，将制造业加快向该地区转移。[42]

在近年中国—东盟关系发展中，澜沧江—湄公河合作机制（简称“澜湄机制”）是另一大“亮点”。澜沧江—湄公河流经中国、缅甸、老挝、泰国、柬埔寨和越南，干流全长约 4880 公里，流域面积约 80 万平方公里。湄公河地区是东盟发展的“洼地”，中国希望以澜湄机制为平台，打造次区域合作新典范，缩小地区国家发展差距，助力东盟一体化建设和地区一体化进程。实际上，构建这一机制的想法最早是泰国方面在 2012 年提出的，中国予以了积极回应。2014 年 11 月，李克强总理在缅甸举行的第 17 次中国—东盟领导人会议上正式提出该倡议。此后经过一系列外交高官会、外长会做准备，2016 年 3 月澜沧江—湄公河合作首次领导人会议在海南三亚召开。该机制成员国包括中国、缅甸、老挝、泰国、柬埔寨、越南。澜湄机制提出了“3+5 合作框架”，即以政治安全、经济与可持续发展、社会人文作为三大支柱，重点在互联互通、产能、跨境经济、水资源、农业和减贫领域开展合作，拓展数字经济、环保、卫生、海关、青年等领域合作。澜湄机制以项目为导向，每次领导人会议均提出项目清单。

如何处理好与“大湄公河次区域经济合作”（GMS）、湄公河委员会（MRC）等机制的关系，如何凸显有别于其他次区域合作机制的附加值，是澜湄机制面临的一大挑战。[43] 水资源利用和管理是该机制的一项重点任务。2016 年 3 月，为缓解当地旱情，中国对湄公河国家实施应急补水，受到各方肯定。澜湄机制已建立水资源合作中心，加强澜湄流域的水资源领域技术交流、水文信息交换、联合研究等多方协作。此外，澜湄机制已设立合作专项基金，旨在通过充分发挥“种子基金”作用，支持六国提出中小型合作项目。疟疾是湄公河国家共同面临的健康挑战，澜湄机制将促进相关医疗合作。该机制推动的其他项目还包括“绿色澜湄计划”、澜湄职业教育培训中心、澜湄旅游城市合作联盟等。

“21 世纪海上丝绸之路”

“一带一路”建设的目标之一是实现中国发展的“陆海统筹”。近年来，中国领导人明确强调要加大经略海洋，并提出建设“海洋强国”的目标。2016 年中国海洋生产总值超过 7 万亿人民币，约占国内生产总值的 9.5%。经略海洋对于维护中国国家安全利益的重要性不言而喻，中国海岸线总长度 3.2 万公里，其中大陆海岸线 1.8 万公里，岛屿海岸线 1.4 万公里。近代以来西方国家多是从海上入侵中国。至今，中国仍与 8 个周边邻国存在海上争议，包括朝鲜、韩国、日本、越南、菲律宾、马来西亚、文莱和印度尼西亚。

展望21世纪，任何一国都难以掌控海洋霸权，中国应谋求成为“合作性海权”力量。2013年10月，习近平主席南下“千岛之国”印度尼西亚，在印度尼西亚国会演讲中首倡建设“21世纪海上丝绸之路”，他提出“东南亚地区自古以来就是海上丝绸之路的重要枢纽，中国愿同东盟国家加强海上合作……共同建设21世纪海上丝绸之路”。根据中国政府2015年3月发布的《推动共建丝绸之路经济带和21世纪海上丝绸之路的愿景与行动》，“21世纪海上丝绸之路重点方向是从中国沿海港口过南海到印度洋，延伸至欧洲；从中国沿海港口过南海到南太平洋”。2017年6月，国家发展改革委和国家海洋局联合发布的《“一带一路”建设海上合作设想》提出，“‘一带一路’建设海上合作以中国沿海经济带为支撑，连接中国—中南半岛经济走廊，经南海向西进入印度洋，衔接中巴、孟中印缅经济走廊，共同建设中国—印度洋—非洲—地中海蓝色经济通道；经南海向南进入太平洋，共建中国—大洋洲—南太平洋蓝色经济通道；积极推动共建经北冰洋连接欧洲的蓝色经济通道”[44]。从中不难看出，南海地区和东盟国家在“21世纪海上丝绸之路”建设进程中占据突出重要地位。

过去几年，中国与东盟国家的海上合作取得不少进展。中国推动“21世纪海上丝绸之路”与印度尼西亚“世界海洋轴心”、文莱“2035愿景”等东盟国家发展战略加大对接，中国政府已经与泰国、马来西亚、柬埔寨等国签署了政府间海洋领域合作协议、合作备忘录和联合声明，为推进“政策沟通”奠定了基础。此外，构建了一系列合作平台，在亚太经合组织、东亚合作领导人系列会议、中国—东盟合作框架等机制下建立了蓝色经济论坛、海洋环保研讨会、海事磋商、海洋合作论坛、中国—东盟海洋合作中心、东亚海洋合作平台等合作机制。为加大融资支持，中国政府还设立中国—东盟海上合作基金、中国—印度尼西亚海上合作基金等。[45]

在具体合作方面，中国持续推动东盟 7 个国家 47 个区域枢纽港等重点港口建设，与相关国家共同打造涵盖渔业、农业、旅游业等方面的海洋产业链，马来西亚马六甲临海工业园区、缅甸皎漂港“港口 + 园区 + 城市”综合一体化开发以及中国—印度尼西亚海水淡化、海底光缆通信等项目不断推进。[46] 值得强调的是，2016 年中国政府还推动实施《南海及其周边海洋国际合作框架计划（2016—2020）》等，落实《联合国海洋法公约》第 123 条关于闭海、半闭海合作义务的规定，围绕海洋环保、生物资源可持续利用等，先易后难地推进功能性合作。

在这一过程中，中国方面注重探索如何“以东盟方式开展对东盟合作”，实现嵌入式合作、交互型发展。很多地方省份和城市成为中国—东盟合作的“主力军”。比如，随着近年中国和菲律宾关系从“疾风骤雨”变为“和风细雨”，菲律宾巴拉望省希望利用与海南省的友好关系扩展对华合作，该省省长阿尔瓦雷兹提出要借鉴中国“要想富、先修路”的经验，推动本省交通、能源等基础设施建设，加快发展海洋旅游业，使该省成为联结菲律宾和东盟东部增长区（包括文莱、印度尼西亚、马来西亚和菲律宾，总部位于菲律宾达沃市）的枢纽。巴拉望省和海南省之间形成的“岛屿经济体合作”，重视双方需求的“精准对接”，注重发展绿色海洋产业，充分发挥地方的先导性优势，这类合作在海上丝绸之路建设中具有推广意义。

此外，中国广西的北部湾港已经和 8 个东盟国家的 47 个港口建立海上运输关系，其开辟的近 30 条外贸航线实现东盟主要港口的全覆盖。中国企业在缅甸积极参与皎漂港的开发，该港将成为缅甸最重要的深水港。位于孟加拉湾的皎漂港地理位置极佳，考虑到仰光港在2020年左右将饱和，修建皎漂港的工程更具紧迫性，对于促进缅甸经济发展意义重大。除了港口设施，皎漂的开发还包括工业园区、智能城市、旅游业中心等项目，目标是将其所在的若开邦打造为“微型新加坡”。由此，在中国的大力推动下，“港港联动”和“港产联动”模式相得益彰，通过“21世纪海上丝绸之路”合作打造“向海经济”的前景十分广阔。

未来一个时期，中国需要进一步深化与东盟国家的海上合作。一是构筑通畅、高效、安全的运输网络。可考虑大力支持东盟滚装船网络（ARN）建设，帮助修建拥有更大吞吐能力的滚装船转运站，以及可将港口与内陆地区紧密相连的公路系统。这将使东盟东部增长区受益。[47]二是完善机制建设，包括建立中国—东盟海洋环境保护合作机制。在中国—东盟环境合作战略与行动计划框架下，推动开展海洋环境保护合作，提高相关国家的海洋环境污染防治能力。中国还可推动共建南海海洋灾害预警系统，支持南海海啸预警中心的运行，为海上运输、海上护航、灾害防御等提供服务，做强更多“海洋公共产品”。三是共同提高海洋科技创新能力。建设好亚太经合组织海洋可持续发展中心、东亚海洋合作平台、中国—东盟海洋合作中心、中国—东盟海洋学院、中国—东亚海环境管理伙伴关系计划海岸带可持续管理合作中心、中马海洋联合研究中心、中印尼海洋与气候中心、中泰气候与海洋生态系统联合实验室。四是坚持项目引领，协助东盟国家打通关键环节，锁定早期收获，整理中长期合作倡议，建立项目储备库并择优“前置”。五是加强人文交流，推进中国—东盟港口城市合作网络、中国—东盟教育培训中心等，推动资质相互认证，用好“中国—东盟海上丝绸之路奖学金”，打造中国—东盟旅游教育联盟等。

毋庸置疑，“21 世纪海上丝绸之路”框架下的中国与东盟合作需要抓住重点国家，其中尤以印度尼西亚为要。印度尼西亚是世界上最大的岛屿国家，领土面积居世界第六，人口数量居世界第四，是世界上最大的伊斯兰国家，也是东盟中最大的经济体。2005 年以来，印度尼西亚经济连续多年保持 5% 以上的增长。印度尼西亚 50% 的人口年龄都在 30 岁以下，到 2020 年该国劳动力人口预计增加 1480 万，将享受很大的“人口红利”。麦肯锡咨询公司估计，印度尼西亚的中产阶层人口约为 4500 万，到 2030 年这一群体将增加到 1.35 亿人。[48]

2014 年上台执政的印度尼西亚佐科政府展现出进取有为的姿态。他将“自主和积极”作为印度尼西亚外交的基本原则，将建设“海洋强国”作为印度尼西亚大国外交的核心议程。2014 年 10 月，佐科在总统就职演说中铿锵有力地宣称：“我们必须竭尽全力，让印度尼西亚重新成为一个海洋强国。我们已忽略海洋、海湾和海峡太久了。而海洋、海湾和海峡是我们文明的未来。现在恰逢其时，让祖先的口号‘纵横四海’重新响彻云霄。”佐科政府提出并实施“全球海洋轴心”计划，兴建国内港口、道路等基础设施，力争使印度尼西亚成为全球海洋经济的中心。然而，印度尼西亚面临的发展挑战也是极为突出的。2014 年，世界银行发布《印度尼西亚发展政策评估》报告，认为该国的道路建设投资严重不足、港口吞吐能力非常有限、贸易物流水平低下，特别提到需要 1200 亿美元来改善印度尼西亚的道路状况。[49]

在这种情况下，印度尼西亚对于全面提升与中国的合作抱有很大期待。2014 年 11 月，佐科就任总统后的首次出访，即是参加北京 APEC 会议。

2015年3月，佐科专程出席博鳌亚洲论坛并对中国进行国事访问。访华期间，佐科不仅与习近平主席就治国理政经验展开深入交流，还主动提出探讨印度尼西亚“世界海洋轴心”计划应如何与中国倡议的“21世纪海上丝绸之路”构想相互对接。在建立亚投行问题上，印度尼西亚也一直给予积极有力的支持。印度尼西亚希望能进一步吸引来自中国的投资，尤其是欢迎中国国有和民营企业参与该国港口、机场、水坝等基础设施建设和经济特区建设。佐科政府已设立专门机构促进中国对印度尼西亚投资。据报道，佐科总统2015年3月访华期间，印度尼西亚方面与中国国有企业和银行签署了总额高达634亿美元的意向性投资协议。印度尼西亚方面还提出，要与中国合作建设北苏门答腊、北苏拉威西和北加里曼丹等经济走廊，在多地与中国合作建设港口，以畅通印度尼西亚的“海上高速公路”。[50]

面对一个拥有大国抱负和“海洋强国”梦想的印度尼西亚，中国应秉持包容共进的精神，善于成人之美，进而实现中国和印度尼西亚“各美其美、美美与共”。当然，中国在支持印度尼西亚发展的同时，也需要正视对两国关系存在负面影响的一些问题。中国目前在印度尼西亚的海外投资来源地排名中仅位居第12位。印度尼西亚最担心的是，这些投资只是存在于纸面之上，而难以得到落实。此外，虽然印度尼西亚不是南海争端的当事方，但美国和日本都在鼓动印度尼西亚更大程度地介入南海问题。再者，部分印度尼西亚穆斯林对中国的宗教、民族政策还存在不少误解。穆罕默德圣训有言，“学问即使远在中国，亦当求之”，这是很多印度尼西亚民众所熟知的。中国也需要更好地倾听、理解其他发展中国家的期待，以成人之美的大国气度，共同实现“纵横四海”的伟大梦想。

注释

① 习近平《习近平谈治国理政》（第二卷），北京：外文出版社，2017 年，第 453—454 页。

② 张蕴岭《中国的周边区域观回归与新秩序构建》，《世界经济与政治》2015 年第 1 期，第 13 页。

③ “Global Infrastructure Facility”, *Brief*, The World Bank, October 8, 2014, http://www.worldbank.org/en/topic/publicprivatepartnerships/brief/global-infrastructure-facility-backup.

④ “G20 Leaders’ Communique, Hangzhou Summit”, *China Daily*, September 6, 2016, http://www.chinadaily.com.cn/business/2016hangzhoug20/2016-09/06/content_26716648.htm.

⑤ “Investing in Infrastructure: The Trillion-dollar Gap”, *The Economist*, March 22, 2014.

⑥ “Meeting Asia’s Infrastructure Needs”, Asian Development Bank, February 2017, pp.xi–xix, https://www.adb.org/sites/default/files/publication/227496/special-report-infrastructure.pdf.

⑦ Nicholas Morris and Irene Tsjin, “How to Solve Indonesia’s Infrastructure Crisis”, *East Asia Forum*, June 10, 2015, http://www.eastasiaforum.org/2015/06/10/how-to-solve-indonesias-infrastructure-crisis/.

⑧ “Building Indonesia’s Future: Unblocking the Pipeline of Infrastructure Projects”, Report by PwC Indonesia, August 2015, pp.2–5, https://www.pwc.com/id/en/capital-projects-infrastructure/Building%20Indonesia%27s%20future.pdf.

⑨ Enda Curran, “China, Japan Face Off in New Asian Infrastructure Race”, *Bloomberg News*, November 7, 2015.

⑩《发挥政策性金融作用　支持“一带一路”建设》，中国进出口银行网站，2016 年 1 月 14 日，http://www.eximbank.gov.cn/tm/Newlist/index_ 343_27977.html。

⑪《去年中国对外承包工程新签合同额 2100 亿美元》，中国新闻社，2016 年 1 月 27 日，http://www.chinanews.com/cj/2016/01-27/7736265.shtml。

⑫ 俞懿春、丁子《中国装备打造东盟最强“铁路工厂”》，《人民日报》2015年8月18日。

⑬ Wahyudi Soeriaatmadja, “Indonesia, China Sign $7.6 Billion High-Speed Rail Deal”, *Straits Times*, October 17, 2015.

⑭ Enda Curran, “China, Japan Face Off in New Asian Infrastructure Race”, *Bloomberg News*, November 7, 2015.

⑮《习近平在亚洲基础设施投资银行开业仪式上的致辞》，新华网，2016年1月16日，http://news.xinhuanet.com/politics/2016-01/16/c_1117796389.htm。

⑯《综述：“一带一路”打造利益共享平台》，新华社，2017年10月12日，http://www.xinhuanet.com/world/2017-10/13/c_1121800362.htm。

⑰ 这4个项目具体包括：孟加拉国电力输配系统升级扩建项目，贷款额度1.65亿美元；印度尼西亚国家贫民窟改造升级项目，贷款额度2.16亿美元；巴基斯坦国家高速公路M–4的Shorkot-Khanewal路段，贷款额度1亿美元；杜尚别—乌兹别克斯坦边界道路塔吉克斯坦境内路段改善项目，贷款额度2750万美元。

⑱ Sara Hsu, “How China’s Asian Infrastructure Investment Bank Fared Its First Year”, *Forbes*, January 14, 2017, https://www.forbes.com/sites/sarahsu/2017/01/14/how-chinas-asian-infrastructure-investment-bank-fared-its-first-year/#53de23435a7f.

⑲ Luis Andres, Dan Biller and Matias Herrera Dappe, *Reducing Poverty by Closing South Asia's Infrastructure Gap*, Washington DC: World Bank Group, 2013, http://documents.worldbank.org/curated/en/881321468170977482/Reducing-poverty-by-closing-South-Asias-infrastructure-gap.

⑳ “CPEC to Boost Investment in Pakistan: IMF Report”, *The News*, May 10, 2017, https://www.thenews.com.pk/print/203598-CPEC-to-boost-investment-in-Pakistan-IMF-report.

㉑ “Federal Minister Ahsan Iqbal Addresses at Senate Forum for Policy Research at PIPS”, The CPEC website, March 7, 2017, http://cpec.gov.pk/news/29.

㉒ Sudha Ramachandran, “China-Pakistan Economic Corridor: Road to Riches?”, *China Brief*, Volume 15, Issue 15, Jamestown Foudation, July 31, 2015.

㉓ Shahbaz Rana, "Sheer Size of CPEC Portfolio Appals IMF", *The Express Tribune*, December 7, 2017; K.S.Venkatachalam, "Can Pakistan Afford CPEC?", *The Diplomat*, June 16, 2017.

㉔ Fuad Shahbazov, "Will the China-Pakistan Economic Corridor Be a Gateway to Central Asia?", *The Diplomat*, May 25, 2017.

㉕ Manoj Joshi, "India Should Work with China on OBOR for Its Own Economic Benefit", *Hindustan Times*, May 17, 2017.

㉖ Alyssa Ayres, "Will India Start Acting Like a Global Power?", *Foreign Affairs*, November/December 2017.

㉗ 刘稚、黄德凯《地缘政治权力结构冲突下的孟中印缅经济走廊建设》,《南亚研究》2018 年第 1 期，第 37—40 页。

㉘ Zorawar Daulet Singh, "A Great Wall of Paranoia", *The Hindu*, May 18, 2017.

㉙ Shankari Sundararaman, "Indo-Pacific Economic Corridor: A Vision in Progress", *Commentaries, The Observer Research Foundation*, Febuary 10, 2017, http://www.orfonline.org/research/indo-pacific-economic-corridor-a-vision-in-progress/.

㉚ Martand Jha, "India's Eurasia Policy Gets a Boost with Long-Awaited Trade Corridor", *The Diplomat*, December 9, 2017.

㉛ Prem Shankar Jha, "Why India Must Embrace China's One Belt One Road Plan", *The Wire*, August 13, 2016.

㉜ Saadat Hassan Bilal, "India Has Nothing to Fear from China's 'Belt and Road'", *The Diplomat*, January 11, 2017.

㉝ Mong Palatino, "What's Behind the New Communist Scares in Indonesia and the Philippines?", *The Diplomat*, May 27, 2016.

㉞ 马凯硕、孙合记《东盟奇迹》，翟崑、王丽娜等译，北京：北京大学出版社，2017 年，第 100 页。

㉟ 张蕴岭《构建开放合作的国际环境》，北京：中国社会科学出版社，2013 年，第 18—19 页。

㊱《纪念中国—东盟建立战略伙伴关系10周年联合声明》，《人民日报》2013年10月10日。

㊲ 徐步、杨帆《中国—东盟关系：新的启航》,《国际问题研究》2016年第1期，第43—44页。

㊳ 相关文件参见东盟官方网站，http://asean.org/asean/asean-connectivity/master-plan-on-asean-connectivity-2025/。

㊴《东盟与世界银行等机构合作展开监控评估》，*Enhancing ASEAN Connectivity Monitoring and Evaluation*, 2016, https://openknowledge.worldbank.org/handle/10986/28999。

㊵《"一带一路"为中国—东盟合作再添新动力》，《经济日报》2015年11月20日。

㊶ 盛玉雪、王玉主《中国—中南半岛经济走廊推进机制：需求、供给及选择》，《学术探索》2018年第3期，第45—47页。

㊷ 郭宏宇、竺彩华《中国—东盟基础设施互联互通建设面临的问题与对策》，《国际经济合作》2014年第8期，第26—29页。

㊸ 金珍、卢光盛《推动LMG与GMS协调发展，携手共建澜湄国家命运共同体》，《周边要报》2018年第6期，云南大学周边外交研究中心。

㊹ 国家发展和改革委员会、国家海洋局《"一带一路"建设海上合作设想》，2017年6月，https://www.yidaiyilu.gov.cn/wcm.files/upload/CMSydylgw/201706/201706200152052.pdf。

㊺ 康霖、罗亮《中国—东盟海上合作基金的发展及前景》，《国际问题研究》2014年第5期。

㊻ 国家发展和改革委员会、国家海洋局《"一带一路"建设海上合作设想》，2017年6月，https://www.yidaiyilu.gov.cn/wcm.files/upload/CMSydylgw/201706/201706200152052.pdf。

㊼ Lucio Blanco Pitlo III, "ASEAN Connectivity and China's 'One Belt, One Road'", *The Diplomat*, March 26, 2015.

㊽ Iain Marlow, "The Next China? Indonesia Emerging as a New Asian

Powerhouse”, *The Globe and Mail*, January 16, 2015.

㊾ *Indonesia 2014 Development Policy Review*, The World Bank, June 23, 2014, http://www.worldbank.org/en/news/feature/2014/06/23/indonesia-2014-development-policy-review.

㊿ Reiny Dwinanda, “China to Support Indonesia’s Four Economic Corridors”, *The Republika*, February 10, 2018, http://en.republika.co.id/berita/en/national-politics/18/02/10/p3x3w1414-china-to-support-indonesias-four-economic-corridors.

第五章　经略欧亚大陆

21世纪，随着陆路交通的便捷性提升且成本下降，人们很可能会看到欧亚大陆的勃兴，在全球经济格局中陆海经济发展将更趋平衡。“一带一路”建设在欧亚大陆的顺利推进，离不开中国与俄罗斯、蒙古国以及中亚国家的密切合作，这其中既蕴藏巨大机遇也存在不少挑战，对中国施展互联互通外交提出新的考验。

自15世纪晚期达·伽马开辟了从欧洲经好望角到印度的海上航线，加之欧亚大陆地区的战争不断，欧洲和亚洲之间的陆上贸易通道逐步萎缩。如果说过去几百年来，世界政治的主题基本是海权国家之间关系所主导的，那么，到了21世纪，随着陆路交通的便捷性提升且成本下降，人们很可能会看到欧亚大陆的勃兴，在全球经济格局中陆海经济发展将更趋平衡。正如新加坡前外长杨荣文（George Yong-Boon Yeo）所言："'一带一路'旨在创造巨大的流动性，是在21世纪对古代陆上和海上丝绸之路的复兴，最终我们会发现，整个欧亚大陆都将纵横交错地连接起来。用生物学来做比，这样的互通犹如人体的血管再生术。首先是血管生长，接着通过物流来提供血液循环，然后便是器官的发育。"[①]"一带一路"建设在欧亚大陆的顺利推进，离不开中国与俄罗斯、蒙古国以及中亚国家的密切合作，而这其中既蕴藏巨大机遇也存在不少挑战，对中国施展互联互通外交提出新的考验。

第一节　俄罗斯与"欧亚经济联盟"

自苏联解体以来，俄罗斯一直试图找寻新的现代化发展道路，并努力推动经济结构的变革。但时至今日，俄罗斯经济依然主要依靠能源产业，国家发展模式的转型可谓任重道远。在俄罗斯，石油和天然气占到国家出口收入的75%，占国家预算的比例超过一半。有研究估计，油价每下跌1美元，俄罗斯就会损失约20亿美元。近年来，全球经济增长乏力，对能源和大宗商品的需求有所下降，而且由于乌克兰危机、叙利亚内战等因素，俄罗斯又受到西方国家的大规模制裁，其国内经济饱受压力。[②]即便如此，俄罗斯依然没有停止调整国家发展和对外战略的步伐，包括推动东部地区开发以及“欧亚经济联盟”建设，这实际上为中俄深化全面战略协作伙伴关系尤其是围绕“一带一路”开展相关合作创造了重要条件。

俄罗斯“向东看”

俄罗斯横跨欧亚大陆，既是欧洲国家，也是亚洲国家，其亚洲部分国土约占领土总面积的三分之二。俄罗斯像一只松鼠，它属于鼠类（欧洲），但也有一个看上去比身体更大的尾巴（亚洲）。“马跟着自己的头奔驰，俄罗斯的‘头’一直朝着欧洲”。俄罗斯思想家别尔嘉耶夫曾说，“俄罗斯民族不是纯粹的欧洲民族，也不是纯粹的亚洲民族，在俄罗斯精神中，东方与西方两种精神永远在相互角力”。应该说，俄罗斯有非常深厚的“西方情结”，1991 年俄罗斯独立后，一度奉行“亲西方”的外交政策，梦想融入西方世界，但却始终未能如愿。③ 后来主张东西兼顾，强调外交政策的平衡性和多方位性。

受 2008 年金融危机影响，欧盟国家陷入债务缠身、外需减少、对外投资不振的困境，有俄罗斯专家颇为生动地指出，欧盟这列经济快车几乎停运，俄罗斯不应在候车厅里继续苦等。此外，欧盟对俄罗斯提出的俄欧自贸区倡议反应冷淡，2010 年启动的俄欧“现代化伙伴关系”也是缺乏实质进展。俄罗斯总统普京曾提出，要与欧洲国家建立从里斯本到符拉迪沃斯托克的统一欧洲经济共同体，但现实却是俄欧关系不断恶化。与此同时，俄罗斯与美国关系的“重启”也告失败。④ 在这一背景下，俄罗斯开始日益重视深化与亚洲的联系。正如莫斯科—卡内基中心主任特列宁（Dmitri Trenin）所言，俄罗斯应当将其亚洲政策提升到与美国、欧洲关系同等重要的水平，“如果想向西方靠拢，就要向东方迈进”。

2012 年 2 月，普京再次当选总统后不久发表《俄罗斯与变化中的世界》一文阐述其外交思想，首次将俄与亚太关系的论述放在俄欧、俄美关系之前，显示其更加重视亚太地区。普京等俄罗斯领导人认为，全球正在向一种新的文化、经济、技术和地缘政治时代过渡，世界进入了“湍流区”，这一时期“漫长而艰辛”。俄罗斯应当发挥其横贯欧亚的优势，成为“多极世界中有影响力的一极”。⑤ 显然，为了实现这一目标，俄罗斯的首要任务是增强经济实力。2009 年，俄罗斯政府提出“经济现代化”战略，主要目标是推动俄罗斯在 2020 年之前从依赖能源资源出口的国家转变为知识驱动、科技致富的新兴强国，2020 年非能源部门对国家财政收入的贡献率需提升至 30%—40%，经济能效提高 40%，使俄罗斯成为世界上最适宜商业发展和居住的国家之一。无疑，要想实现这一目标，俄罗斯需要相应地调整其国际战略，尤其是抓住亚太地区经济大发展带来的重要机遇。

俄罗斯推进“向东看”战略，首要的是提升该国东部地区的经济发展水平。简而言之，俄罗斯东部地区面临三大发展挑战。一是地方分立倾向。远东地区历史上就曾出现地方分离问题。近年，地区各联邦主体行政长官由当地民众直选，加之远东地区与中央地区经济联系减弱，分离倾向有所上升。二是人口缺失问题。远东地区土地面积占俄罗斯领土面积的 40%，而人口仅为 800 多万，不到俄罗斯总人口的 6%。三是发展竞争力较弱。该地区长期缺乏资金投入，技术发展停滞，消费市场疲弱，俄罗斯方面担心长此以往，远东只会成为其他东北亚国家的“资源附庸”，“有失去远东的危险”。⑥

近年，俄罗斯政府出台一系列旨在促进东部地区开发的战略构想和发展规划，如《2025年前远东和贝加尔地区社会经济发展战略》《2030年前俄罗斯能源战略》等。此外，还专门成立了远东发展部，将其设在远东重要城市哈巴罗夫斯克。有俄罗斯专家建议，应在西伯利亚和远东地区建立“第三个首都”，莫斯科是俄政治、军事和外交中心，圣彼得堡为文化和司法中心，符拉迪沃斯托克可以被定位为21世纪俄罗斯的经济中心。2012年，俄选择在符拉迪沃斯托克举办APEC领导人非正式会议，显示普京政府力图将俄东部地区打造成为本国与亚太合作的前沿。⑦实际上，俄罗斯东部地区在参与亚太地区经济一体化方面具有一定的优势。一是拥有丰富的农林业、能源等自然资源，粮食生产的增长潜力巨大。二是拥有地理和基础设施优势，包括优良的港口以及西伯利亚铁路大动脉。三是军工优势，东西伯利亚和远东是俄罗斯军工企业相对集中的地区。俄罗斯从多方面着力推动东部地区的开发，以其为桥梁纽带，加大与亚太国家的经济合作。⑧2015年7月，俄罗斯颁布《符拉迪沃斯托克自由港法》，以联邦法律的形式固化税收等方面的优惠政策，以大力吸引外部投资，而且俄宣称还将建设更多的自由港。当年9月，首届东方经济论坛（Eastern Economic Forum）在符拉迪沃斯托克举行，这一论坛成为俄与亚太国家构建发展合作伙伴关系的重要平台。

在俄罗斯进一步“向东看”的背景下，中俄关系近年来得到显著深化，两国已经建立全面战略协作伙伴关系，中俄领导人多次公开表示，双方关系正处于历史最高水平。中俄两国国土面积之和超过2700万平方公里，总人口逾15亿，如果加上与两国保持友好关系的国家，中俄这一“全面战略协作伙伴”将在欧亚大陆占据核心地位，中俄关系保持稳定对于维护世界和平意义重大。2013年习近平当选中国国家主席后，首次外访就选择俄罗斯作为目的地。习近平在莫斯科国际关系学院发表演讲时强调，“中俄关系是世界上最重要的一组双边关系，更是最好的一组大国关系”，“当前，中俄都处在民族复兴的重要时期，两国关系已进入互相提供重要发展机遇、互为主要优先合作伙伴的新阶段”。⑨

目前，除了中俄元首保持年均会晤 5 次之外，两国还建立总理定期会晤等一系列政府间对话机制。中国已经连续多年保持俄罗斯第一大贸易伙伴地位，2018 年双边贸易额超过 1000 亿美元，并力争在 2020 年将贸易规模扩大到 2000 亿美元。中国企业不断加大对俄罗斯的投资，两国人员往来每年超过 300 万人次。中俄在能源领域的务实合作持续深化。2014 年 5 月，中俄签署东线天然气管道项目合同，这一长达 4000 公里的管道造价约 550 亿美元。俄将从 2019 年起由东线向中国累计供气 30 年，最大输气量将达到 380 亿立方米 / 年。中俄天然气合作呈现“东西并进”态势。两国在金融、基础设施、航天、技术创新、农业等领域签署大量合作协议，中国国家开发银行还与俄罗斯直接投资基金联合设立用于跨境项目的 10 亿美元基金，并向俄罗斯对外经济银行提供 8.5 亿美元贷款专门用于支持发展创新经济。

值得注意的是，中国企业对于参与俄罗斯远东地区开发的兴趣有所上升，该地区的经济年增速已达到 5%，远高于俄其他地区。而且，俄中双方正共同商讨黑瞎子岛开发计划，拓展过境运输和旅游等方面的合作，这不仅将为远东地区带来新的经济增长动力，也有助于促进中国东北地区的发展。中国东北地区和俄罗斯远东地区地方合作理事会已正式运作，中国国家发展和改革委员会还专门设立了总规模 1000 亿元人民币的中俄地区合作发展投资基金。除了经贸关系不断加深，中俄在军事领域的合作凸显了两国之间的高度战略互信，2017 年 6 月，双方签署《2017—2020 年中俄军事领域合作发展“路线图”》。2017年7月，俄罗斯知名民意调查机构“社会舆论”基金会发布的民调结果显示，62%的俄受访民众认为，在俄罗斯和世界各国的双边关系中，中俄两国关系最为友好。在“俄最重要的伙伴是哪个国家”“与哪国开展合作对俄经济最重要”两个问题上选择中国的受访者比例同样最高，分别达到33%和48%，且这两个比例已连续4年保持最高。[10]

当然，中俄关系也还存在一些问题，中俄民间社会的相互了解还有待深化。随着中俄经贸合作关系的扩展，双方需要本着相互尊重、互利共赢的精神进一步商谈合作规则，避免不必要的误解和摩擦。

“一带一路”与“欧亚经济联盟”的对接

不必否认的是，“一带一路”倡议被提出初期，俄罗斯方面对此的确持疑虑和观望态度。对于俄罗斯而言，一方面，“丝绸之路经济带”所涉及的中亚地区与俄关系特殊，俄一贯担心世界其他大国在这一区域扩展影响力；另一方面，俄自身对于如何促进欧亚地区的互联互通和经济一体化早有构想，其中最重要的就是建立“欧亚经济联盟”，“丝绸之路经济带”会不会对实现这一目标形成冲击，是俄罗斯方面的现实关切。此外，俄罗斯方面还担心，“一带一路”建设会影响东西伯利亚地区贝加尔—阿穆尔铁路和跨西伯利亚铁路的货运量，而这两条铁路被俄视为经济命脉。

在中国方面与俄罗斯进行持续沟通的情况下，后者的态度逐步发生转变。2014年3月，在普京总统指示之下，俄罗斯国家科学院召开专门会议，就该国如何适当参与“一带一路”建设进行全面研究。后来，俄罗斯方面对“一带一路”的态度日益积极，尤其是同意就“丝绸之路经济带”与“欧亚经济联盟”的对接展开合作。2015年5月，习近平主席访问俄罗斯期间，与普京达成了高度共识，认为中俄分别提出的地区一体化倡议应寻求发挥合力。双方签署并发表《中俄关于丝绸之路经济带建设和欧亚经济联盟建设对接合作的联合声明》。为落实这一元首共识，中俄商定将中国—欧亚经济联盟经贸合作协议和“一带一路”与“欧亚经济联盟”建设对接合作项目清单作为“早期收获”。

应当看到，当前和未来一个时期，俄罗斯地区政策的最优先方向是推动“欧亚经济联盟”建设。2015年1月，“欧亚经济联盟”正式成立，旨在采取共同措施调节联盟内部的经济活动，逐步取消关税和非关税壁垒，形成“从比什凯克到布列斯特”的统一关税空间。联盟成员国还在联合制定标准、出台统一的环境保护和劳动权利规则等方面进行密切合作。2017年5月普京来华出席首届“一带一路”国际合作高峰论坛，其间他表示，当前“欧亚经济联盟”正稳步扩展对外关系，欧洲、亚洲、拉丁美洲的约50个国家有意与“欧亚经济联盟”合作。[11] 此外，俄罗斯方面还在“欧亚经济联盟”的基础上提出“大欧亚伙伴关系”等概念和构想。俄方认为，俄中之间的政策对接成为建设“大欧亚伙伴关系”的起点和基础，以此带动欧亚地区的其他重要经济体加入进来。2016年6月，普京访华期间，两国元首发表的联合声明提出，俄中主张建立“欧亚全面伙伴关系”，逐步吸纳“欧亚经济联盟”、上海合作组织、东盟等参与其中。

应当看到，一方面，俄罗斯仍在经受西方对俄经济制裁和国际能源价格下跌的双重影响，并在西南方向直面北约的重压，需要经营好“欧亚经济联盟”，以在欧亚大陆腹地巩固战略后方。另一方面，俄罗斯也希望用“欧亚经济联盟”“大欧亚伙伴关系”等维护其在对华合作中的主体地位，以及俄在整个欧亚地区的影响力。在远东联邦大学国际政治学副教授阿尔乔姆·卢金（Artyom Lukin）看来，普京希望未来能在“大欧亚地区”构建一种“大国协调”体制，即俄罗斯、中国、印度、伊朗、土耳其等国共同管理地区经济和安全事务。与欧洲共同体建立初期法国和德国分别扮演政治领导者和经济引擎一样，虽然中国的经济实力超群，但俄罗斯必须在政治安全领域担当核心角色，这也是近年俄罗斯推动印度、伊朗等国加入上海合作组织的重要原因之一。[12]

过去几年来，中国方面对于“欧亚经济联盟”建设采取支持的态度。正如俄罗斯学者所言，“欧亚经济联盟”的存在意味着欧盟和中国之间的整个地区将只有一个海关。这将有助于拓展欧亚大陆上的贸易联通。在很多基础设施互联互通大项目上，中俄也积极探索合作途径，比如中国企业参与东西伯利亚地区贝加尔—阿穆尔铁路以及跨西伯利亚铁路的现代化改造。俄罗斯有些人将“一带一路”视为跨西伯利亚大铁路的竞争对手。实际上，这两个项目并不构成竞争，“我们的竞争对手是海上运输”。从经济角度看，从中国乌鲁木齐发出的货物走哈萨克斯坦比较划算，但是从哈尔滨发出的货物就可以通过跨西伯利亚大铁路走俄罗斯的贝加尔斯克。[13]此外，中俄还在研究推动总造价达224亿美元的莫斯科—喀山高铁项目。俄滨海边疆区正在建设经远东港口与中国黑龙江省、吉林省相连的运输走廊，以节省商品运输的时间和成本，扩大进出口贸易。俄副总理特鲁特涅夫称，这条运输走廊将成为“丝绸之路经济带”的重要组成部分。还有专家提出，可以考虑建立上海合作组织自贸区，将“欧亚经济联盟”和“丝绸之路经济带”重要国家囊括其中。

“一带一路”与“欧亚经济联盟”的对接具有广阔前景，但也面临一些问题：第一，中俄两国签署了两个倡议对接的协议，中国与其他欧亚经济联盟的成员国之间也签署了对接协议，应加大各方之间的协调，避免“带盟对接”最终变成一系列双边性项目，进而引发相关参与方的不满。第二，欧亚经济委员会已经就“欧亚经济联盟”与中国建立自由贸易区的前景展开探讨，但是一些联盟成员国对此表示反对，担心一旦向中国企业打开“欧亚经济联盟”的内部市场，本地工业必将受到很大冲击。第三，“欧亚经济联盟”内部制度建设尚不完善，比如存在成员国随意恢复边境地区海关监管的情况。由于成员国之间经济结构高度趋同，“欧亚经济联盟”产生的更多是“贸易转移”而非“贸易增量”效应。此外，在俄罗斯主导下，“欧亚经济联盟”出台的法律文件和规则标准可能会呈现较突出的“俄式色彩”。第四，由于“一带一路”的很多项目也和欧盟有关，中国、欧盟和“欧亚经济联盟”三者之间应就相关标准和规则问题展开对话协商。鉴于中俄哈吉等国都已经加入世界贸易组织，可按照世界贸易组织的规则理顺各方贸易关系、降低贸易壁垒，充分发挥既有国际治理机制的作用。

不难理解，影响两个倡议对接的重要因素还和地缘政治有关，俄罗斯方面部分人士仍很担心，本国在与中国的对接合作中会处于从属地位，担心俄在中亚地区的影响力被“一带一路”倡议稀释，认为中国在中亚国家扩展经济、政治和社会影响力将有损俄罗斯利益，并提出“欧亚经济联盟”成员国应作为一个整体与中国进行谈判等政策建议。然而，这类担心是站不住脚的，越来越多的俄罗斯有识之士认为不应夸大“中国威胁”。2015 年 9 月，俄罗斯高等经济学院欧洲和国际综合研究中心主任、瓦尔代国际辩论俱乐部欧亚计划负责人季莫费·博尔达切夫（Timofey Bordachev）在接受采访时表示，许多人先入为主地认为，莫斯科和北京在中亚是对手，但殊不知完全不是这样，因为俄中各自的发展目标以及在该地区的目标并不冲突。莫斯科在中亚需要什么？安全和劳动力。北京在中亚需要什么？能源以及安置产业部门和修路的可能性。莫斯科和北京在完成这些任务时丝毫不会相互干扰。……莫斯科提供模式，北京提供投资。[14]

第二节　重新发现中亚

对于促进欧亚大陆复兴来说，维护中亚地区的稳定并为其不断注入经济发展动能是至关重要的。中亚地区国家包括哈萨克斯坦、乌兹别克斯坦、吉尔吉斯斯坦、塔吉克斯坦和土库曼斯坦，这些前苏联国家在 1991 年获得独立。过去几十年来，中亚国家虽然总体上能够保持稳定，但在经济发展方面相对滞后。主要原因包括以下几个方面：首先，中亚国家都是内陆国家，缺少出海口以及公路、铁路等交通基础设施，其对外贸易规模较小。其次，中亚国家经济结构单一，部分国家资源匮乏，普遍缺乏完备的工业体系，同时它们也很难吸引来自外部的投资，俄罗斯对这些国家的投资较为有限。再次，中亚国家之间在领土主权、跨界民族等方面存在不少矛盾，造成地区经济一体化的动力不足。比如，乌兹别克斯坦和吉尔吉斯斯坦对奥什州的部分地区归属存在争议，塔吉克斯坦与吉尔吉斯斯坦针对伊斯法拉地区、哈萨克斯坦和乌兹别克斯坦针对哈南部个别地带、塔吉克斯坦和乌兹别克斯坦对布哈拉及撒马尔罕等地区的归属存在一定争端。最后，中亚国家围绕水资源等存在竞争关系，制约了相互之间的合作。塔吉克斯坦、吉尔吉斯斯坦两国石油、天然气资源贫乏，但水利资源丰富；哈萨克斯坦、土库曼斯坦、乌兹别克斯坦虽拥有大量油气储备，但地处阿姆河、锡尔河下游，苏联时期形成的工农业格局至今未变，耗水量巨大，因此水资源的跨国争夺已成为严重问题。[15] 自 20 世纪 90 年代以来，乌兹别克斯坦与吉尔吉斯斯坦、吉尔吉斯斯坦与塔吉克斯坦、乌兹别克斯坦与塔吉克斯坦之间都曾因争夺水资源而发生冲突。吉尔吉斯斯坦和塔吉克斯坦自身没有石油和天然气资源，主要靠从乌兹别克斯坦进口，经常发生关闭水闸、气闸事件，这进一步加剧了矛盾。

当然，造成中亚国家经济发展滞后的另一大因素是安全问题。中亚五国有 3000 多万人口信仰伊斯兰教。在苏联时期，总体上采取对伊斯兰教的压制政策，甚至在“左”的思想指导下对中亚地区国家正常的宗教活动进行打压，伤害了穆斯林的感情。[16] 在中亚国家实现独立后，伊斯兰教的影响迅速扩大，宗教组织、宗教设施、教徒人数以及宗教活动等都有较大发展。政治动荡、经济不景气等因素导致中亚地区民众更容易依附宗教。虽然中亚五国都在宪法中明文规定采取政教分离制度，并保护公民信仰宗教的自由，但宗教极端主义势力仍然与民族分裂势力、跨国犯罪势力等合谋从事颠覆政权、制造民族冲突等活动。“乌兹别克斯坦伊斯兰运动”等组织还试图夺取对国家的控制权。吉尔吉斯斯坦的乌兹别克人主要居住在南部的奥什州和贾拉拉巴德州，这些区域尤其是费尔干纳地区（乌兹别克斯坦的安集延位于其东部）成为极端宗教势力的活跃地带，曾发生多起民族仇杀等恶性事件。[17]

中亚五国历史上就是东西方经贸、政治、军事互动要地，是欧亚大陆的核心区域，成为多民族和多种宗教文化交流、交融的前沿地带，该地区的和平稳定对于中国来说至关重要。中亚五国中，哈萨克斯坦、吉尔吉斯斯坦、塔吉克斯坦与中国新疆地区毗邻，它们与中国的共同边界长达 3300 多公里。而且，由于民族同源、历史文化联系、宗教信仰等因素，新疆地区的多个民族与中亚相关民族之间也保持着千丝万缕的关系。有国外媒体报道称，目前在中亚地区的维吾尔人大概有20万，其中吉尔吉斯斯坦境内约有5万多维吾尔人，主要居住在比什凯克、托克马克、普尔热瓦尔斯克和奥什等地。“东突厥斯坦”等分裂主义组织在中亚国家建立活动基地，谋划施行暴力恐怖主义和颠覆活动，对中国国家安全构成直接威胁。与中国伊犁地区接壤的哈萨克斯坦阿拉木图州，与南疆接壤的吉尔吉斯斯坦伊塞克湖州、纳伦州和奥什州，塔吉克斯坦的戈尔诺—巴达赫尚自治州等边境地带，都是近年“三股势力”活动比较猖獗的地区。甚至有专家认为，恐怖主义如今已在中国西部周边形成一个“双月带”，一是从车臣到中亚和阿富汗，一是从吉尔吉斯斯坦、乌兹别克斯坦、塔吉克斯坦、阿富汗到克什米尔，两条月牙形地带的焦点在阿富汗和乌兹别克斯坦，前沿是位于乌塔吉三国交界处的费尔干纳盆地。

过去十几年，一方面，中国与中亚国家的双边关系实现不断发展；另一方面，中国通过上海合作组织等多边合作平台促进中亚地区的整体稳定。2001年，为有效打击恐怖主义、分裂主义、极端主义“三股势力”，为在欧亚大陆腹地构建稳定的国家间交往与合作机制，中国、俄罗斯、哈萨克斯坦、吉尔吉斯斯坦、塔吉克斯坦、乌兹别克斯坦六国一致同意建立上海合作组织（下称“上合组织”）。这是第一个以中国城市命名的国际组织，也是中国通过多边主义方式塑造周边外交格局的重要尝试。[18]2017年6月，巴基斯坦和印度正式加入上合组织，伊朗、阿富汗等国也在积极申请成为成员国。该组织每年举行元首峰会、政府首脑理事会等会议，坚持相互尊重、平等协商，构建建设性合伙关系。上合组织以安全合作为重点，目前在反恐、禁毒、打击跨国有组织犯罪等近30个领域建立了合作机制，并不定期组织双边、多边联合演习，涉及情报交流、危机预警、联合执法等，有效提升了各方共同应对安全挑战、打击“三股势力”的能力。

与此同时，促进经济合作、实现共同发展也是上合组织的重要目标。根据联合国统计，塔吉克斯坦2015年的人口数量是848万，到2050年将增长到1400万，哈萨克斯坦人口到2050年也将比2015年增长30%。在这种情况下，中亚国家普遍面临振兴经济、创造就业尤其是为青年人提供工作岗位的严峻考验，这也关乎社会的长期稳定和国家安全问题。过去几年来，在上合组织的协调下，各国共同参与制定了《多边经贸合作纲要》等规划性文件，并在上合组织框架之下成立实业家理事会、银行联合体等机构，不断发掘和利用成员国之间的经济互补性，推进相关务实合作。此外，上合组织也在加大与联合国、东盟等其他多边组织的交流合作，促进欧亚地区的互联互通，为成员国经济发展提供助力。2017年11月，上合组织与联合国亚太经济社会理事会等合作在泰国曼谷专门召开“实现区域运输联通”的高级别会议。[19]

应当看到，“一带一路”倡议的提出，将有力推动中国与中亚国家关系以及上合组织实现新的发展。中亚地区是新亚欧大陆桥经济走廊、中国—中亚—西亚经济走廊建设的核心地带。[20]中亚五国都明确支持“一带一路”倡议，并与中国签署了相关政策文件。2016年2月，中国外长王毅在访问比什凯克时表示，上合组织是加快“丝绸之路经济带”及“欧亚经济联盟”建设的平台。迄今，中国已经与有关国家建立了不同层次的政策沟通渠道，包括上合组织框架、亚欧大陆桥协商机制、“欧亚经济论坛”等对话形式。通过持续的、多层次的政策协调，“一带一路”倡议与哈萨克斯坦“光明之路”新经济政策、塔吉克斯坦“能源交通粮食”战略以及土库曼斯坦“复兴古丝绸之路”发展目标等逐步展开对接。

中国与中亚国家围绕共建“一带一路”的务实合作主要包括以下几个方面：第一，中国与中亚地区之间的交通基础设施不断完善，包括中吉乌公路、比什凯克—巴雷克奇公路、奥什—巴特肯—伊斯法拉公路等在内的合作项目陆续完工。中国铁建公司承建的塔吉克斯坦“亚湾—瓦赫达特”铁路项目开工建设，这是中国铁路施工企业首次进入中亚铁路市场，该项目将大大提升塔国内中部和南部的联通程度。第二，能源合作持续深化，如中国—中亚天然气管道项目已竣工投产，每年向我国输送超过300亿立方米天然气，该项目还可为有关国家提供数万个就业岗位。第三，中国和中亚国家之间的贸易便利化水平有所提升，如中哈巴克图—巴克特口岸开通中国与邻国首个农业产品快速通关绿色通道。第四，一批产能合作项目陆续落地，为改善当地民生、优化发展环境、吸引外部投资等发挥积极作用。2017年8月，吉尔吉斯斯坦总统阿塔姆巴耶夫、财政部长卡瑟马利耶夫、外交部长阿布德尔达耶夫等专程出席比什凯克热电厂改造项目竣工投产仪式。该项目采用中国标准，是中国公司设计并提供成套电力设备，由中国企业施工安装、运行维护的总承包（EPC）项目，也是迄今吉尔吉斯斯坦第一座现代化热电厂和最大的能源建设项目。此外，中乌合资鹏盛工业园、中塔农业科技示范园等取得不俗业绩。中国和中亚国家还在积极探索电子商务、绿色经济等新兴领域的合作。

需要强调的是，中国与中亚国家之间的合作还具有很强的延伸性，有助于促进中国与高加索、西亚、南亚地区国家的联系。未来从中国与哈萨克斯坦边境口岸霍尔果斯修建的铁路有望直接到达里海地区的港口阿克套（Aktau），然后从阿克套再到阿塞拜疆和格鲁吉亚，继而与巴库—第比利斯—卡尔斯铁路相互衔接。而从阿克套向南行进，则可与已经开通的连接哈萨克斯坦、土库曼斯坦和伊朗的铁路相互衔接。[21] 此外，中亚国家对于参与中巴经济走廊建设也表现出兴趣，特别是随着巴基斯坦、印度加入上合组织，中亚与南亚地区之间的互联互通程度有望进一步加深，而这将有助于“一带一路”建设的整体发展。

与此同时，也不应忽视，“一带一路”倡议在中亚地区的落地还面临不少问题：第一，中亚国家国内经济规模仍然较小，消费市场相对有限，这对经济合作的持续性提出考验。特别是，有些中亚国家人士担心，随着“贸易畅通”的推进，中国商品的涌入会冲击其国内产业。第二，中国与中亚国家之间的相互认知仍较不足，部分不负责任的当地政客和媒体宣扬所谓“中国掠夺资源”“中国侵占土地”“中国破坏环境”“中国企业不雇佣当地工人”等论调。当然，中国企业也需要不断提升与中亚国家社会民众的接触能力，重视履行企业社会责任。第三，中亚国家市场经济体制尚不完善，政府部门效率不高、腐败等问题较突出，影响经济合作的效率。第四，“三股势力”构成的安全威胁依然是复杂严峻的。[22] 有报道称，中亚五国在中东参加“圣战”的人数在2000人以上，哈萨克斯坦、乌兹别克斯坦等国国内的反恐压力也在上升。需要继续深化安全领域合作，积极应对“网络恐怖主义”等新挑战，真正实现“安全”与“发展”两个轮子一起转，让“一带一路”建设为增进中国与中亚国家关系切实发挥长远作用。

中国与哈萨克斯坦的合作

作为领土面积第九大的国家和中亚地区首屈一指的大国，哈萨克斯坦成为“一带一路”建设的重要合作伙伴。正如王毅国务委员兼外长所言，“丝绸之路经济带从中国向西延伸，第一站就是哈萨克斯坦。中国与沿线国家进行产能合作，第一个对象就是哈萨克斯坦。中国同沿线各国进行发展战略对接，第一个对接的也是哈萨克斯坦”。

21世纪以来，通过大量出口石油和天然气等能源产品，哈萨克斯坦曾多年保持5%以上的经济增长率。该国第一大城市阿拉木图被建设成为满布未来主义建筑的国际性大都市，这是哈萨克斯坦快速发展的生动写照。然而，2008年金融危机之后，世界经济陷入衰退，随着能源资源价格的走低，哈萨克斯坦经济也逐渐失去“光亮”。而且，哈萨克斯坦对俄罗斯的经济依赖性较大，在俄罗斯遭遇西方国家制裁的情况下，哈萨克斯坦的自身发展也受到不利影响。正是在此背景下，2014年11月，哈总统纳扎尔巴耶夫提出“光明之路”新经济政策。纳扎尔巴耶夫称，将每年投入30亿美元用于支持该国基础设施的建设，培育新经济增长点，提升哈萨克斯坦的商业竞争力，推动国家对外经济合作的“多元化”。显而易见，“光明之路”新经济政策与“一带一路”倡议具有很多相似相通之处。

过去几年来，哈萨克斯坦成为国际社会最支持共建“一带一路”的国家之一，中哈发展战略的对接不断深入，促进地区互联互通、推进产能合作、共建经济特区等成为两国关系的新亮点。根据哈萨克斯坦战略研究所的估算，中国和欧盟的贸易额在2020年前将增至8000亿美元，中欧之间的货运量将相应地增至1.7亿吨，其中8%的商品贸易将经过哈萨克斯坦境内的运输走廊。[23]实际上，经过过去几年的努力，哈萨克斯坦已经成为中欧国际货运班列的重要过境地，从中国多个城市出发的班列，经中哈边境口岸霍尔果斯北行后转入俄罗斯，进而一路西行，其终点是德国杜伊斯堡等欧洲城市。到2017年4月，过境哈方的中欧货运班列已超过1200列。法国《世界报》评论人士伯努瓦·维特金在实地踏访霍尔果斯口岸后曾感慨，只要欧洲人开始在回程的列车中塞满中国消费者需要的产品，这条横贯亚欧大通道的线路有望实现“汽笛一响，黄金万两”。[24]

作为世界上最大的内陆国，哈萨克斯坦不仅大力发挥作为陆上枢纽国家的地理优势，还积极推动实现“陆海相连”。2013 年 9 月，中哈签署协议，共同出资 6 亿多人民币在江苏省连云港市修建专用物流基地。来往于两国之间的货运班列从哈萨克斯坦阿拉木图到连云港需要 10—15 天，这不仅有助于哈萨克斯坦对中国加大出口稀有金属、小麦等产品，还为该国提供了一个重要的出海口。而且，其他中亚国家的货物也可以通过连云港中转，进而向东南亚等地区输送。2017 年 5 月，中国远洋航运公司和江苏连云港港口股份有限公司从哈萨克斯坦国家铁路公司购买了该国内陆港口 49% 的股份。借助与中国的合作，哈萨克斯坦正在将“地理劣势”变为优势。

在“一带一路”倡议推动下，产能合作成为近年中哈关系的一大亮点，双方目前确定并持续推动多达 55 个重点项目。2015 年 3 月，中国和哈萨克斯坦政府签订价值达 230 多亿美元的产能合作协议，涉及钢铁、有色金属、平板玻璃、炼油、汽车等领域。中国方面希望利用自身优势，大力推动哈萨克斯坦的工业化。双方建立产能和投资合作对话会机制，设立 20 亿美元的产能合作专项基金，目前已经有超过 3000 家中国企业落户哈萨克斯坦。哈萨克斯坦时任总理马西莫夫向李克强总理表示，感谢中方把哈作为“一带一路”倡议和国际产能合作的重点合作国家，两国产能合作开局良好，表明这一双边互利合作全新模式，具有广阔的前景，同时这一模式也可为地区产业产能合作提供借鉴。

在能源合作方面，截至 2019 年初，中哈原油管道累计对华输油 1.2 亿吨，中哈天然气管道累计对华输气 2540 亿立方米，双方正积极探讨核电、风电、光伏等新能源合作。此外，两国还联合开发哈萨克斯坦丰富的铀矿资源。作为世界最大的天然铀生产国（约占全球铀矿总开采量的40%），哈萨克斯坦一直希望推动自身从铀资源出口国向核燃料供应国跃升，提高铀产业的附加值。处于核能开发活跃期的中国不仅大量购买哈萨克斯坦的铀原料，还推动中核集团等中国企业不断深化与哈方的合作，相关项目涵盖铀资源勘探开发、核燃料生产加工以及核电站建设等全产业链。

中哈共同建立和开发的霍尔果斯跨境经济合作区，则是“一带一路”建设中产业园区合作的“明星”案例。2014年12月25日，纳扎尔巴耶夫总统为“霍尔果斯—东大门”经济特区陆港的启用揭幕。他充满信心地宣称，这一特区将推动整个欧亚大陆的经济增长。“霍尔果斯—东大门”经济特区是中哈共建的霍尔果斯国际边境合作中心的组成部分。作为哈境内最重要的物流中心，哈方对这一经济特区寄予厚望，希望通过它大幅提高哈中贸易额，并扩大中国与里海沿岸国家之间的贸易往来。哈萨克斯坦铁路总公司将霍尔果斯口岸经济特区作为重要投资项目，计划将该特区建成中亚最大的陆港。此外，该公司还计划在这一经济特区投资建设220余公顷的工业园，吸引先进的原料加工业、制造业、化工业和制药等行业企业入驻园区，试图将其打造为带动哈萨克斯坦经济产业升级的新引擎。

当然，与其他中亚国家一样，哈萨克斯坦国内仍然存在某些担忧。有哈萨克斯坦学者提出，由于哈中经济规模相差太大，哈需要在经济合作中切实维护其主体性，避免仅仅是在“丝绸之路经济带”上扮演“中转国”的角色。再者，哈萨克斯坦认为自己需要在中国和俄罗斯这两个大国之间寻求新的平衡，有观点认为推动“一带一路”的中国和以建设“欧亚经济联盟”为目标的俄罗斯正在加紧争夺哈萨克斯坦，“中国试图确立新的势力范围，这是 19 世纪英国和俄国在中亚争夺控制权的‘大博弈’（Great Game）的当代版本”[25]。显然，这一观点代表着陈旧的地缘政治思维，中俄哈完全可以建立合作共赢的关系。正如哈萨克斯坦前外交部长伊德里索夫所言，“我们在哈萨克斯坦构建的是另一种伙伴关系，不是‘大博弈’，而是‘大收获’（Great Gain）。……哈萨克斯坦是世界上最大的内陆国家。我们应当将劣势变为优势。俄罗斯和中国就是我们的海”[26]。

第三节　中蒙俄经济走廊

2013 年 3 月，习近平在莫斯科国际关系学院发表演讲时特别提到了 17 世纪的“万里茶道”，这是数百年前连接中国、蒙古国和俄罗斯的重要商道，中国商人从盛产茶叶的福建出发，经过江西、湖南、山西、河北等省，从伊林（现内蒙古二连浩特市）等地进入现在的蒙古国境内，继而经库伦（现蒙古国首都乌兰巴托）到达恰克图地区，茶叶等货物从该地转运到俄罗斯内地、中亚和欧洲国家，这一商道绵延 13 000 多公里。“一带一路”框架下的中蒙俄经济走廊与“万里茶道”形成了历史的回响，这一经济走廊是“一带一路”建设在东北亚地区的“骨干”，是中蒙俄三国发展战略深度对接、共同打造区域经济合作平台的重要依托。该走廊的建设不仅将为中蒙俄三国发展带来新的机遇，也会为整个东北亚地区发展注入新的活力。从中国的角度而言，中蒙俄经济走廊对于巩固与蒙俄关系、维护中国北部稳定、提升能源安全水平等具有战略意义。而蒙古国和俄罗斯也希望通过参与走廊建设，推进自身经济多元化发展战略，构筑国际运输大通道，进一步深化与东亚、欧洲等地区的经济联系。

中蒙俄合作进展与问题

在2016年6月召开的上海合作组织塔什干峰会期间，中蒙俄三国元首再次举行会晤，共同签署了《建设中蒙俄经济走廊规划纲要》。同年9月，《建设中蒙俄经济走廊规划纲要》得以公布，这标志着“一带一路”框架下首个多边合作规划纲要正式启动实施。该纲要明确了中蒙俄三方合作的具体内容、资金来源和推进机制，商定了涉及跨境运输通道、口岸现代化改造、海关及检验检疫合作等方面的重点项目，并提出要推动三国毗邻地区次区域合作。这些举措将有助于形成经济带式的辐射效应，提升区域合作水平，培育东北亚区域新的经济增长极。为了推进规划纲要等合作协议的落实，中国国家发展和改革委员会、蒙古国外交部和俄罗斯经济发展部还共同建立了定期会商机制。

从合作领域看，中蒙俄经济走廊主要聚焦以下几个方面：第一，提升基础设施互联互通水平，三方共同规划和开发相关公路、铁路、港口等，改造边境地区的基础设施，促进跨境运输的便利化。三方还将在跨境运输方面协商制定规则，完善技术和关税条件，推动国际通关、换装、多式联运整体衔接，深化国际联运信息交换、铁路货运数据交换等方面的合作。此外，将开行中蒙俄定期国际集装箱运输班列，建设一批交通物流枢纽。第二，发展边境贸易，在能源矿产、制造业、农林牧、电子商务等领域开展产业合作，形成联系更为紧密的区域经济网络。加强三方在科技园区、高新技术等方面的合作，开展三方卫星应用服务等。第三，推动三方口岸软硬件改造，增强信息互换和执法互助，创新海关、检验检疫及货物监管协调机制。第四，扩展三国人文交流，促进人员往来便利化，扩大防灾减灾、环境生态保护等方面的合作。

应当看到，在近年国际能源、原材料价格下跌的背景下，长期依赖资源出口的蒙古国和俄罗斯需要改变经济发展模式，它们希望通过参与中蒙俄经济走廊建设更好地融入地区发展体系。前文已谈及俄罗斯期待深化与亚太地区的经济联系，就蒙古国而言，自 2012 年以来其经济增长率持续下滑，2011 年曾高达 17%，但到了 2016 年降至 1%，且 GDP 总量仅有 111 亿美元，出现外国投资显著下降、本国货币急速贬值等经济困难。作为一个内陆国，蒙古国一直希望能够改善该国国内和跨境交通基础设施，并打通东向出海通道，却因为长期缺乏投资而进展缓慢。近年来，蒙古国的外债持续攀升，2015 年达到 216 亿美元，偿付压力较大，这进一步阻碍了该国基础设施建设以及其他经济产业的发展。面对这种形势，蒙古国于 2014 年 11 月提出“草原之路”计划，总投资需求约为 500 亿美元，旨在通过促进跨境运输、增加国际贸易、扩建基础设施等振兴本国经济。中国和俄罗斯分别是蒙古国的第一大和第二大贸易伙伴，蒙古国在中俄跨境运输中占据重要地理位置，中蒙俄经济走廊的建设非常契合蒙古国的发展需求。显然，蒙古国经济的繁荣，反过来也有助于加快中国北部省份的发展以及俄罗斯实施的远东地区振兴计划。

过去几年来，中蒙俄经济走廊建设取得诸多进展。2016 年 8 月，由中国交通运输部、蒙古国交通运输发展部、俄罗斯联邦运输部共同组织的“中蒙俄国际道路货运试运行活动”在中国北方的最大港口天津港启动，三国共 9 家运输公司组成的车队从天津一路向北经乌兰巴托至俄联邦布里亚特共和国首府乌兰乌德，全程 2100 多公里，此举旨在推动中蒙俄三国间交通运输的便利化。此外，作为蒙古国首条高速公路，乌兰巴托至贺西格新国际机场高速公路开工建设，这是“一带一路”在蒙实施的标志性工程，采用“中国标准”，被誉为“中蒙友谊公路”。2017 年 9 月，位于二连浩特和扎门乌德的中蒙跨境经济合作区进入全面施工建设阶段，该项目规划面积 18 平方公里，将采取“两国一区、境内关外、封闭运行”模式，打造集国际贸易、物流仓储、进出口加工、电子商务、金融服务等于一体的综合开发平台，其基础设施建设工程总投资约 8 亿元人民币。在贸易方面，作为走廊建设的重点项目之一，位于满洲里的中俄互市贸易区在 2017 年 8 月正式运营，俄罗斯赤塔、蒙古国东方省克鲁伦苏木到满洲里的定期客运班车也相应增加。中蒙俄通关便利化合作不断推进，2017 年 5 月，中俄启动满洲里—后贝加尔斯克公路口岸海关监管结果互认试点，经一国海关查验的出口货物，对方国家的海关一般不予查验，直接放行。此外，采用中国标准轨距的内蒙古策克口岸跨境铁路通道建设稳步推进，将为增进中蒙之间煤炭等产品的贸易提供助力。[27] 中蒙还决定启动两国自贸协定联合可研。

同时，也要看到，蒙古国和俄罗斯方面仍然对中蒙俄经济走廊建设存在一定疑虑，尤其是蒙古国。蒙古国与中俄两国实力悬殊，总人口仅有 300 万，而且集中在乌兰巴托地区。蒙古国担心受到大国控制，尤其是担心经济上对中国过度依赖，以致国家安全受到影响。比如，在与中俄共建跨境经济合作区方面，蒙古国要求其境内园区须与边境保持 1.5 公里，不能直接紧邻边境。此外，俄罗斯不愿看到中国在中蒙俄经济走廊建设中“一家独大”，担心中国借此在俄西伯利亚和远东地区扩展影响力，削弱俄罗斯对蒙古国铁路、石油、电力、粮食等产业的主导力。在铁路建设方面，俄罗斯长期掌握蒙古国唯一铁路干线乌兰巴托铁路 50% 的股份，对蒙古国铺设新铁路选择何种轨距等问题较为敏感。俄方还主导了蒙古国北部地区的电力供应，对中蒙之间的额根河水电站项目有所不满，并声称该项目会对跨界水资源和生态环境等造成不利影响。

不容忽视的是，蒙古国国内政局对中蒙俄经济走廊建设具有较大影响。

蒙古国国内各党派博弈复杂，政府更迭频繁，政策延续性较低，新政府常会重新审批或是直接推翻上届政府确定的对外合作项目。近年，在民主党政府执政下，蒙古国与中国的合作多次出现波折，各派势力不断争斗，并把涉华合作项目作为政治筹码，还有的势力不惜宣扬资源民族主义和“中国威胁论”。2014 年，中蒙双方就塔温陶勒盖煤矿（TT 矿）开发及其配套的南向标轨铁路建设项目达成协议。但是由于蒙古国内部争夺对该矿的主导权，蒙古国政府最终在议会的压力下撤回合作协议。虽然蒙古国和俄罗斯两国高层对于走廊建设做出积极承诺，但是各部门在落实高层共识方面问题较多，相互推诿和掣肘的现象时有发生，腐败问题较为突出，法律法规不健全且变化频多。比如，2009 年到 2011 年，蒙古国对《矿产法》做出多达 8 次的修改；2012 年颁布的《战略领域外国投资协调法》突然大幅提高外资准入门槛，导致不少外资撤离。从社会层面看，蒙古国极端民族主义势力对走廊建设或会形成干扰。蒙古国存在“站立的蓝色蒙古”“全蒙古运动”“蓝色蒙古运动”“白玉组织”“火焰民族联盟”等多个极端民族主义组织，它们或利用中蒙合作项目出现的问题，煽动“反华”和“排华”情绪。

此外，美国、日本、印度等其他大国因素对中蒙俄经济走廊建设的影响也需得到重视。[28]一直以来，蒙古国积极推动“第三邻国”外交，不断加大与中俄以外的其他大国的接触。从 2008 年起美国即在“千年挑战基金”框架下对蒙古国提供无偿援助，用于基础设施、教育、医疗等项目，2008 年至 2013 年提供约 2.7 亿美元，2014 年至 2019 年预计提供 7 亿美元。美蒙之间的军事安全合作也较为活跃。1991 年以来，日本一直是蒙古国的最大援助来源国，到 2014 年向蒙提供约 28 亿美元援助。2010 年日本和蒙古国将两国关系提升为“战略伙伴”。2015 年 10 月，安倍晋三访问蒙古国期间双方就建设“东向铁路”达成共识。2016 年 6 月，日蒙经济伙伴关系协定正式生效，日本企业在蒙古国的投资获得更大便利。日本企业长期深度参与蒙古国的矿产开发和基础设施建设，如丸红集团为塔温陶勒盖电站项目提供大量融资。日本方面还通过“草根计划”等注重扩大对蒙古国普通民众的影响。值得注意的是，印度等国与蒙古国的交往也在深化。2015 年 5 月，印度莫迪政府承诺为蒙古国提供 10 亿美元优惠信贷，支持蒙古国铁路、通信等基础设施建设。

考虑到上述因素，我国在推动中蒙俄经济走廊建设过程中，需要审慎规划、稳步推进，尤其是要注重资源开发和产业扩展相结合，基础设施建设和民生需求相结合，不断夯实合作的社会民意根基。要加快提升参与经济走廊建设的中国企业的抗风险能力，重视企业品牌和形象建设，增强企业在当地社会的影响力。考虑到中蒙俄重点合作地区自然生态环境的脆弱性，相关项目要切实符合环保标准，加大发展绿色金融的力度。此外，要认识到中蒙俄经济走廊建设对地区经济和安全格局的影响，逐步把该经济走廊打造为东北亚区域合作的示范，适时向韩国、日本等国延伸，构建开放、多赢的合作环境。

深化中蒙俄人文交流

可以说，在“一带一路”的“六大经济走廊”建设中，中蒙俄经济走廊建设（下称“走廊建设”）走在了前列。而民心相通关乎走廊建设的成败，走廊建设为进一步做好、做细中蒙俄三国之间的人文交流工作带来重要机遇。与中国之前推动的对外经济合作相比，“一带一路”更加强调民心相通和软环境建设。一方面，这是我国在新时期以“亲诚惠容”理念经营周边外交的必然要求。另一方面，也是推动我国企业从“走出去”向“走进去”（正面影响东道国民间社会）、“走上去”（正面影响东道国精英层）迈进的现实需求。

在“六大经济走廊”建设中，中蒙俄经济走廊具有较好的基础和条件，可以成为我国优化人文交流、实现“民心相通”的先行区和示范区。第一，我国对蒙古国和俄罗斯的务实合作成果丰硕，与蒙俄两国之间的经济互补性较强，这为拓展人文交流提供了重要动力。第二，中蒙、中俄在企业和民众层面的交往已经常态化，尤其是在边境毗邻地区民众之间的往来非常频繁，边民关系融洽，深化人文交流具有较好的社会基础。第三，中蒙俄经济走廊的“民心相通”在历史和文化方面有独特优势，连接中蒙俄三国的“茶叶之路”“草原丝绸之路”源远流长，中国蒙古族民众与蒙古国人语言相通，民俗相近，推进人文交流的基础条件好，易见实效。

从内蒙古、黑龙江的实践看，中蒙俄人文交流近年来取得不少进展。目前，在内蒙古学习的蒙古国留学生数量已经超过 2000 人。内蒙古区内的各级蒙医院每年收治蒙、俄患者近 3 万人次。黑龙江省内高校与俄罗斯国内高校建立了多层次的合作关系，中俄高校联合培养学历学位生等工作也在不断推进。

但人文交流也面临一些问题，民心相通在“五通”中相对滞后，成为影响务实合作顺利开展的短板，有些学者甚至认为存在“政热经温、文化靠边”的现象：

第一，人文交流“官办”活动多，需在“接地气”方面更下功夫。“文化年”“媒体年”“青年年”等活动推动了人文交流，但参与者群体仍很有限，对蒙俄民间社会的影响带动不够，很难让对象国普通民众充分感知“当代中国”。走廊建设所涉及的蒙俄区域多为欠发展地区，当地政府对人文交流投入不足，俄罗斯远东地区民众对华认知相当滞后。我国与蒙俄交往仍呈现“上热下冷”局面，蒙俄政府和精英层面对我国政府实施的人文交流项目抱有戒心，担忧我国经济实力和文化影响力的双重优势对其带来冲击。

第二，人文交流与务实合作的联系不甚紧密，需要完善整体性规划。我国对蒙俄社会、文化、法律、政策和投资环境的研究仍很不够，特别是缺乏真正的“田野调查”。对于一些经济合作项目的社会风险研究滞后，相关“预防性”人文交流工作未能有效展开。修建跨境铁路大桥会影响俄罗斯当地航运企业和工人利益，这些群体对项目建设形成阻力。俄罗斯远东地区的媒体炒作“过剩产能输出”“中国要建桥头堡”等话题，制造当地民众的对华反感情绪。在蒙俄的部分中国企业不注重环境保护，带动当地发展和就业不足，一些中国经营者销售假冒伪劣产品，产生负面影响。人文交流不仅仅是吹拉弹唱，不只是画家、音乐家、舞蹈家的事，必须把企业家吸引进来，让他们为“民心相通”出力。

第三，人文交流的投入总体不足，资源利用需要进一步优化。教育和医疗等事业是促进“民心相通”的最好途径之一，是“抓人心、增感情”的战略工程。中国内蒙古的二连浩特市与蒙古国毗邻，长期接收蒙古国中小学留学生和来我国治病的蒙古国患者，但该市的财力捉襟见肘。近年，地方政府提高了蒙古国中小学生留学的补助标准（每年约为6000—10 000元），当地医院也对蒙古国患者实行优惠政策，这些举措虽然广受蒙古国民众欢迎，但地方财政压力较大，可调用的资源有限。

第四，人文交流面临规则法律、机制体制、人才保障等方面的问题。走廊建设将进一步加大边境地区人员往来，但我国尚没有边境管理的专门法律，仅有地方性条例规定，制定时间早，有些不符合现状，各省区之间的规定也不尽一致。签证难、学历认证难等问题制约人文交流的拓展，需从国家层面予以协调解决。我国的俄语、蒙语人才培养工作亟待加强，教材老化、语言概念陈旧等问题突出，难以适应务实合作的需求。我国留学生赴蒙古国和俄罗斯学习的积极性不高，语言类学生从事跨境商务、国际交流等方面的实际能力不足。

做好民心相通工作，是中蒙俄经济走廊建设的应有之义，也是各类经济合作项目顺利实施的重要保障。应以中蒙俄制定并实施三方合作规划纲要为契机，加大对人文交流的重视和投入，积极探索可推广的民心相通经验。

第一，切实提升人文交流对务实合作的支撑作用。要解决好人文交流与务实合作“两张皮”的问题，使人文交流的活动设计、区域重点、资源投入等与一些重大项目建设密切结合。围绕规划纲要确定的合作重点，构建中蒙俄三国专业人士组成的政策咨询网络，为交通、商务、海关、口岸管理等部门的人员交流创造更多机会。促进中蒙博览会、中俄博览会等交流平台的对接，调动企业界支持和参与人文交流活动的积极性，如捐资设立“中蒙俄教育培训基金”等。

第二，摸准蒙俄实际需求，实施“小而美”的人文交流项目。据了解，蒙古国对医疗人员培训的需求较大，也提出希望中国大学到蒙古国开展合作办学，帮助其培养农牧业、教育、能源产业、水资源管理等方面的专业高级人才。俄罗斯布里亚特自治共和国也有类似的需求。此外，要优化人文交流的资源分配和利用，对有基础、有条件、有热情、有经验的部门和地方加大投入，支持其大胆探索放手干，促其发挥“四两拨千斤”的作用。再者，我国企业在长期经营中也摸索出很多有助于争取当地民心的举措，如资助俄地方城市的节庆烟花活动、帮助俄退役老兵修缮房屋等。应系统梳理这类素材，用生动案例讲好走廊建设故事，推广相关经验。可深入研究美国、日本、韩国等国在蒙俄开展人文交流项目的经验，不失时机地与其他国家在蒙俄开展好多方互利合作，以体现走廊建设的开放性和包容性。

第三，人文交流要坚持“双向平等、相互尊重”。蒙俄相关地区虽然在经济总体实力上不如我国，但文化自尊心较强。应创造条件、灵巧用力，让蒙俄在自己的优势领域大展身手，引导其更加开放、主动地与中国方面加大交流。蒙古国足球运动员培养很有特色，但其运动场条件较差，我国可适当帮助其修建球场，同时邀请蒙古国方面派遣更多教练员来华为中国培养运动员，还可举办中蒙中小学生足球比赛等活动。要准确把握社会文化观念对务实合作的影响。我国方面希望加快通关速度，但俄罗斯方面常坚持自己的工作理念，认为速度并不慢，这种文化上的差异短期内不易消弭，我们应适当照顾对方的习惯。

第四，完善长远规划，发挥“体系效应”，确保人文交流的可持续性。应着眼培养蒙俄两国的知华派人士，构建完整的支持支撑链条，如帮助在中国内蒙古留学的蒙古国中学生继续在中国接受大学教育，为蒙俄留学生毕业后在华工作、生活提供必要便利，也鼓励他们回国就业、创业，培养一批能够在中蒙俄之间发挥沟通桥梁作用的人才。在口岸地区设立教育交流等方面的窗口和基地，增大优质资源和元素的集聚效应，向蒙俄人士宣介中国先进的理念、技术和发展成就，如绿色金融、大数据、清洁能源等。要加大培养我国对蒙俄交流的人才队伍，更新语言教材，打通语言障碍，将语言教育和跨境电商人才培养结合起来，以就业吸引力带动中国学生学习蒙俄语言文化的积极性。鼓励我国专家学者对蒙俄多开展实地调研，“上山下乡、走村入户”，深化对俄远东等相关地区的研究，准确把握蒙俄民间社会对华认知，找准影响“民心相通”的“痛点”，使人文交流合作更加有的放矢。

注释

① George Yeo, "China's Developing Connectivity to its Neighbours is a Story of Epic", *South China Morning Post*, November 12, 2015.

② Alec Luhn, "Russia's GDP Falls 3.7% as Sanctions and Low Oil Price Take Effect", *The Guardian*, January 25, 2016.

③ 邢广程《俄罗斯与西方关系：困境与根源》，《国际问题研究》2016 年第 5 期，第 115—116 页。

④ 安德烈·P. 齐甘科夫《俄罗斯与西方：从亚历山大一世到普京——国际关系中的荣誉》，关贵海、戴惟静译，上海：上海人民出版社，2017 年，第 4—7 页。

⑤ Vladimir Putin, "Russia and the Changing World", RT website, February 27, 2012, https://www.rt.com/politics/official-word/putin-russia-changing-world-263/.

⑥ 高际香《俄罗斯远东开发的历史与现实》，《俄罗斯学刊》2013 年第 3 期，第 8—9 页。

⑦ 李新《试析俄罗斯亚太新战略》，《现代国际关系》2013 年第 2 期，第 13 页。

⑧ Timofei Bordachev, "Russia in Asia and Eurasia, Successes and New Challenges", Valdai Discussion Club, http://valdaiclub.com/a/highlights/russia-in-asia-and-eurasia/.

⑨ 习近平《习近平谈治国理政》，北京：外文出版社，2014 年，第 275 页。

⑩《俄民意调查显示：中俄关系最友好》，《光明日报》2017 年 7 月 29 日。

⑪ 普京此次演讲的英文版参见克里姆林官官方网站，http://en.kremlin.ru/events/president/news/54491。

⑫ Artyom Lukin, "Putin's Silk Road Gamble", *The World Post*, February 8, 2018.

⑬ 亚历山大·库普里亚诺夫《从中国到欧洲的道路：是谁以及为何要复兴古老的商道》，俄罗斯连塔网，2015 年 10 月 22 日。

⑭《俄专家谈欧亚经济联盟与丝绸之路经济带融合》，俄罗斯连塔网，2015 年 9 月 29 日。

⑮ 杨恕、王婷婷《中亚水资源争议及其对国家关系的影响》，《兰州大学学报》（社会科学版）2010 年第 5 期，第 52—56 页。

⑯ 邓浩《苏维埃时期的中亚民族宗教问题》，《世界民族》1997 年第 4 期，

第49—53页。

⑰ 陈靖、王鸣野《费尔干纳的伊斯兰极端主义：产生的原因与可能的影响》，《新疆社会科学》2012年第6期，第80—82页。

⑱ 高飞《从上海合作组织看中国“新外交”的探索》，《国际政治研究》2011年第4期，第87—88页。

⑲ “SCO-ESCAP Relations Enter a New Stage”, SCO website, November 23, 2017, http://eng.sectsco.org/news/20171123/355153.html.

⑳ 潘志平《“一带一路”愿景下设施联通的连接点——以“中国—中亚—西亚”经济走廊为例》，《新疆师范大学学报》（哲学社会科学版）2016年第3期，第40—45页。

㉑ “Central Asia’s Silk Road Rivalries”, *Europe and Central Asia Report*, No.245, International Crisis Group, July 2017, pp.7–8.

㉒ 丁晓星《中亚地区形势与“一带一路”合作》，《现代国际关系》2017年第12期，第32—33页。

㉓ A. A. 努尔谢伊托夫《哈萨克斯坦与中国的区域经济合作：“光明之路”新经济政策和“丝绸之路经济带”》，《欧亚经济》2015年第4期，第3页。

㉔ 伯努瓦·维特金《走进“新丝绸之路”的中心》，《世界报》2015年8月15日。

㉕ Charles Clover and Lucy Hornby, “China’s Great Game:Road to a New Empire”, *Financial Times*, October 13, 2015.

㉖ 亚历山大·库普里亚诺夫《从中国到欧洲的道路：是谁以及为何要复兴古老的商道》，俄罗斯连塔网，2015年10月22日。

㉗《“中蒙俄经济走廊”初现互利成果》，《参考消息》2017年8月8日。

㉘ 黄凤志《对中蒙俄经济走廊建设的战略分析》，《人民论坛·学术前沿》2016年第13期，第64—65页。

第六章　欧洲，欧洲

在丝绸之路所开辟的商业贸易体系中，欧洲一直扮演着极为关键的角色。如今，欧洲与“一带一路”建设的关系同样是相当密切的。中欧双方需要拓宽战略视野、强化政策沟通、增进规则化和透明度，促进“一带一路”合作行稳致远。

1861 年，年轻的德国地理学者李希霍芬随外交使团来到中国上海，并在中国进行了数年的实地调查研究，后于 1873 年返回德国，先后出任柏林国际地理学会会长、柏林大学校长等职。李希霍芬在 1877 年出版的《中国》一书中首次提出了“丝绸之路”这一概念。实际上，欧洲与“丝绸之路”的渊源可谓深厚久远。欧洲是古代丝绸之路的终点之一，在丝绸之路所开辟的商业贸易体系中，欧洲一直扮演着极为关键的角色。如今，欧洲与“一带一路”建设的关系同样是相当密切的。过去几年来，欧洲国家对“一带一路”倡议的理解和认同不断上升，中国方面也通过建立中欧互联互通平台、完善“17+1 合作”（该机制成员包括中国、中东欧地区 16 个国家和希腊）、拓展“三方合作”等方式推动中欧围绕“一带一路”的多层次、多元化协作。“一带一路”建设有助于中欧双方进一步充实和深化全面战略伙伴关系。与此同时，也不能忽视相关合作面临的问题和挑战，比如双方政治互信不足、标准和规则体系不对接等。中欧双方需要拓宽战略视野、强化政策沟通、增进规则化和透明度，促进“一带一路”合作行稳致远。

第一节 中欧关系的新机遇

在中国对该倡议的愿景中，“一带一路”的西端即是发达的欧洲经济圈，具体而言，“丝绸之路经济带”将重点畅通中国经中亚、俄罗斯至欧洲（波罗的海），以及中国经中亚、西亚至波斯湾、地中海；“21 世纪海上丝绸之路”的重要方向之一则是从中国沿海港口过南海到印度洋，延伸至欧洲。[①] 显而易见，欧洲在“一带一路”建设中具有十分重要的地位。

欧洲在中国总体外交格局中同样占据着举足轻重的地位，中欧关系的长足发展为双方围绕“一带一路”倡议展开合作奠定了良好基础。法国、英国、意大利等欧洲国家是最早承认新中国的一批大国，1975 年欧盟与中国正式建立外交关系。中国是世界上最大的发展中国家，欧盟是最大的发达国家联合体，双方拥有广泛的共同利益。冷战结束后，中欧关系发展不断迈上新的台阶，政治、经贸、人文三大支柱持续壮大，双方关系的战略定位经历了从“建设性伙伴关系”“全面伙伴关系”再到“全面战略伙伴关系”的积极变化。②

截至 2019 年初，欧盟已连续 15 年成为中国第一大贸易伙伴，2018 年中欧双边贸易总额达到 6822 亿美元。截至 2019 年 2 月，欧盟累计对华实际投资 1321.8 亿美元，稳居我国第三大外资来源地；中国累计对欧盟直接投资 952 亿美元，欧盟是我国第二大对外投资目的地。中欧各自经济总量之和占全球经济总量的 1/3，中国近 14 亿人口和欧洲 5 亿人口构成了全球两大市场。中欧之间基本不存在地缘政治矛盾，在国际事务中都反对霸权主义，倡导多边主义。中欧双方目前已建立 70 多个对话合作机制，致力于国际和地区问题的和平解决，包括推动伊朗核问题谈判达成全面协议。中欧在安全方面的合作也在稳步开展，如在亚丁湾地区协作进行反海盗护航。中欧还携手应对国际金融危机、气候变化等全球性挑战。③

近年来，面对当前国际经济、政治和安全形势的新变化，中欧双方正“重新发现”彼此，结合各自的发展和改革目标，探索深化互利合作的新举措、新路径，以期不断充实中欧全面战略伙伴关系。2014 年 3 月，习近平对欧盟总部进行了历史性的访问，这是中国国家主席首次到访欧盟总部，此访也正值欧盟新一届领导人上任不久。中欧双方决定打造“和平、增长、改革、文明”四大伙伴关系，将此作为未来一个时期中欧关系发展的引领性目标。[④] 当前中国和欧洲都处于各自发展的关键阶段，中国正在全面深化改革，欧洲也在推动结构性改革，双方改革的政策议程中有很多契合点，这为拓展中欧合作带来难得机遇。通过建设新的伙伴关系，中欧这两大全球市场将更加紧密地结合起来，实现更高层次的互利共赢合作，共同促进开放型世界经济。更重要的是，作为世界两大力量、两大市场、两大文明，中欧有责任推动国际秩序和国际体系朝着更加公正合理的方向发展，共同努力创造和平稳定、公正有序的国际环境。

应当看到，随着世界经济进入“新平庸”以及中国自身经济显现“新常态”，中国在经略对外关系方面也面临新的挑战。中国既要在经济增速放缓的情况下巩固与外部世界的“利益捆绑”，又要为中国经济的提质增效以及发展方式的转型拓展新的战略空间。这就要求中国积极探索如何挖掘与欧美发达国家之间的“新互补性”，并构建合作共赢新模式。这也是中欧围绕“一带一路”倡议展开合作的基本逻辑。[⑤]

从中欧经济关系看，中国对欧洲的出口呈现下降态势。与中欧作为世界重要经济力量的地位很不相称的是，双边相互投资的规模仍然有限。在这种情况下，中欧迫切需要拓展新的合作空间。中欧双方正根据《中欧合作 2020 战略规划》，推动 100 多个领域的合作，包括电子商务、5G 网络、互联网金融、云计算、大数据等。[⑥] 双方还大力寻求在基础设施共建、装备制造与第三方合作、金融合作、提升贸易投资自由化水平等方面实现突破，推动“中国制造 2025”“互联网 +”等发展规划与欧盟的“单一数字市场”“能源联盟”和“核心交通网络建设”等规划进行对接。此外，中国正利用自身城镇化发展的巨大潜力带动中欧务实合作。中欧目前已有近

20 对城镇化伙伴关系结对子城市，合作项目超过 130 个，包括智慧城市和低碳城市建设等。

可以说，“一带一路”倡议的主要目标和建设重点与上述中欧关系发展的阶段性目标、既有合作议程是高度契合的，该倡议的落实有望为中欧关系发展带来新动能、新机遇，使中欧全面战略伙伴关系得到丰富和拓展。

首先，“一带一路”建设将有力促进中欧经贸合作的深化。在“一带一路”框架下，相关国家将共同打造新亚欧大陆桥等国际经济合作走廊，这将显著降低中欧之间的贸易成本。比如，中欧贸易 90% 以上要通过海运完成，“21 世纪海上丝绸之路”和“中欧陆海快线”等将使经贸往来更加便捷。[7]中欧围绕“一带一路”倡议开展合作，将推动双方加快中欧双边投资协定、中欧自贸协定谈判的进程。此外，“一带一路”倡议还将带动中欧国际产能合作、“第三方合作”迈出实质性步伐。国际产能合作是应对世界经济下行压力的有效途径，中欧加强产能合作正逢其时。西欧国家希望促进“再工业化”，改造自身基础设施，中东欧国家希望加强和完善基础设施建设。中国具有完整的工业体系，装备制造集成能力强，性价比高，可以同欧洲国家开展广泛的国际产能合作。通过落实“一带一路”倡议，可以将中国的装备和欧洲的技术结合起来，为其他发展中国家提供更加适销对路的产品和服务。2017 年 2 月，世界银行发布的报告称，2016 年全球贸易增速在 1.9%—2.5%，仍然较为低迷。而特朗普政府对外经济政策的大幅调整更是加大了全球增长的不确定性。在这一背景下，“一带一路”等发展合作倡议将有助于为世界经济注入新的动力，从而为中欧双方营造更好的外部发展环境。

其次，“一带一路”倡议将为中欧双方推进各自发展转型创造新的动能。

对于欧洲来说，目前迫切需要促进欧洲的整体性复苏和发展，应对投资不足等困境，创造更多就业岗位。2008 年主权债务危机发生后，很多欧洲国家采取了紧缩措施，欧盟境内投资水平也出现大幅下降，这不仅延缓了复苏进程，还对欧洲的长期发展和一体化进程带来负面影响。特别是，南欧和中东欧国家的经济困境较为突出，在捷克、匈牙利等国投资出现负增长。“一带一路”合作可以为这些国家“雪中送炭”，进而促进欧洲内部各地区的平衡发展，为欧洲一体化进程提供助力。[⑧] 从中国角度而言，实现发展方式转型，既要靠全面深化改革，也有赖于构建新的对外开放格局。中国的改革发展正进入更具深度和广度的“内外联动”时期，中国加快从商品输出转向资本输出，从具体的生产组织者变成资源配置者，中国在全球产业链条中的地位正日益上升。“一带一路”建设将有力推动中国的新一轮改革开放进程。通过在“一带一路”框架下深化与欧洲国家的合作，中国经济发展的一端可以与发达国家的高科技和高端生产能力、投资和消费需求形成互补，另一端可以与其他发展中国家的资源供应、消费市场拓展、工业化发展需求等形成对接，中国可借此发挥重要的“桥梁性”作用。

再次，“一带一路”倡议将促进欧亚大陆的长期稳定和共同繁荣，这符合中欧双方的长远利益。欧亚大陆是全球面积最大、人口最多、经济活动相当集中的区域，但区域内不联不通、联而不通、通而不畅的问题比较突出，很多域内国家长期处于世界经济体系的边缘地带，经济发展处于停滞状态，社会分化加剧，甚至面临极端主义、恐怖主义等势力的威胁。[⑨] 正如法国学者高大伟（David Gosset）所言，“欧亚大陆处于直接的本地化的恐怖主义威胁之下，这种恐怖主义用无人机是无法打败的……（中国提出的）新丝绸之路倡议将着力解决经济和社会进步的长期性需求，为铲除极端主义的根源创造条件”[⑩]。实际上，欧盟早在20世纪90年代就曾提出过自己的“丝绸之路计划”，包括建设欧洲—高加索—亚洲运输走廊（TRACECA）等项目，但欧方的实际投入不足，热情也在逐步消退。[⑪]近年，欧洲遭遇乌克兰危机、叙利亚内战、难民危机等构成的“复合型危机”的严峻挑战，这充分表明，欧洲周边地区的欠发展状态及其引发的政治动荡和安全挑战越发深化，而这些问题仅凭欧洲一己之力是无法解决的。此外，“一带一路”不仅基本覆盖欧亚大陆，还延伸至东部非洲、地中海等地区，这些地区的稳定和发展也和欧洲的利益密切攸关。“一带一路”建设将为中欧增进在其他地区的合作以及双方安全关系提供新的机遇。[⑫]

近年来，中国领导人已通过各种场合多次强调，“一带一路”建设将坚定地秉持“共商、共建、共享”原则，体现“和平合作、开放包容、互学互鉴、互利共赢”的丝路精神。中国没有意愿也没有能力通过“一带一路”建设进行战略扩张或是构建“势力范围”。“一带一路”建设将为中欧关系发展创造历史性机遇，双方可以将打造“和平、增长、改革、文明”四大伙伴关系作为引领，推动“一带一路”与欧洲的发展战略和对外战略深度对接，深入挖掘双方在欧洲地区和其他地区开展合作的潜力，共同促进欧亚大陆乃至世界的持久稳定和发展。

第二节　中欧合作的进展与问题

中国在2013年提出“一带一路”倡议后，经过一段时间的观望，欧盟方面及其主要成员国对“一带一路”给予了正面回应。随着中欧就此持续深化政策沟通，欧方各界对“一带一路”的兴趣在不断增长。2014年以来，“一带一路”已成为中欧高层交往中的关键词之一，在中欧关系发展的政策议程中占据了重要地位。“一带一路”建设正稳步与欧洲发展规划、欧洲投资计划等深化对接，而中国与中东欧国家之间的“16+1 合作”（希腊于 2019 年 4 月正式加入该机制，变为“17+1 合作”）也在与中欧整体合作进行衔接。围绕“一带一路”倡议展开的中欧合作在增进战略沟通、设立工作机制、落实具体项目等多方面取得了积极进展，在双边、次区域和多边层面力争协调推进。

欧盟层面

2008 年欧洲主权债务危机爆发。欧债危机导致希腊、西班牙等南欧国家失业率急剧上升，特别是青年失业率普遍超过 40%，较富裕的西欧和北欧国家经济也受到冲击。更严重的是，欧债危机扩大了“新欧洲”与“旧欧洲”、“穷欧洲”与“富欧洲”、“中心欧洲”与“边缘欧洲”的分歧，欧洲维护内部团结的压力增大，欧洲一体化进程受到挑战。2014 年 11 月，作为欧盟新一届领导人，卢森堡前首相、欧盟委员会主席容克提出了高达 3150 亿欧元的投资计划（“容克计划”），其核心目标是在不增加公共债务的情况下推动欧盟经济发展和增加就业，主要内容是加大对欧盟国家基础设施、数字化经济、能源、教育、创新、中小企业发展、绿色经济等方面的投资，全面提升欧盟的长期竞争力，增加欧盟作为投资目的地的吸引力。该计划力争在 2015 年至 2017 年间创造 130 万个就业岗位。为撬动巨额私人资本和吸引欧盟外部的投资，总额 210 亿欧元的欧洲战略投资基金（EFSI）被设立并于 2015 年中正式运转，其中欧盟委员会和欧洲投资银行（EIB）分别出资 160 亿欧元和 50 亿欧元。该项目提出后一度受到各方质疑，只有少数的欧盟成员国承诺注资。

2015年6月，李克强访问欧洲期间与容克等欧盟机构领导人举行会晤，双方决定将“一带一路”合作倡议与“容克计划”进行对接，并建立中欧共同投资基金以及中欧互联互通平台（EU-China connectivity platform），以推动对接方案的具体落实。中国成为第一个宣布参与“容克计划”的非欧盟国家。来自中方的支持给“容克计划”和欧洲战略投资基金注入了新的活力，而这也为中欧围绕“一带一路”展开合作打开了机遇之窗，拓展了双方构建互利共赢关系的新空间。李克强在出席中欧工商峰会期间表示，“我们支持实力强、有信誉的中方企业参与泛欧交通网络、中欧陆海快线、新亚欧大陆桥等基础设施项目，也欢迎欧方企业积极参与‘一带一路’建设”[13]。

同年9月，中欧经贸高层对话在北京召开，双方决定成立联合工作组，以制定对接合作的路线图和具体建议。该工作组由来自丝路基金、欧洲投资银行、欧盟委员会等机构的专家和官员组成。[14]11月，“中欧投资与互联互通研讨会”在布鲁塞尔举办，欧盟委员会副主席卡泰宁在会上表示，“一带一路”倡议与“容克计划”高度契合，双方合作潜力巨大，特别是在投资、互联互通和数字经济领域。欧盟地区委员会主席马库拉还提出，欧方计划与中国的相关省市合作设立联合研究中心，以便制定和实施更加细化的对接方案。作为推动“一带一路”倡议与“容克计划”对接的重要机制，中欧互联互通平台于2015年12月正式运营。该平台的主要功能是加强中欧之间的信息交流，增进基础设施领域合作，推动运输无缝连接和运输便利化等。正如容克所言，“互联互通平台可以集聚企业的专业和实力，实现中欧力量的联合，建设高质量的基础设施”。2016年1月，中欧互联互通平台首次高级别会议召开。

欧盟成员国和次区域层面

2014年3月，习近平在访问德国期间专门来到位于该国西部北威州的杜伊斯堡港参观，并表示中德位于“丝绸之路经济带”两端，是亚欧两大经济体和增长极，也是渝新欧铁路的起点和终点，双方应合作推进“丝绸之路经济带”建设。近年来，作为中欧“一带一路”合作的重要组成部分，中国和相关欧洲国家之间的班列建设取得了显著进展，班列统筹协调机制已初步建立，为进一步打通中欧经贸的通道瓶颈做出了贡献。[15]目前，中欧之间已经开通多趟货运班列，包括重庆到德国杜伊斯堡的“渝新欧”、长沙到杜伊斯堡的“湘欧快线”、郑州到德国汉堡的“郑新欧”，成都到波兰罗兹的“蓉欧快线”、苏州到波兰华沙的“苏满欧”，义乌到西班牙马德里的“义新欧”，武汉到捷克布拉格的“汉新欧”。中欧班列有助于降低物流成本，受到中欧商业界的普遍欢迎，比如2016年4月开通的武汉至里昂段中欧货运班列运输效率比海运提高4倍，成本仅为空运的1/5。截至2016年底，中欧班列始发城市已达25个，到达境外10个国家10余个集散地，班列不断加密，承运的货物品类逐步从服饰百货、食品、汽车配件等向IT产品等高附加值品类转移。很多企业开始在班列沿线布点，修建集散分拨中心，改造运输场站和物流仓库。2016年10月，推进“一带一路”建设工作领导小组办公室印发《中欧班列建设发展规划（2016—2020年）》，这是中欧班列建设发展的首个顶层设计。[16]中欧双方正努力完善通道铁路运输、口岸通关等协调机制，构建更加便捷、高效的国际物流通道网络和服务体系。

在中欧围绕“一带一路”开展的合作中，中国和中东欧国家之间的合作走在了前列，并致力于实现中国、中东欧国家和欧盟三方共赢。匈牙利成为首个与中国签署“一带一路”合作协议的欧洲国家，波兰总统杜达则表示希望波兰成为“一带一路”的重要节点，“一带一路”倡议为这些国家更新本国经济基础设施、实现“向东开放”的政策目标、提升它们在欧洲的地位等提供了宝贵机遇。[17]2013 年 11 月，中国、匈牙利和塞尔维亚三国领导人共同宣布的匈牙利—塞尔维亚铁路（匈塞铁路）项目在 2015 年取得实质性进展。匈牙利境内项目已签署中匈政府间合作协议，塞段项目已签署中塞总合同，匈塞铁路目前已经开工建设。这条铁路将使塞尔维亚首都贝尔格莱德和匈牙利首都布达佩斯之间的路程从 8 小时缩短到 3 小时。2016 年 11 月，在中国—中东欧领导人峰会期间，中方企业联合体与塞尔维亚政府签署了匈塞铁路塞尔维亚第一段商务合同，标志着匈塞铁路项目的实施又向前迈出重要一步。

匈塞铁路是“中欧陆海快线”项目的北段部分，中途经过北马其顿首都斯科普里和贝尔格莱德，延伸至希腊比雷埃夫斯港。比雷埃夫斯港位于地中海东端，是希腊第一大港，早在公元前 5 世纪初它就已是古希腊和地中海沿岸的主要港口。该港内陆可延伸至巴尔干地区，海运辐射可至地中海、黑海、北非等地区，具有非常突出的地理优势。中欧之间的传统贸易航线要经过马六甲海峡、孟加拉湾，穿过印度洋，绕过好望角，纵向穿越整个南大西洋，路经西非海岸，最终到达欧洲。而如果通过比雷埃夫斯港，这条新的航线将比传统航线缩短 7 至 11 天的运输时间，是中欧之间最短的海运航线。[18]“中欧陆海快线”将促进中东欧和南欧国家交通基础设施的升级改造和互联互通，相关国家也将建立通关便利化合作框架，进而实现更为便捷的陆海联运，减少货物贸易的运输成本。与此同时，“中欧陆海快线”建设还能带动沿线国家的相关产业发展，为中东欧和南欧地区的区域经济营造强大助力。2016年8月，中远海运公司正式成为希腊比雷埃夫斯港港务局大股东，“中欧陆海快线”建设取得实质进展。除了“中欧陆海快线”，匈牙利等中东欧国家还期待中国在“一带一路”倡议框架下支持匈牙利—西伯利亚铁路等大型基建工程项目。

国际产能合作是中欧围绕“一带一路”相关合作的重要组成部分。在这方面，中东欧国家也积极发挥各自比较优势，努力与中方推进双向多元的产能合作。2015年11月，第四次中国—中东欧国家领导人会晤在华举行，中国领导人承诺进一步支持中东欧国家提升工业化水平。克罗地亚、斯洛文尼亚、波兰、拉脱维亚、保加利亚等众多中东欧国家均提出希望加强港口合作。为了避免产业的同质竞争，使相关合作带来多方共赢的结果，中方还倡议开展亚得里亚海、波罗的海和黑海“三海港区合作”，在有条件的港口合作建立产业聚集区，支持双方企业参与其中，拓展中国装备、欧洲技术和中东欧市场的结合，形成更多产能合作项目亮点。在贸易方面，中国非常重视满足中东欧国家的需求。中国已成全球最大农产品进口国，而不少中东欧国家拥有具备国际竞争力的农产品。塞尔维亚、北马其顿、立陶宛、爱沙尼亚等国急于扩大对中国的农产品出口，双方正加快推进检疫检验等方面的合作。中国还支持中东欧国家的中小企业通过互联网电商渠道向中国加大出口。

德国是“一带一路”的重要合作伙伴。2014年3月，习近平在访问德国期间专门到杜伊斯堡参观。从重庆到杜伊斯堡的货运班列的运行，给中欧贸易带来新的机会，在这条长达11 000多公里的国际铁路联运通道上，每周有10多趟班列往返。杜伊斯堡与中国新疆的相关机构签署协议，共同打造国际商贸物流中心。2016年6月，德国西门子公司与中国中车集团签订协议，推动双方在亚洲地区市场展开更好的合作。

英国对中国提出的"一带一路"倡议予以明确支持，并力图使"一带一路"对英国的"英格兰北部经济中心"计划等发展项目发挥积极影响。2013年12月英首相卡梅伦访华前夕表示，英国将做中国在西方世界最强支持者。2015年5月卡梅伦成功连任首相后表示，期待未来5年能打造英中关系的"黄金时代"。英国财政大臣奥斯本于2015年9月访问北京、上海、新疆、四川等地，与计划参与"英格兰北部经济中心"计划的相关中国企业进行交流。[19]奥斯本表示，中国会成为全球经济的中心，英国不但应欢迎中国的崛起，还应成为中国在西方"最好的伙伴"，"一带一路"倡议有助于英国的发展。来自中国的投资正推动"英格兰北部经济中心"计划的实施，包括建设"北方电力中心"、完善交通网络、发展新型能源、升级城镇建设等内容。中国企业积极参建相关项目，如中国广核集团与法国电力集团合作在英国萨默塞特郡欣克利角建设核电站。专门负责"英格兰北部经济中心"计划的英国地方政府部国务大臣詹姆斯·华顿表示，期待"一带一路"给英国带来更多的好处。[20] 2016年7月特雷莎·梅当选英国首相后，继续致力于推动英中关系"黄金时代"以及共建"一带一路"合作。英中贸易协会等机构则就两国企业之间围绕"一带一路"的产业、金融、保险、法律等合作发布案例研究报告。[21]

2015年6月，中国和法国签署《关于第三方市场合作的联合声明》，这是中国同西方大国之间的首个第三方合作文件，也是中法围绕"一带一路”倡议开展相关合作的一大亮点。中法两国将采取多种形式，在核电、高铁、环境保护等产业领域开展第三方市场合作。两国还建立中法共同基金，推动双方在第三方国家开展产业投资等国际合作。正如李克强所言，这种将中国中端装备与法方的先进技术和核心装备相结合的做法，“既适应发展中国家工业化的需求，也有利于带动法国企业出口、带动就业，更有利于提升中国这样一个发展中国家的经济水平”。中法在这种第三方市场合作中非常重视促进绿色发展，帮助发展中国家将原本比较低水平、高排放的产业更新换代，同时还可倒逼中法两国节能减排产业的升级。中法在第三方市场合作领域达成共识，将会调动更多发达国家参与“一带一路”建设的积极性。[22]2018 年 1 月，法国总统马克龙在对中国进行国事访问时明确表示，法方重视在“一带一路”框架下增进两国合作，认为这极具战略意义。通过“一带一路”合作，中法关系有望继续走在中国和西方国家关系的前列，而且也将有助于探索“南北合作”的新途径。

金融等其他方面

“一带一路”倡议的落实需要可靠的、有效的、创新性的发展融资机制提供支撑，中欧双方在这方面的合作存在广阔空间。中国提出设立亚洲基础设施投资银行（亚投行）后，英国、德国等 10 多个欧洲国家成为这一新多边融资机制的创始成员。该行与欧洲复兴开发银行（EBRD）建立了合作关系。欧盟委员会和欧洲投资银行也已经启动与亚投行的合作。2016 年 1 月，中国正式加入欧洲复兴开发银行，双方将加强投融资合作，就推进“一带一路”倡议、国际产能合作等增进对接，积极开展第三方市场合作。此外，2016 年 11 月，“16+1”金融控股公司等在拉脱维亚正式成立，该机构将重点支持中国和中东欧国家之间的互联互通和产能合作项目，“通过商业化运作从全球市场募集资金，中方将注入相当规模的人民币和配套的世界主要储备货币，为商业化运作提供融资支持”[23]。此外，中国政府还鼓励中国工商银行等中方商业性金融机构同欧洲复兴开发银行等机构加强合作，为“一带一路”建设在欧洲地区的落地提供更加有力的金融支持。

货币流通是“一带一路”建设的重要目标之一，中欧在这一领域的合作也不断取得进展。欧洲市场是人民币国际化的重点布局区域，2014 年中国在全球设立八家人民币清算中心，其中就有四家落户欧洲（伦敦、法兰克福、巴黎、卢森堡）。特别是，英国希望通过更大程度介入人民币离岸交易以强化其作为世界金融中心的地位。英国是首个发行人民币计价主权债券的欧美国家，是世界最大的人民币离岸外汇交易中心。伦敦是仅次于香港的世界第二大人民币离岸清算中心。英国金融界人士普遍认为人民币国际化是大势所趋，当前美国在全球出口总额中占比不到 10%，但全球超过 80% 的出口仍以美元结算，这种状况迟早会得到再平衡，随着人民币跨境支付系统的建立等，出口商品将会更多以人民币计价。

此外，很多欧洲私营金融机构也对参与“一带一路”合作表现出越来越大的兴趣。比如，渣打银行（Standard Chartered Bank）在“一带一路”40 多个国家设有营业机构，该行提出在 2020 年之前计划投资至少 200 亿美元，为“一带一路”项目提供资金支持。渣打银行还与中国国家开发银行签署协议，利用后者提供的 100 亿元人民币资金，为参与“一带一路”建设的相关企业提供融资和交易服务。

中欧合作面临的主要问题

虽然在过去几年，中欧之间围绕“一带一路”倡议展开的合作取得了积极进展，但是，这一合作仍然面临双方互信程度不足、缺乏有效战略沟通、相关机制不健全等问题的困扰。

第一，中欧之间存在着显著的“信任赤字”。多年来，中欧双方在人权、价值观、意识形态等方面的分歧难以得到弥合，欧洲方面担心在经济上与中国的“非对称依存”拉大会导致欧洲在对华交往中陷入弱势，并失去地区和全球治理的“议程设定者”地位。[24]2015年欧洲多所重要智库联合撰写的欧中关系报告指出，“很多欧洲国家正在其政治理念——推动中国的民主和人权——与经济战略之间做着艰难的选择”[25]。此外，欧盟及其部分成员国对中国与发展中国家之间的经贸关系也多有微词，甚至指责中国搞“新殖民主义”。虽然中欧双方都希望推动发展中国家的经济增长和社会进步，但它们在路径和方式上存在一定程度的差异。比如，中国坚持“不干涉别国内政”原则，更注重在基础设施建设等“硬件”方面为东道国提供帮助；而欧盟在对发展中国家关系中强调“善治”，并侧重从民主选举、公共卫生、妇女权利保护等“软件”方面着力。欧方专家担心，随着中国在“一带一路”倡议框架之下加大对中亚等地区国家发展的支持力度，欧洲会在国家发展模式、国际发展政策等多个方面进一步受到来自中国的挑战。[26]

第二，中欧经济关系中的“竞争性”日益上升。近年来，中欧贸易摩擦增多，欧盟委员会多次决定针对中国公司征收惩罚性关税。欧洲议会也一直敦促欧盟贸易委员在处理对华关系方面采取更强硬的姿态。[27]欧洲方面担心科技含量不断提升的中国产品对其带来挑战。欧盟委员会2014年

3 月发布调查报告称，虽然目前在科研和创新方面，中国的表现仅有欧盟 44% 的水平，但中国正快速追赶，欧盟必须加大对科研的投入以保持优势。随着中国产业结构的调整和更新升级，中国产品已在某些领域和欧洲产品形成直接竞争。显然，欧洲国家习惯于从中国经济增长中获益，但还没有适应如何从中国经济转型中获益。与此同时，欧洲方面对接纳来自中国的投资也更加慎重，尤其是担心中国政府通过增大中国国有企业在欧投资以推进其外交政策目标。荷兰国际关系研究所高级研究员普滕（Frans Paul van der Putten）认为，中国将国有企业作为落实“一带一路”倡议的重要工具，这让欧洲方面对中国政府利用中国公司在海外实现战略性目标的疑虑更为固化。[28]

第三，规则、机制、法律等方面的因素影响中欧相关合作的推进。[29]为了推动“容克计划”的落实，欧盟委员会设立“欧洲投资项目门户”（EIPP）以提供有关信息，并向第三方投资者开放。中国的相关机构可以通过直接投资欧洲战略投资基金、共同投资项目等多种方式参与“容克计划”。但是，欧盟要求中国使用美元或欧元对欧洲战略投资基金进行注资。而且，欧洲战略投资基金的章程规定，任何第三方都不被允许加入该基金的指导委员会。在这种情况下，中国的相应权利无疑受到了限制，对中欧合作的可持续性带来困扰。[30]因此，未来需要一些新的机制性安排以解决这类问题。此外，欧盟的法律法规非常繁杂，中国企业在适应和融入欧洲市场环境方面存在不少难题，欧洲方面也对中国在欧设立为中国企业提供特殊待遇的“经济特区”等感到忧心。[31]中欧双方已建立法律事务对话，并加紧推进投资协定谈判，有望为双方企业的合作提供更好的制度性保障。根据加入世界贸易组织时签署的协议，中国将在 2016 年底自动获得“市场经济地位”

（MES），这对于中国企业免遭西方国家的歧视性对待意义重大。然而，欧盟并未全面彻底履行中国加入世界贸易组织议定书第15条条约义务。美国经济政策研究所2015年9月发布报告称，如果欧盟承认中国的“市场经济地位”，将丧失超过300万个就业机会。欧洲在这一问题上的消极态度显然将冲击中欧合作。在人民币离岸交易问题上，欧盟和一些欧洲国家对英国等颇有意见，欧洲内部的这种矛盾也会对中欧合作带来负面影响。欧洲银行管理局（EBA）、欧洲证券和市场管理局（ESMA）酝酿推出有关货币互换交易的新规定，而这将会增加中英拓展人民币相关合作的成本和法律障碍。

第四，中欧围绕“一带一路”的合作面临商业、政治和安全风险。虽然中欧班列建设等取得进展，但中欧之间贸易运输通道的竞争、从欧洲回程班列缺乏货源、配套基础设施落后、物流装备标准化程度不高等问题值得重视。此外，欧洲学者普遍对“一带一路”建设面临的安全挑战感到担忧，他们认为，“一带一路”会引发中国与俄罗斯、印度、美国等力量之间的地缘政治争夺，该倡议还涉及公路、铁路、港口、油气管线、通信等诸多重大项目，安全保障责任划分与成本分担等问题会越发突出。[32]可以说，这些难题都不是简单的安全挑战，而是一种较为复杂的“发展—安全相互联结”（development-security nexus）问题，中国在海外经济利益的安全保障方面仍然缺乏经验和力量，跨地区、跨国的安全保障安排也是缺位的。[33]即便在欧洲内部也存在安全风险。比如，在巴尔干地区，伊斯兰极端主义势力和跨国犯罪组织等较为猖獗，影响塞尔维亚、北马其顿、波黑等国安全，也很有可能会危及中国与相关国家开展的合作项目。[34]此外，欧方还担心中俄之间围绕“一带一路”的互动会影响欧洲的利益，无论是中俄的“抱团”

还是双方在中亚等地区出现冲突，都不是欧洲希望看到的。中国在亚洲地区海洋安全问题上的政策也是欧洲方面的关切，欧洲议会已通过多个海洋安全问题决议，不点名地批评中国，这将对中欧围绕“一带一路”的合作带来困扰。[35]

第三节　打通中东欧节点

2016年3月，习近平主席对捷克进行了国事访问。同年6月，习近平对塞尔维亚和波兰展开访问。时隔不到四个月，中国国家领导人的脚步再次踏上中东欧国家。由此可见，中东欧国家在中国外交中正占据越来越突出的地位，尤其是它们在联通欧亚市场、深化中欧合作方面的作用日益重要。纵观近年中国领导人外访的“足迹”，不难看出，中国正大力实施“以互联互通为导向”的大战略，通是关键，联是落点。捷克、塞尔维亚、波兰等中东欧地区国家，它们不仅是“一带一路”建设的重要伙伴，更是中国布局互联互通新外交的关键节点。

2016年3月，习近平对捷克展开国事访问，这是中捷建交67年来中国最高领导人首次访问捷克。捷克位于西欧和东欧的交界，被称为“欧洲之心脏”，其经济发展水平较高，与德国等其他欧洲重要经济体的联系紧密。近年来，中捷经济关系呈现强劲发展态势。中国目前是捷克在欧盟以外的第一大贸易伙伴，2017年两国双边贸易额达到124亿美元，同比增长13.4%。过去10余年，捷克对中国的出口增长约为190%。根据捷克国家统计局数据，2017年捷克对华出口同比增长20%，增长率居各主要出口国之首。捷克对华投资存量达18亿美元，中国对捷克累计协议投资总额超过 30 亿美元。中捷双方正大力扩展在核电、金融、航空、科技、农业等领域的合作。近年来，中国银行、中国工商银行、华为公司等企业纷纷在捷克落地，中国则成为捷信、斯柯达等捷克企业在全球的最重要市场。两国人文交流也在不断增强，中捷直航班机已经开通，2017 年到捷克旅游的中国游客总数接近 50 万人次，中国游客在捷人均消费超过 1.7 万克朗，持续保持非欧盟国家人均消费之首，促进了捷克旅游相关产业的蓬勃发展。[36]

捷克一直积极支持和参与中国—中东欧国家合作，在“16+1”合作中发挥了重要作用，特别是在地方合作、卫生等领域。2015 年 11 月，在中国苏州召开的中国—中东欧国家领导人会晤期间，捷克与中国签署了共同推进“一带一路”建设的政府间合作谅解备忘录。捷克总统泽曼、时任总理索博特卡等领导人在多个场合表示，“一带一路”是伟大的构想，该国对参与“一带一路”建设充满热情。中捷两国共同编制了合作规划，并成立政府间委员会负责推进落实。捷克方面欢迎来自中国的投资，由民间机构主办的中国投资论坛连续多年在布拉格召开，捷克政府高官积极参加这类活动。长虹、海信、重庆轻纺等中国企业在捷克展开并购和绿地投资，设立制造和研发基地，将捷克作为进入中东欧国家市场的重要门户。此外，捷克方面还希望借助“一带一路”倡议大力发展航空、金融、基础设施等产业，如相关中资企业积极参与兴建和扩建布拉格机场体系，助力捷克成为欧亚航空运输网络的中心。[37]

塞尔维亚位于巴尔干半岛中部，处于贯穿欧洲的多瑙河的中间位置，与克罗地亚、匈牙利、罗马尼亚等 8 个国家接壤，其地理位置非常特殊。2009 年，中塞建立战略伙伴关系，塞尔维亚成为中国在中东欧地区的第一个战略伙伴。习近平在 2016 年 6 月访问塞尔维亚期间，双方宣布将两国关系提升为全面战略伙伴关系。中塞之间的良好政治关系正不断转化为经济合作的巨大动力，塞尔维亚各界普遍认为，中国提出的“一带一路”倡议对于自身发展是重大机遇，尤其是在欧盟方面对巴尔干地区投入下降的情况之下。

塞尔维亚是“一带一路”旗舰项目“匈塞铁路”的重要参与方。2013年，中国、塞尔维亚、匈牙利三国领导人宣布将建设匈塞铁路。2014年12月，塞尔维亚主办中国—中东欧“16+1”合作第三次领导人峰会期间，中国、塞尔维亚、匈牙利和北马其顿等国领导人同意共同打造“中欧陆海快线”。作为“中欧陆海快线”的北段部分，“匈塞铁路”这一标志性项目全长350公里，在塞尔维亚境内有184公里，2015年12月在该国第二大城市诺维萨德举行塞尔维亚境内段启动仪式，塞尔维亚总理武契奇在仪式上发表演讲称，匈塞铁路大大拉近了该国与欧洲中心地带的距离，有助于将塞打造成地区交通、物流中心。[38]该条铁路未来将经过北马其顿首都斯科普里，并延伸至希腊的比雷埃夫斯港，从而在中欧之间建立起便捷、高效的陆海联运网络。

2008年金融危机发生以来，欧洲多国遭受经济“寒冬”，欧洲企业对外投资缩减，欧盟也降低了对塞尔维亚等巴尔干地区国家的资金支持。当西方企业举步不前之时，中国企业却看到了东南欧地区蕴含的新希望，尤其是基础设施建设领域的诸多机遇。除了匈塞铁路，中国企业还承建了贝尔格莱德跨多瑙河大桥，以及其他多个高速公路项目。华为公司则参与了塞尔维亚电信基础设施改造项目。中国方面不仅力促塞尔维亚国内基础设施的升级，还加大了对其产业发展的支持。2016年4月，来自河北钢铁集团的4600万欧元投资使濒临倒闭的斯梅代雷沃钢铁厂重现生机。这一钢铁厂曾经是“塞尔维亚的骄傲”，有5000多名本地员工。河北钢铁利用绿色制造技术，对塞尔维亚钢厂三废进行综合利用，构造环境友好的产业生态圈，这是绿色丝绸之路建设的一个例证。中国路桥公司还与贝尔格莱德市政府合作，积极推进中国工业园区等项目。

与塞尔维亚一样，波兰也是“一带一路”倡议的积极参与者。2016年6月习近平波兰之行，是时隔12年中国国家元首对波兰的访问。波兰国土面积31万平方公里，人口约3800万，是中东欧地区的大国，在中东欧国家中扮演着“领头羊”角色，其在欧盟内部的地位和影响力也在快速上升。2014年12月，波兰前总理图斯克接替范龙佩，担任欧洲理事会主席。欧洲理事会是欧盟最高决策机构，其主席被认为是“欧盟的总统”。波兰的经济发展潜力同样不可小觑，该国不仅具有连通“新欧洲”和“老欧洲”的区位优势，还拥有较为完整的工业体系、素质较高的劳动力，以及不少占据世界领先地位的企业。近年波兰GDP增速保持在4%左右，它在欧洲国家中无疑是一辆“快速列车”。

2011年，中波建立战略伙伴关系。2016年，中波建立全面战略伙伴关系。近年来，波兰支持和积极参与“一带一路”建设。波兰总统杜达表示，“当我在谈起中国的‘一带一路’计划时，我看到了波兰在其中的战略位置，它可以使波兰成为中国这一宏伟计划的一个地域中心。我认为，波兰不仅在中东欧地区，在整个欧洲也足以担当这一地位”[39]。2015年，波兰还以创始成员国身份加入中国倡议成立的亚投行，它是其中唯一一个中东欧国家。

“一带一路”合作为中波深化经济关系带来重要助力。目前，中波之间已经开设多趟货运班列，从中国成都、苏州等城市至波兰华沙、罗兹等地。为更好促进两国地方政府和企业深化合作，不断开掘贸易潜力，解决“班列返程空载”的问题，波兰方面在成都设立总领事馆，罗兹市政府也在成都开设了代表处。中波之间地方层面的合作日益务实和机制化，这是两国关系的一大亮点。此外，波兰加大了对中国的食品、电子产品等出口。2017 年中波双边贸易额达 213 亿美元，比 2016 年增长 20%。中国在波兰累计直接投资约 4 亿美元，涉及生物医药、新能源、机械电子等领域。波兰方面还有意设立投资特区，进一步吸引来自中国的资本。

值得强调的是，中国与中东欧国家的合作是开放、多元、包容的。中国主动建议将与中东欧国家开展的互联互通合作项目纳入中欧基础设施合作的大框架。实际上，匈塞铁路也是欧盟“泛欧交通运输走廊”的重点项目。2016 年 1 月，中国正式加入欧洲复兴开发银行，双方将加强在中东欧国家市场的投融资合作。此外，中国倡导与德国、法国等在中东欧国家开展“第三方市场合作”。中国力争将自身的优势产能同中东欧国家的发展需求、西欧发达国家的关键技术结合起来，在中国、中东欧国家、欧盟之间实现“三赢”，而不是独占中东欧国家的市场。

注释

① Camille Brugier, “China’s Way: the New Silk Road”, *Policy Brief*, No.14/2014, EUISS.

② “Chinas Policy Paper on the EU: Deepen the China-EU Comprehensive Strategic Partnership for Mutual Benefit and Win-win Cooperation”, Ministry of Foreign Affairs, China, April 2014, http://www.fmprc.gov.cn/mfa_eng/zxxx_662805/t1143406.shtml.

③ Theresa Fallon, “China’s Pivot to Europe”, *American Foreign Policy*

Interests, Volume 36, Issue 3, 2014.

④ Feng Zhongping, “Xi’s Initiatives for EU Partnership”, *China Daily*, April 3, 2014; Shi Zhiqin, “China and Europe: Deepening the Comprehensive Partnership”, *Window into China Series*, Carnegie-Tsinghua Center for Global Policy, March 28, 2014.

⑤ Zha Daojiong, “Chinese Economic Diplomacy: New Initiatives”, *RSIS Policy Report*, March 2015.

⑥ “EU-China 2020 Strategic Agenda for Cooperation”, http://eeas.europa.eu/china/docs/eu-china_2020_strategic_agenda_en.pdf.

⑦ Christina Lin, “China’s New Silk Road to the Mediterranean: The Eurasian Bridge and Return of Admiral Zheng He”, *ISPSW Strategy Series*, Issue No.165, The Institute for Strategic, Political, Security and Economic Consultancy, October 2011, pp.4–6.

⑧ Justyna Szczudlik-Tatar, “China’s New Silk Road Diplomacy”, *Policy Paper*, No.34(82), Polish Institute of International Affairs (PISM), December 2013.

⑨ “The EU in a Changing Global Environment: a More Connected, Contested and Complex World”, *EEAS*, June 30, 2015, http://eeas.europa.eu/top_stories/2015/150627_eu_global_strategy_en.htm.

⑩ David Gosset, “China’s Grand Strategy: The New Silk Road”, *The World Post*, January 8, 2015.

⑪ TRACECA 项目相关信息见 http://www.traceca-org.org/en/traceca/。Francois Godement, “Europe Scrambles to Benefit from China’s 21st-Century Silk Road”, *Global Asia*, September 26, 2015。

⑫ Jikkie Verlare and Frans Paul van der Putten, “‘One Belt, One Road’: An Opportunity for the EU’s Security Strategy”, *Clingendael Policy Brief*, Netherlands Institute of International Relations, December 2015.

⑬ “China Plans to Inject Billions into EU Infrastructure Fund”, *South China Morning Post*, June 18, 2015；李克强《携手开创中欧关系新局面——在中欧工商峰会上的主旨演讲》，2015 年 6 月 29 日，http://language.chinadaily.com.cn/2015-07/02/content_21161537.htm。

⑭ “Factsheet on ‘EU-China Investment Cooperation’”, EU-China High Level Economic Dialogue, Beijing, September 28, 2015, http://ec.europa.eu/priorities/sites/beta-political/files/factsheet-eu-china-investment-cooperation_en.pdf.

⑮ Alessandro Arduino, “The New Silk Road”, *Short Term Policy Brief*, 91, Europe China Research and Advice Network (ECRAN), May 2014.

⑯《中欧班列建设发展规划发布　明确三大布局七大任务》，中华人民共和国国家发展和改革委员会网站，http://www.ndrc.gov.cn/gzdt/201610/t20161012_822364.html。

⑰ Shannon Tiezzi, “Where is China’s Silk Road Actually Going”, *The Diplomat*, March 30, 2015; Justyna Szczudlik-Tatar, “Silk Road as a Tool to Facilitate Europe-China and Intra-Europe Ties”, *Guest Contribution*, Friends of Europe, November 13, 2014, http://www.friendsofeurope.org/global-europe/silk-road-tool-facilitate-europe-china-intra-europe-ties/;《波兰可在“一带一路”实施中担任形象大使》，《经济参考报》2015 年 11 月 25 日。

⑱ Asteris Huliaras and Sotiris Petropoulos, “Shipowners, Ports and Diplomats: the Political Economy of Greece’s Relations with China”, *Asia Europe Journal*, Vol.12, No.3, 2014.

⑲ 比如，新疆华凌工贸集团已宣布对曼彻斯特、利兹以及谢菲尔德三个大型地产项目的投资意向，这些项目总价值达到 12 亿英镑。在中国投资的帮助下，目前主导这些项目的英国莱蒙集团有望创造 18 000 个工作岗位，为“北方经济引擎”计划提供 10 000 套急需的住房。

⑳《英国期待搭上“一带一路”快车》，《人民日报》2016 年 2 月 1 日。

㉑ Emily Feng and Henry Mance, “David Cameron Takes Senior Role in China Infrastruture Fund”, *Financial Times*, December 16, 2017.

㉒《第三方市场合作 1+1+1>3》，《人民日报》2018 年 1 月 4 日。

㉓《李克强出席第六届中国—中东欧国家经贸论坛并发表主旨演讲》，新华网，2016 年 11 月 7 日，http://www.xinhuanet.com/world/2016-11/07/c_1119859651.htm。

㉔ Alice Ekman, “China: Reshaping the Global Order?”, *EUISS Alert*, No.39,

2015, EU Institute for Security Studies.

㉕ Mikko Huotari and Miguel Otero-Iglesias (eds.), *Mapping Out Europe-China Relations: a Bottom-Up Approach*, European Think-tank Network on China (ETNC), October 2015, p.6.

㉖ Moritz Rudolf, "China's Shadow World Order", in Mark Leonard (ed.), *Connectivity Wars: Why Migration, Finance and Trade are the Geo-Economic Battlegrounds of the Future*, The European Council on Foreign Relations, January 2016.

㉗ Michael Smith, "EU-China Relations and the Limits of Economic Diplomacy", *Asia Europe Journal*, Vol.12., No.1, March 2014.

㉘ Jikkie Verlare and Frans Paul van der Putten, " 'One Belt, One Road': An Opportunity for the EU's Security Strategy", *Clingendael Policy Brief*, Netherlands Institute of International Relations, December 2015, p.2.

㉙ 张骥、陈志敏《"一带一路"倡议的中欧对接：双层欧盟的视角》，《世界经济与政治》2015 年第 11 期，第 41—43 页。

㉚ Francois Godement, "Europe Scrambles to Benefit from China's 21st-Century Silk Road", *Global Asia*, September 26, 2015.

㉛ Justyna Szczudlik-Tatar, "Silk Road as a Tool to Facilitate Europe-China and Intra-Europe Ties", *Guest Contribution*, Friends of Europe, November 13, 2014.

㉜ Alice Ekman, "China in Asia: What is Behind the New Silk Roads?", *Note de l'Ifri*, French Institute of International Relations, July 2015, pp.24–26.

㉝ Moritz Rudolf, "China's Silk Road Initiative is at Risk of Failure", *The Diplomat*, September 24, 2015; 赵明昊《"一带一路"建设的安全保障问题刍议》，《国际论坛》2016 年第 2 期。

㉞ Darko Trifunovic and Milan Mijalkovski, "Terrorist Threats by Balkans Radical Islamist to International Security", *Politics and Religion*, Vol.8, No.2, 2014.

㉟ James Rogers, "From Suez to Shanghai: the European Union and Eurasian Maritime Security", *Occasional Paper*, No.77, EU Institute for Security Studies, March 16, 2009.

㊱ 马克卿《共建“一带一路”是实现中捷共赢发展的生动实践》，中国驻捷克大使馆网站，2018年2月，http://www.fmprc.gov.cn/ce/cecz/chn/zxdt/t1537628.htm。

㊲ Vilem Semerak, “Czech Republic a Test for Belt and Road”, *China Daily*, March 30, 2016.

㊳《匈塞铁路项目塞尔维亚境内段举行启动仪式》，中国驻塞尔维亚共和国大使馆经济商务参赞处网站，2015年12月24日，http://yu.mofcom.gov.cn/article/todayheader/201602/20160201264883.shtml。

㊴《波兰：“一带一路”要地》，新华网，2017年1月24日，http://www.xinhuanet.com/globe/2017-01/24/c_136000280.htm。

第七章　中东：乱局与变局

中东地区是三洲五海交界之地，能源资源极为富集，在世界格局中占据重要战略地位。未来一个时期，中东在中国对外关系中具有的重要性将越发增强，“一带一路”合作为中国深化与中东国家关系提供了新的平台，受到中东国家的普遍欢迎和支持。

中东地区是三洲（亚洲、欧洲、非洲）五海（里海、黑海、地中海、红海、阿拉伯海）交界之地，而且该地区能源极为富集，在世界格局中占据重要战略地位。然而，过去几百年来，由于复杂的宗教和族群关系、激烈的大国博弈等因素，中东成为世界上安全热点最为集中、各类冲突最为交织的地区之一。特别是，进入21世纪以来，随着美国开打伊拉克战争等，中东地区秩序进入新一轮的重塑期，沙特阿拉伯、伊朗、土耳其等地区大国竞相缠斗，一些极端主义和恐怖主义势力利用该地区的社会经济矛盾、教派族群矛盾、地缘政治矛盾等趁势“做大”。中东乱局的核心因素之一是经济发展长期停滞，地区国家财政收入过于依赖油气出口，经济“多元化”发展知易行难。应当看到，未来一个时期，中东在中国对外关系中具有的重要性将越发增强，“一带一路”合作为中国深化与中东国家关系提供了新的平台，它也正受到中东国家的普遍欢迎和支持。正如以色列希伯来大学杜鲁门和平研究所研究员迈克尔·坦切姆（Michael Tanchum）所言，“一带一路”是中国重新绘制欧亚大陆商业联通性地图的努力，它将对中东产生深远影响，中东地区各类冲突中的行为者也有望为支持“新的商业联通体系”而选择减缓对抗。①

第一节 中东之困

近年来，以中东地区为据点的极端组织在法国首都巴黎等地策划和制造了多起恐怖袭击事件，造成重大伤亡，全球反恐形势骤然升温，特别是欧美多国如今频频拉响恐袭警报，民众的“不安全感”陡然上升。这一局面之所以出现，与欧洲正经历第二次世界大战后最大规模的难民危机有关，大量恐怖主义分子混迹于从叙利亚、伊拉克、阿富汗等地涌入的数百万难民之中，中东地区的极端恐怖势力对国际安全的破坏性影响日趋显著，中东之“乱”料将进一步向世界尤其是所谓“核心地带”的美欧西方国家扩散。

人们不禁要问，中东地区到底怎么了，为何会乱成一团？实际上，新的极端宗教组织的崛起带来的挑战绝不仅仅是恐怖袭击的肆虐，其深层次背景是中东地区秩序和地缘政治格局的复杂转型，有西方学者认为中东地区“国家的崩溃”正引发一场全面而深刻的危机。比如，美国国务院政策规划司前主任、对外关系委员会主席理查德·哈斯（Richard Haass）指出，中东地区的乱局类似欧洲历史上的“三十年战争”（1618—1648年），是一场涉及教派矛盾、族群冲突、地缘政治利益的大混战。②

当今中东地区的国际格局主要是在第一次世界大战后由英国、法国等西方国家奠定的，它们以所谓“委任托管”的名义接管奥斯曼帝国所辖阿拉伯行省及相关属地，并划分各自势力范围。作为“老牌”殖民者，英法人为划定叙利亚、黎巴嫩、约旦、伊拉克等国边界，利用复杂的教派和族群矛盾实施“分而治之”。显然，在这一基础上构建的中东“国家”无疑是脆弱的，地区诸多冲突和热点问题也因之而起。特别是，1917年英国方面发表《贝尔福宣言》，支持在巴勒斯坦地区建立犹太民族之家，延宕百年的巴以/阿以冲突就此展开。冷战期间，美国和苏联逐步取代英国、法国成为中东地区的大国“玩家”，它们纷纷扶植代理人进行争斗。1990年8月，伊拉克入侵科威特，美国借机发动海湾战争。2001年“9·11”事件发生后，美国相继开打阿富汗战争与伊拉克战争，地区势力平衡进一步被改变，尤其是伊朗主导的地区什叶派阵营不断扩大。

在经济社会矛盾长期累积的情况下，2010 年首先从突尼斯爆发大规模内部政治动荡，并在埃及等多个中东国家引发“连锁反应”，虽然西方人士将之称为“阿拉伯之春”，但事实证明，这场冷战后最大的政治变局导致不少国家陷入内战或面临分裂，引发严重的人道主义危机，极端暴恐组织也大肆扩张，中东地区乱局不断向纵深发展。正如基辛格所言：“‘阿拉伯之春’实际上暴露了而不是消除了阿拉伯—伊斯兰世界的内部矛盾，以及旨在解决这些矛盾的政策所含的矛盾性。”③

简而言之，中东之所以长期动荡不安，主要是以下几方面复杂矛盾造成的。一是宗教和族群之争。该地区不同民族、宗教、教派之间的恩怨由来已久，不仅阿拉伯人和犹太人、伊斯兰教和犹太教相互对抗，伊斯兰教内部的逊尼派和什叶派之争也十分激烈，以沙特阿拉伯和伊朗为首的两大阵营长期争夺地区主导权。近年，“库尔德人问题”也逐步升温，成为牵动地区变局的新源头。二是教法统治和世俗体制之争。“宗教即政治、宗教即法律、宗教即生活”的理念在很多中东国家根深蒂固，政治伊斯兰主义的影响颇大，沙特阿拉伯等国虽能维持王权体制，但仍受到宗教力量的强有力挑战，埃及、突尼斯等中东国家对于国家政治体制的探索也面临较大困境，中央政府的控制能力普遍较弱，施政效率和治理水平较低。中东地区民众的“自我认同”仍主要是源自宗教、教派、部落、族群，而非“国家”，他们对“西方化”“现代化”也是难以真正接受的。三是外部大国之争。中东历来是大国必争之地，由此引发的冲突和战乱使地区国家饱受其害，热点问题难以降温。西方国家支持“犹太复国主义”，这也在中东地区穆斯林民众心中种下了愤恨的种子。

在上述主要矛盾中，最根本的还是宗教问题，尤其是近年来中东地区“回归伊斯兰”的声音越发强大，与反现代、反建制、反西方的社会情绪相互交织。从历史上看，自20世纪20年代，“穆斯林兄弟会”等主张用伊斯兰教义取代世俗的民族国家体制的政治组织就开始活跃起来，它们大力推动“光复伊斯兰世界秩序”，不仅宣称要将英法美等西方势力彻底赶出伊斯兰的家园，还要把中东国家那些腐败无能的权贵以及与西方和以色列媾和的“叛教者”推翻，消除世俗化和现代化，弥合穆斯林之间的分裂，建立统一的“伊斯兰帝国”。近年来，极端宗教势力“变本加厉”，它们认为非伊斯兰的世俗国家是非法的，当前的国际秩序是对穆斯林的一种不可接受的压迫。它们想要建立一种以宗教为基础而不是以国家为基础的国际秩序。在它们看来，世界分为“伊斯兰之家”与“征伐之地”，对于那些不皈依伊斯兰教者，就要进行“圣战”，“与他们战斗到底，直到永远不再受到迫害，直到安拉是唯一的信仰”。当然，中东国家出现的“极端化”现象并不完全是因为宗教问题，经济困境也是一大诱因，发展问题长期得不到解决加剧了极端暴力恐怖主义在该地区的蔓延。

此外，在过去十余年中，中东地区的伊斯兰极端主义和恐怖主义势力不断壮大，也与美国的外交政策密切相关。2003年，美国不顾国际社会的普遍反对，悍然发动伊拉克战争，推翻萨达姆政权，实施所谓民主化改造的“大中东”计划。然而，正如美国哈佛大学教授斯蒂芬·沃尔特（Stephen Walt）所言，“美国的介入没能铲除华盛顿担心的坏蛋，也没能建立新的、更好的政权，而仅仅是给当地的反美情绪火上浇油，并且激化了逐渐升温的内部矛盾”[④]。萨达姆倒台后，在伊拉克国内人口占多数的什叶派掌权，逊尼派的“基地”组织伊拉克分支则展开“叛乱”。时至今日，伊拉克自身处于严重的政治分裂状态，而且本国内部的族群和教派矛盾，就像毒瘤一样向整个中东地区扩散，重新引燃了各种激烈冲突。中东地区，已经形成以逊尼派的沙特阿拉伯等为一方（土耳其倾向于逊尼派）与以什叶派的伊朗等（包括伊拉克、叙利亚、黎巴嫩“真主党”、也门胡塞武装）为另一方相互对垒、互不相容的态势。

事实证明，美国在中东地区推动的所谓民主化改造已经完全失败，带来的不是民主而是复仇。始于 2010 年下半年的“阿拉伯之春”，被美国等西方国家视为由中东地区青年人主导的自由民主变革，但“阿拉伯之春”很快就演变为“阿拉伯之冬”，极端主义和恐怖主义势力处心积虑地利用各国教派和族群冲突，为自己寻找新的立足点，将其影响力从阿富汗和巴基斯坦向阿拉伯半岛、东非和北非萨赫勒地区不断扩展。在美国力推叙利亚阿萨德政权下台并期待“民主的”反对派掌权的过程中，曾是地区“样板”国家的叙利亚饱受内战摧残，如今已经沦为中东地区的“风暴眼”。叙利亚人口的宗教和族裔背景比伊拉克还要复杂，什叶派中的分支阿拉维派阿萨德家族在该国长期执政，其为伊朗的地区盟友，与俄罗斯的关系也很紧密，它自然也就成了美国的眼中钉、肉中刺。然而，“敌人的敌人并不是朋友”，得到美国支持的叙利亚反对派武装之中包括“基地”组织的拥护者。实力最强的反对派力量之一“支持阵线”已公开宣誓效忠“基地”组织，成为地区恐怖主义势力的领头羊。这些势力甚至还通过熟练使用 Facebook、Twitter 等社交媒体，传播激进意识形态，从美欧国家成功招募了大量人员，赢得了大批同情者和支持者。数百万叙利亚人因战乱而流离失所，一旦叙利亚局势进一步失控，带来的后果更具灾难性，包括叙境内的化学武器可能落入恐怖分子之手。

在中东地区，美国自相矛盾和错误的外交政策尤其是对“政权更迭”的迷思，不仅正令其自食苦果，也使地区局势面临失控的风险。美国等西方国家常常叫嚣“干预的权力”，却越来越不愿意承担“干预的责任”，从而造成巨大的人道主义危机，相关国家的无辜民众则成了最大的受害者。正如哈斯所言，“当地复杂的现实、美国的干预或过度或不足（有时采取行动，有时却不作为），这些情况相互叠加，使得中东成为全球最不稳定的区域”⑤。更为严峻的是，“基地”组织等各种伊斯兰极端主义和恐怖主义力量此起彼伏、相互勾连，正形成一条贯通南亚、中亚、阿拉伯半岛、东非、西非和北非的“动荡弧”。在中东乱局日趋深化的背景下，国际社会既需要积极斡旋解决热点问题，也需要支持中东国家探索符合自身国情、应对民生需求的发展道路。

第二节　与阿拉伯国家携手

面对中东地区的乱局和变局，大多数阿拉伯国家都在努力寻求可持续的、多元化的经济发展之道，并期待能够搭上中国发展的快车，与亚太地区不断深化联系，“一带一路”建设为此提供了重要机遇。沙特阿拉伯、埃及、伊拉克等阿拉伯国家与中国的交往源远流长，中国长期支持阿拉伯民族解放运动，从1956年到1990年中国同22个阿拉伯国家建立了外交关系。2004年，中国—阿拉伯国家合作论坛（下称“中阿合作论坛”）成立，以对话、合作、和平、发展为宗旨，目前这一合作论坛下设十余个常设对话机制。中国还同海湾阿拉伯国家合作委员会建立了中海战略对话机制。阿拉伯国家已经成为中国第一大原油供应方和第七大贸易伙伴，考虑到中国对能源资源的巨大需求以及经济外向型发展的新现实，中国也需要与阿拉伯国家携手共建“一带一路”。

早在2014年6月，习近平主席在中阿合作论坛第六届部长级会议开幕式上致辞时就表示，“中国同阿拉伯国家因为丝绸之路相知相交，我们是共建‘一带一路’的天然合作伙伴”。当前和未来一个时期，中国与阿拉伯国家在“一带一路”框架下的合作主要围绕以下几个方面：第一，构建以能源合作为主轴，以基础设施建设和贸易便利化为两翼，以核能、航天卫星、新能源三大高新领域为突破口的“1+2+3”合作格局。第二，为进一步扩大中阿务实合作，双方决定共建“三大中心”，包括中阿技术转移中心、阿拉伯和平利用核能培训中心以及“北斗”卫星导航系统落地阿拉伯项目。第三，扩展中阿金融合作，比如，加强双方央行间货币合作，商讨扩大跨境本币结算和互换安排，加大融资保险支持力度等。第四，增进中阿人文交流，包括组织上万名双方艺术家互访，推进“中约大学”建设，面向阿拉伯国家实施“杰出青年科学家来华计划”等。

2016年1月，习近平主席对中东地区展开历史性访问。习近平在阿拉伯联盟总部发表演讲，他特别提到了所谓“中东之问”。他说，中东是一块富饶的土地，但迄今仍未摆脱战争和冲突，中东向何处去？这是世界屡屡提及的“中东之问”。虽然中国不可能仅凭一己之力来解决中东地区的麻烦，但仍尝试提出“中国方案”。习近平强调，化解分歧，关键要加强对话；破解难题，关键要加快发展；道路选择，关键要符合国情。在演讲中习近平提出，中方支持建立新的中东问题促和机制，决定向巴勒斯坦提供5000万元人民币无偿援助，中方还将再向叙利亚、约旦、黎巴嫩、利比亚、也门人民提供2.3亿元人民币人道主义援助。在习近平访问中东的短短几天内，中国方面与沙特阿拉伯、埃及和伊朗签署了50多项合作文件。中国伸出的合作之手，让世界在动荡和混乱之外看到了中东地区的另一面。

中国方面始终坚信，发展是解决中东问题的根本之道，和平必须和发展相互携手，定点清除、无人机、轰炸机解决不了中东面临的恐怖主义等威胁。中东地区国家需要独立、自主地探索发展道路，它们面临的突出难题是如何尽快实现经济的多元化发展，它们需要的是大量外部投资，中东国家数以亿计的青年人需要的是工作机会。相关研究表明，很多青年人的“极端化”实际上是为了找寻一份生计，如果加入极端主义组织就可以每月领取数百美元的工资，没有人会轻易拒绝这一份工作。为了给当地创造更多就业，中国方面希望大力推动中东地区国家的工业化水平，除了与相关国家合作建立工业园区之外，中国还设立150亿美元的工业化专项贷款，分别向中东国家提供100亿美元商业性贷款和100亿美元优惠性质贷款，同阿联酋、卡塔尔设立共计200亿美元的共同投资基金。

无疑，中东能否真正走出困境最终还要靠地区国家自身，仅有中国的努力是远远不够的。这正体现了“一带一路”合作的核心特性——“共商、共建、共享”。中国既没有意愿更没有能力去主导中东地区国家。习近平的访问虽然表明中国正在对其中东外交政策进行深度调整，更加积极地寻求“创造性介入”中东地区事务，但面对外界对中国的一些疑虑，习近平明确强调，中国在中东地区“不找代理人、不搞势力范围、不谋求填补‘真空’”。

“一带一路”建设为中国增进与中东地区国家尤其是阿拉伯国家的关系提供了新的重要平台。沙特阿拉伯、埃及、阿联酋、卡塔尔、阿曼等国积极响应该倡议，并已与中国方面签署相关政策声明与协议，一大批务实合作项目正在稳步落地。从地理位置看，沙特阿拉伯等国处于“一带”和“一路”的交汇区域，是中国在中东和海湾地区推动“一带一路”建设的重要伙伴。作为全球最大的产油国，沙特阿拉伯可谓“阿拉伯世界”的领头羊，它不仅在石油输出国组织（OPEC）中占据事实上的领导者地位，还具有通过能源手段影响外交关系的强大能力。20 世纪 70 年代，在沙特阿拉伯的推动下，石油价格一度大幅上涨，对美国、欧洲等发达国家造成巨大冲击。

然而，近年，在中东乱局延宕、全球石油消费下滑的大背景下，沙特阿拉伯遭遇巨大的经济挑战。一方面，沙特阿拉伯需要大幅增加军事安全费用，包括为支持也门、叙利亚等国的政治和军事组织提供资助，这自然会影响其用于经济发展和民生的财政投入。另一方面，沙特阿拉伯需要面对美国页岩油气开发带来的竞争，其主要经济支柱能源产业受到挑战。虽然石油价格从 2014 年的每桶 100 多美元降到每桶不到 50 美元，但为了确保本国在国际石油市场上的份额，沙特阿拉伯选择坚持不减产。石油出口占沙特阿拉伯政府财政收入的比例超过 85%，在石油价格持续下跌的情况下，沙特阿拉伯的政府财政收入锐减，不得不通过消耗外汇来填补财政赤字。从 2014 年 9 月开始，沙特阿拉伯每周大约消耗 20 亿美元的外汇储备。2016 年 7 月，沙特阿拉伯在主权债券市场上借款 50 亿美元，这是该国 2007 年来首次采取这一做法，表明沙特阿拉伯面临非常严峻的经济困境。与此同时，国家经济下滑导致就业岗位减少，沙特阿拉伯政府需要应对失业带来的社会动荡。目前，在沙特阿拉伯，30 岁以下的年轻人约占该国总人口的三分之二。在"阿拉伯之春"爆发的最初几年，沙特阿拉伯政府通过向示威者发放钱款、提高工资水平等方式来平息民众抗议，但随着国家收入下降，这种应对之道越发不可持续。

2015 年 1 月，沙特阿拉伯新国王萨勒曼继位，他大力推行改革，尤其重视推进本国经济的多元化，希望能够降低沙特阿拉伯经济发展对能源产业的依赖度。为更好地落实经济政策改革，萨勒曼专门设立经济和发展委员会这一新的中央机构。2015 年 6 月，沙特阿拉伯首次向外国投资者开放本国股市，吸引外国企业到沙特阿拉伯投资。在外交方面，沙特阿拉伯也开始采取更加独立于美国的路线，特别是萨勒曼国王缺席 2015 年 5 月在华盛顿举行的美国—海湾国家峰会。除了大力与中国方面增进关系，沙特阿拉伯还积极深化与俄罗斯的关系，加大对俄投资。虽然沙特阿拉伯是最晚与中国建立外交关系的阿拉伯国家（双方于 1990 年 7 月 21 日建交），但两国关系发展迅速。1990 年，中沙两国的贸易额是 2.9 亿美元，2014 年增至 691 亿美元。2015 年，中国成为沙特阿拉伯最大贸易伙伴。中沙两国在 2008 年同意将双边关系定位为"战略性友好关系"，中国长期支持巴勒斯坦以及沙特阿拉伯提出的"阿拉伯和平倡议"，支持海湾地区无核化，赢得沙特阿拉伯方面的高度赞赏。

近年，中国和沙特阿拉伯的经济合作关系迎来关键的重塑期，沙特阿拉伯从“一带一路”倡议中看到了重要机遇，努力将其提出的“2030 愿景”与之进行对接。尤其是，中沙能源产业合作进入优化升级的新阶段。由于中国经济增速放缓、全球石油供给相对充足等因素，中国从沙特阿拉伯的能源进口量有所下降，两国正在原有合作的基础上进一步向能源产业的上下游拓展，提升能源资源开发合作的深度。正如中国中东问题特使吴思科所言，“中国与沙特阿拉伯两国之间的石油关系不能光是贸易，光是贸易的话就像大船在海上漂浮，要有锚才能把船固定住，因此双方要有大的合作项目”。此外，在“一带一路”框架下，中沙在基础设施建设方面的合作具有很大空间。长期以来中国都是沙特阿拉伯的最大工程承包国，中国公司广泛参与沙特阿拉伯工业城等重要项目。近年，沙特阿拉伯在基础设施建设资金投入方面面临新的困难，比如，2015 年 2 月沙特阿拉伯政府将总额 1090 亿美元的太阳能项目竣工时间从 2032 年推迟至 2040 年，搁置了十余个体育场建设项目。在沙特阿拉伯方面投入有限的情况下，中国公司在成本控制、管理经验等方面的优势将更为凸显。

在阿拉伯国家中，除了沙特阿拉伯，埃及也是“一带一路”建设的重要伙伴国。埃及是首个承认中国的阿拉伯国家，1999 年两国建立战略伙伴关系，2014 年提升为全面战略伙伴关系。埃及是阿拉伯国家联盟总部的所在地，阿盟秘书长一直以来都由埃及人担任。与此同时，埃及也是非洲联盟的成员国，埃及的区位优势非常突出，可以辐射中东、欧洲和非洲市场。埃及人口超过 9000 万，劳动力成本相对低廉。然而，由于国内政局动荡等因素，埃及的经济发展较为滞后。2011 年埃及爆发“广场革命”，穆巴拉克政权被推翻。此后担任总统的穆斯林兄弟会领导人穆尔西在2013年7月又遭到罢黜。短短几年时间里，埃及经历了两次“革命”、三次“修宪”以及上万次的民众游行示威。2014年6月军人出身的塞西总统上台后，埃及国内政治局势初步实现稳定。

为促使埃及长治久安，塞西政府将经济发展摆在了更为重要的位置上。一方面，通过大幅削减能源补贴、改革税制等方式，推动经济发展尽快重新走上正轨；另一方面，大力改善国内投资环境，制定新的投资法，减少投资审批，在外资监管、仲裁等方面推出一系列新举措。此外，塞西政府还积极推动一批大型基础设施建设项目，如开掘工程总价达82亿美元的新苏伊士运河、建设“运河走廊经济带”、斥资450亿美元修建新首都等。塞西政府加紧应对国内能源短缺问题，与德国、俄罗斯等国企业签订数百亿美元的电站建设合同。2015年8月在埃及近海发现巨型天然气田，这为埃及发展能源产业带来新的希望。除了努力推动国内经济改善，塞西政府也积极调整外交政策。它明显向俄罗斯靠拢，寻求与俄加强安全关系，在叙利亚等问题上与沙特阿拉伯等海湾国家保持一定距离。与此同时，埃及还主动改善与非洲联盟以及埃塞俄比亚等尼罗河流域国家关系。

塞西政府高度重视发展对华关系。2014年12月和2015年9月，塞西总统两次访华，特别是他本人对中国的发展经验和成就非常钦佩。[6] 中埃双方签署大量合作协议，涉及埃及方面力图重点发展的能源、路桥、港口等领域项目。2015年9月，中埃两国还签署《中埃产能合作框架协议》，中国国家发展和改革委员会、商务部等部门和埃及贸易工业部等部门建立了两国产能合作机制，并于2016年7月召开中埃产能合作第一次部长级会议，确定的合作项目包括新首都建设、阿塔卡抽水蓄能电站等。苏伊士经贸合作区堪称中埃产业合作的标杆性项目。该经贸合作区位于苏伊士湾，紧邻苏伊士运河和埃及海港因苏哈纳港，距开罗 120 公里，具有独特的地理交通优势，可谓“一带一路”和“苏伊士运河走廊”的黄金契合点。天津泰达投资控股有限公司在园区建设、开发和运营方面发挥重要作用，目前合作区第一期项目（占地约 1.34 平方公里）已全面建成。2015 年 11 月，埃及政府向承建方埃及泰达特区开发公司新移交 2 平方公里土地使用权。2016 年 1 月，在埃及进行国事访问的习近平主席为中埃苏伊士经贸合作区二期项目揭牌。该园区已吸引了一批产业规模和技术水平居世界前列的中资企业，以世界最大的玻璃纤维生产企业巨石为例，其投资不仅弥补了埃及在玻纤领域的空白，也让埃及跃居世界第三大玻纤生产国。目前在该园区工作的埃及当地人已超过 2000 名，预计未来将有数万人就业。

总之，面对阿拉伯国家“向东看”的期待以及实现国家经济多元化发展的普遍需求，中国方面在“一带一路”框架下与它们展开了内容广泛、形式多样、各具针对性的合作。此外，沙特阿拉伯、阿联酋等国还提出要打通从巴基斯坦瓜达尔港到阿联酋的海运通道，将“中巴经济走廊”延伸至波斯湾。这表明，“一带一路”建设在中东地区的推进具有较大空间和良好前景。当然，中东地区的政治关系和大国博弈异常复杂，反恐等安全形势仍很严峻，甚至阿拉伯国家内部也是矛盾重重（如近年沙特阿拉伯对卡塔尔的“孤立”），这些都是在该地区开展“一带一路”合作需要筹谋应对的挑战。

第三节 中国与伊朗的合作

伊朗是中东地区大国，其国土面积约为175万平方公里，人口数量8000万。伊朗的地缘位置极为重要，扼守全球海上通道的“咽喉”——霍尔木兹海峡，并与阿富汗、伊拉克、巴基斯坦等国接壤，与南亚毗邻，处于西亚地区的核心位置。与其他一些西亚和中东国家相比，伊朗实行政教合一的政体，近年保持了政治上的总体稳定。虽然该国长期遭受国际制裁，但在油气资源丰富等因素影响下，伊朗仍可维持经济体系的基本运转，并且是中东地区科技发展水平较高的国家。2016年，伊核问题全面协议正式执行，伊朗得以逐步摆脱延续数十年的国际制裁枷锁，迫切需要获得对外经贸合作空间以及外部投资。在这种情况下，“一带一路”为中国和伊朗深化合作提供了宝贵机遇。伊朗具有联通南亚与西亚、中亚与波斯湾的独特地缘优势，它正成为中国在中东地区推进互联互通新外交的重要伙伴。

伊朗面临的发展挑战

长期以来，核问题成为影响伊朗外部发展环境的最大因素，尤其是2003年的伊核危机导致国际社会加大对伊制裁力度。2015年至2016年，在中国、俄罗斯、法国、德国等国协助之下，美国奥巴马政府与伊朗针对核问题达成《联合全面行动计划》并予以启动。根据该协议，伊朗将放弃生产武器级核材料，在未来10年内严格限制本国的核计划，接受外界的相关核查，而西方国家则将逐步解除对伊朗的制裁。2016年3月，伊朗政府委托相关机构所做的研究报告显示，国际制裁在过去四年使该国60%的中小企业破产，国家经济处于崩溃的边缘，伊朗的石油和天然气产业在未来五年需要超过 2000 亿美元的投资。⑦ 在伊核协议达成后，很多欧洲国家迫不及待地希望深化与伊朗的经济关系。不少中东国家的精英人士也认为，未来 5—10 年，伊朗将成为中东地区最具影响力的大国。

然而，与奥巴马政府旨在缓和与伊朗关系的政策路线不同，特朗普政府希望加大对伊朗的遏制力度，这也构成了伊朗面临的最大外部挑战。在特朗普执政后，这份伊核协议的命运变得越发晦暗。一方面，特朗普及大多数共和党人士认为奥巴马对伊朗太过软弱，应当继续保持对伊高压，不能给伊朗“松绑”；另一方面，作为伊朗的“劲敌”，沙特阿拉伯、以色列等国大力推动特朗普政府对伊采取强硬政策，意欲借美国之手阻遏伊朗在中东进一步“做大”。《联合全面行动计划》达成后，虽然伊朗同意通过停止发展核武器来换取国际社会逐步解除对其制裁，但却没有停止推进弹道导弹技术的步伐。伊朗于 2015 年 10 月和 11 月、2016 年 3 月、2017 年 1 月多次进行弹道导弹试射。2017 年 2 月，美国财政部宣布对涉嫌为伊朗弹道导弹项目提供支持的实体和个人进行制裁。

2017 年 5 月，特朗普对沙特阿拉伯等中东国家展开“外交首访”，在此访中多次针对伊朗做出强硬表态，呼吁各方协力反对伊朗支持恐怖主义和干涉他国内政。特朗普积极顺应沙特阿拉伯等国的要求，将伊朗树立为美国与地区国家的“共同敌人”。特朗普访问沙特阿拉伯的重头戏是出席 50 多个阿拉伯和伊斯兰国家领导人参加的峰会，包括埃及总统塞西、巴林国王哈马德等。“阿拉伯北约”的建立是特朗普此访取得的一大进展。虽然过去很多年一直在讨论建立阿拉伯国家的军事联盟，但鲜有实质性举措。

在美国的推动和支持下，沙特阿拉伯、阿联酋、约旦、埃及等地区国家将组建总人数超过3万人的特别部队，用于在叙利亚、伊拉克等地展开反恐行动。对此，俄罗斯《生意人报》发表评论称，这一计划将“彻底改变地区战略格局，对莫斯科的盟友大马士革和德黑兰形成新的威胁”。

正当特朗普访问中东之际，伊朗也迎来了总统选举。现任总统鲁哈尼与强硬派宗教人士莱希展开“对决”，最终代表温和改革势力的鲁哈尼获胜，将开启下一个四年任期。强硬派力量反对与美国缓和关系，在处理与沙特阿拉伯、以色列等国关系方面也抱持强烈的敌视心态，并对鲁哈尼主导的国内经济改革颇有不满。然而，在此次选举中，超过70%的高投票率对鲁哈尼较为有利，很多来自城市地区的选民尤其是年轻人和女性帮助鲁哈尼获得压倒性胜利。伊朗大多数民众仍希望坚持稳健和开放的政策路线，以在经济发展、吸引外资、创造就业等方面实现更多进展。目前，伊朗国内的失业率高达12%，外资也因美国仍未全面解除制裁等原因迟迟不愿进入伊朗。然而，特朗普政府似乎并不愿意对鲁哈尼释放善意。颇具讽刺性的是，美国国内甚至还有人希望强硬派候选人莱希能够获胜，进而可以更顺理成章地加大对伊朗的制裁与遏制。特朗普在沙特阿拉伯和以色列期间，多次点名批评伊朗，称其支持恐怖分子和叙利亚，威胁中东地区稳定。国务卿蒂勒森则要求伊朗鲁哈尼政府摧毁国内的“恐怖主义网络”，并停止进行弹道导弹试验。最终，特朗普政府于2018年5月宣布美国退出伊朗核协议，并将对伊朗实施新的制裁。

除了美伊关系紧张之外，伊朗与其他中东国家的关系也存在诸多问题。“阿拉伯之春”以来，以伊朗为代表的什叶派国家和以沙特阿拉伯为首的逊尼派国家激烈争夺对中东地区的主导权。2016 年 1 月，由于沙特阿拉伯政府处决该国的什叶派宗教领袖等因素，伊朗与沙特阿拉伯断交，阿联酋、科威特等阿拉伯国家也降格与伊朗的外交关系。除了教派冲突之外，伊朗与部分地区国家还存在领土权益争端，如针对大、小通布岛和阿布穆萨岛的主权归属与阿联酋关系不睦，围绕海上油气田的权益划分与科威特矛盾重重。总体上，近年阿拉伯国家对伊朗越发不满，警惕性越来越高。

伊朗的发展挑战还源自内部不同势力之间的分歧和矛盾。虽然近年来在鲁哈尼政府的影响下，改革派势力赢得了伊朗国内民众的更多支持，但保守派势力依然强大，尤其是在美国加大对伊压力的情况下，不排除保守派势力在未来几年进一步回弹。伊朗最高领袖哈梅内伊在国家政治生活中拥有绝对权威，虽然哈梅内伊表面上保持与改革派、保守派的“等距离”，但哈梅内伊一贯坚持反美立场，面对西方国家的制裁，主张更多依靠伊朗自身发展抵抗型经济，对于扩大开放、引入外资等做法抱有较深疑虑。

当前，伊朗国内的经济形势依然是比较严峻的。伊朗的失业率较高，尤其是大量青年人失业问题较为突出，大学毕业生失业率超过 40%。每年，伊朗大概有 30 万的就业缺口。伊朗国内的贫富差距问题严重，存在特权阶层和大量腐败问题，其基尼系数已经达到 0.44，位于警戒线以上。伊朗伊斯兰革命卫队和各种政府背景的基金会是不少大型企业的实际控制者，它们在市场上占据垄断地位，直接操控很多大项目的招投标过程。如果未来数年，国际制裁并没有像预想的那样得以松动，经济发展的实际成效不足，伊朗普通民众或许会感到失望，进而使保守派更为得势。显然，从发展中国与伊朗关系尤其是推动“一带一路”建设而言，我们还是期望伊朗能够选择走务实、温和的政治路线，进一步融入国际社会，缓和与中东地区其他国家的紧张关系。

中国与伊朗的合作

中国和伊朗的交往源远流长。两千多年前，张骞奉汉武帝之命出使西域，他的副使曾到访此地。古代的泉州港见证了中国与波斯的商贸往来，明代郑和率领的远洋船队曾经有三次到访伊朗南部的霍尔木兹地区。新中国和伊朗于 1971 年 8 月正式建立外交关系。“伊斯兰革命”后，伊朗一度推行“不要西方，也不要东方，只要伊斯兰”的外交政策路线，中伊关系受到一定影响。到了哈梅内伊时代，伊朗开始进行温和的政治改革，并着力打破国际孤立，中伊关系也随之有所恢复。21 世纪以来，伊朗因核问题受到西方国家的严重制裁。中国在不违反国际条约的情况下，与伊朗保持了政治、经济和安全关系。尤其是，中国成为伊朗的最大贸易伙伴和最大的原油进口国。截至 2016 年，中国已连续 8 年保持伊最大贸易伙伴国地位，双边贸易额在 2014 年突破 510 亿美元。中国企业在伊朗承接了一大批民生项目，涉及能源、铁路、钢铁、建材、汽车、通信等领域，为伊朗保持国内经济稳定和改善民生做出了贡献。

伊朗对习近平主席提出的“一带一路”倡议高度支持，是“一带一路”建设的重要合作伙伴。2016年1月，习近平主席对伊朗进行了历史性的访问，他是伊朗核问题协议达成后首位到访伊朗的外国元首。访问期间，中伊双方将两国关系提升为“全面战略伙伴关系”。双方还签署共建“一带一路”谅解备忘录，以及加强产能、矿产和投资合作谅解备忘录，为“一带一路”

框架下的中伊合作奠定了政策基础。此外，伊朗是亚洲基础设施投资银行（亚投行）的创始成员国。伊朗一直都很重视推动地区基础设施互联互通，很早就提出“西南亚计划”，包括伊朗—巴基斯坦输气管道、伊朗—印度—阿富汗运输贸易走廊、伊朗—阿富汗—塔吉克斯坦—吉尔吉斯斯坦铁路等项目。伊朗方面希望能够用好“一带一路”国际合作带来的融资等方面的“红利”，进一步发挥其作为“亚欧大陆桥”和“中亚出海口”的地缘优势。

过去几年来，中伊围绕“一带一路”的合作已经取得诸多进展。在政策沟通方面，中国国家发展和改革委员会与伊朗工矿贸易部建立两国产能合作工作组，负责具体推动重点项目。伊朗政府成立了以财经部牵头的“一带一路”合作部际协调机构。中国企业目前在伊朗参与的在建重大项目近 70 个，涉及能源、基础设施、产业园区等多个领域。截至 2016 年底，中国对伊朗的非金融类直接投资存量约为 36 亿美元。其中，能源合作是重中之重，中石化雅达瓦兰油田一期项目投资约 34 亿美元，中石油北阿扎德甘油田一期项目投资约 29 亿美元，两个项目均已在 2015 年实现投产。中伊双方还在探讨开展相关的二期项目。

在交通基础设施方面，总造价 440 多亿元人民币的德黑兰至伊斯法罕高铁项目已经进入施工阶段。围绕德黑兰至马什哈德高铁电气化升级改造项目，中国进出口银行与伊朗道路和城市发展部签署相关融资协议，2017 年 7 月中伊双方签署和交换协议。中伊双方合作推进的大型交通设施项目合作还包括伊朗国家铁路电气化改造、德黑兰地铁六号线一期工程、阿瓦士轻轨一号线一期工程、霍梅尼国际机场二期扩建工程等。此外，中国企业还在帮助伊朗推进电力、信息产业等方面的基础设施建设。比如，葛洲坝集团公司承建了位于洛雷斯坦省的鲁德巴水电站项目，该项目地处偏远，条件非常艰苦。中国电信巨头华为公司与伊朗电信公司（TCI）合作，对该国的固定电话和移动电信网络进行升级改造。值得注意的是，中伊还在卫星通信领域拓展合作，伊朗电子工业公司引入了北斗卫星导航系统技术，除了在伊建立北斗地面接收站外，还将建设空间数据收集中心。伊朗至今还不能获得美国 GPS 的服务，北斗系统将进一步帮助伊朗提升导航技术和产业。

在产业园区方面，2014 年 2 月中国商务部与伊朗工矿贸易部签署关于开展中伊产业园区合作的谅解备忘录，并于 2015 年成立相关工作组。位于巴姆汽车工业园内的奇瑞汽车产业园一期项目已经完工投产，二期项目也在实施之中。该园区规划面积 5 平方公里，预计总投资 4 亿美元，实现年产 16 万辆整车。此外，伊朗政府将在贾斯克建立经济自由区，其中还将配套占地约 20 平方公里的工业园区，希望能够引入相关中国企业重点发展石化、钢铁等产业。

中国和伊朗还探索与西方国家企业共同开展“三方合作”。2017 年 7 月，中国石油天然气集团、法国道达尔公司与伊朗国家石油公司在德黑兰签署合作协议，共同开发伊朗南帕尔斯天然气田第 11 期项目。根据协议，道达尔公司是该项目作业方，持股 50.1%，中石油持股 30%，伊朗国家石油公司持股 19.9%。项目开采经营期 20 年，总投资额 48 亿美元。南帕尔斯天然气田位于波斯湾，总面积约 9700 平方公里，是世界最大的天然气田，为伊朗和卡塔尔共同拥有。南帕尔斯天然气田第 11 期项目是伊朗在西方解除对其经济制裁后首次与外国公司在油气领域签署的合作协议。[8]

当然，中国企业在伊朗的经营也面临一些难题和风险。一是制裁风险。西方国家对伊制裁仅是部分解除，一旦发现伊朗违反协约，即可很快恢复对其制裁。美国保留了对伊朗的多项单边制裁，美国国会于 2016 年 11 月决定将《对伊朗制裁法案》有效期延长至 2026 年。特朗普政府更是宣布退出伊朗核协议。这将给中国企业与伊朗的合作带来不确定性，尤其是金融方面的风险。二是融资难题。伊朗方面对相关项目拿不出足够资金，但又经常对中国提出的融资方案表示不满，甚至提出不再接受中国出口信用保险公司的现金担保方案。如何探索同伊朗的正常融资合作模式，是亟待解决的难题。三是营运挑战。伊朗的政府部门效率不高，项目审批时间长，税制复杂，针对外资公司的法律法规和政策常会变化，对外资的戒备心较强。伊朗属于外汇管制国家，结汇渠道较窄，跨境支付存在汇路不通的情况，市场汇率和官方汇率的差价较大，由此给企业带来一定经营风险。在能源领域，伊朗长期坚持“回购合同”条款，中国企业希望争取按照条件更优惠的新合同模式推进与伊方的油气开发合作。四是安全风险。伊朗国内和周边国家的反恐形势较为严峻，尤其是“东伊运”“东突”分子近年出现从土耳其等国借道伊朗向阿富汗转移的动向，这或将对在伊朗的中国企业、项目和人员构成一定的安全威胁。

总的看，当前和未来一个时期，伊朗能够维持国内政局稳定，经济的基本面相比其他中东国家是较好的，其市场也将加大对外开放，西方国家企业目前仍然是观望者众，处于“将返未返”的阶段。中国和伊朗的合作具有良好的基础，伊朗各派都重视发展对华关系，从长期看“一带一路”建设在伊朗面临更多机遇。中国企业可抓住机遇，通过参股、控股、特许经营等方式加快在伊朗的布局和拓展，同时也应注重加强风险评估、管控和规避能力，尤其要对一些“灰色领域”保持警惕，注意适应伊朗法律环境的特殊性。

注释

① Michael Tanchum, “China’s One Belt, One Road Reshapes MidEast”, *The Jerusalem Post*, January 24, 2017.

② 理查德·哈斯《失序时代：全球旧秩序的崩溃与新秩序的重塑》，黄锦桂译，北京：中信出版社，2017 年，第 121 页。

③ 亨利·基辛格《世界秩序》，胡利平等译，北京：中信出版社，2015 年，第 152 页。

④ Stephen Walt, “If Only We’d Just Spent More Blood and Treasure in Yeman”, *Foreign Policy*, January 23, 2015.

⑤ 理查德·哈斯《失序时代：全球旧秩序的崩溃与新秩序的重塑》，黄锦桂译，北京：中信出版社，2017 年，第 120 页。

⑥ Kyle Haddad—Fonda, “Egypt and Other Arab States Embrace a Chinese Model of Development”, *World Politics Review*, March 16, 2017.

⑦ “Iran Needs $200 billion to Develop Oil Industry”, *The Tehran Times*, February 10, 2016.

⑧《中石油、道达尔与伊朗石油公司合作开发气田项目》，新华网，2017 年 7 月 3 日，http://m.xinhuanet.com/2017—07/03/c_1121257406.htm。

第八章　应对美国因素

“一带一路”建设涉及的诸多区域都是美国的重要利益所在之地，美国战略界对中国借助“一带一路”扩展地缘政治和地缘经济影响力颇感忧心，并开始通过实施“印太”战略等予以制衡。“一带一路”建设需要处理好美国因素，应努力让“一带一路”国际合作为中美构建良性竞争、互利共赢的新型关系发挥重要助力。

当今世界，中美关系是影响国际格局走向的重要因素之一。二战后，美国凭借强大的经济实力、几乎覆盖全球的同盟体系以及对国际组织的主导权，逐步成为世界首要强国。苏联解体、冷战结束之后，美国更是一度“独步天下”，在经济、政治、安全等领域成为无可匹敌的霸权力量，并采取开打伊拉克战争等单边主义行动，意图按照自身意愿重新改造世界。2007 年至 2008 年，美国国内的“次贷危机”很快演化为影响全球的国际金融危机，“新自由主义”发展模式遭遇挫折，美国实力明显受损。与此同时，美国在全球事务上展现出适度收缩并向亚太地区“再平衡”的战略态势。2017 年，奉行“美国优先”政策路线的特朗普上台执政，美国政府宣布退出“跨太平洋伙伴关系协定”、气候变化《巴黎协定》、联合国教科文组织等决定，并表现出对经济全球化的不满和质疑。在这种情况下，随着中国国家实力和国际影响力的持续上升，中美关系的大变革与世界秩序的大变革相互作用、相互影响，国际社会日益担心中美最终陷入“崛起国”与“霸权国”发生剧烈冲突的“修昔底德陷阱”。“一带一路”建设涉及的诸多区域都是美国的重要利益所在之地，美国战略界对中国借助“一带一路”扩展地缘政治和地缘经济影响力颇感忧心，并开始通过实施“印太”战略等予以制衡。“一带一路”建设需要处理好美国因素，应努力让“一带一路”国际合作为中美构建良性竞争、互利共赢的新型关系发挥重要助力。

第一节 美国“新丝绸之路”计划

虽然美国与古代丝绸之路并无联系，但它却和以“丝绸之路”为核心理念的地区一体化有很深的渊源。早在克林顿总统执政时期，美国政府就提出过“丝绸之路”计划。1999 年 5 月，美国国会通过了《丝绸之路战略法案》（Silk Road Strategy Act），旨在帮助冷战后新独立的中亚和南高加索地区国家强化与外界特别是欧洲的经济联系。也有学者认为，美国的这一战略着眼于“抢夺”里海地区的巨量石油和天然气资源。①2001 年“9·11”恐怖袭击发生后不久，美国开打阿富汗战争，这场反恐战争使美国加大了对这一地区的关注力度。2005 年前后，小布什政府决意实施“大中亚”计划，即从经营“大中亚”地区的战略视野思考如何解决阿富汗问题。2006 年初，美国国务院成立南亚与中亚事务局，将原来属于欧洲局的中亚事务转至该局管辖，这是美国在机构组织层面首次将中亚和南亚事务联系起来，并越来越多地使用“中南亚”这一政策概念。美国此后实施一系列促进中亚南亚经济一体化的具体举措，包括支持修建跨境公路、输电网和油气输送管线等。

到了奥巴马执政时期，如何结束阿富汗战争成为美国政府的主要关切。奥巴马政府较其前任更加重视阿富汗经济发展问题，而其深层目的是为撤军营造良好的经济环境，避免阿经济受挫导致国内不稳，防止国际社会指责美国匆忙撤军而置阿富汗的发展稳定于不顾。2011 年 9 月，时任美国国务卿希拉里·克林顿正式提出“新丝绸之路”（New Silk Road）计划，旨在推动中亚和南亚国家之间的经济一体化进程，并为应对阿富汗问题增添更多的经济动力。希拉里生动地描绘了“新丝绸之路”的愿景：“土库曼斯坦的气田将能满足巴基斯坦和印度不断增长的能源需求，并为阿富汗和巴基斯坦提供可观的过境收入。塔吉克斯坦的棉花将运往印度制成棉布。阿富汗的家具和水果将出现在阿斯塔纳、孟买甚至更远地方的市场。”②

“新丝绸之路”计划主要包括两类项目，一是能源、交通、基础设施等方面的“硬件”建设，二是推动跨境贸易便利化等一揽子“软件”项目，其目标是大力深化中亚和南亚国家业已存在的经济联系。[③] 正如里德·斯坦迪什（Reid Standish）所言，“新丝绸之路”计划是要“将油气资源丰富的中亚国家与南亚大约 16 亿消费者联系起来，让发挥桥梁作用的阿富汗从中受益”[④]。该计划之下，跨境电力合作是非常重要的项目，即“中亚—南亚输电项目”（CASA—1000），该项目由美国国际开发署、世界银行和伊斯兰开发银行等多机构共同支持，旨在将塔吉克斯坦、吉尔吉斯斯坦的多余电力向南输送至阿富汗和巴基斯坦。“新丝绸之路”计划下的另一重要能源项目，是连接土库曼斯坦、阿富汗、巴基斯坦和印度的天然气输送管道（TAPI）建设。这一项目自 20 世纪 90 年代提出以来一直未能取得实质性进展，2011 年在美国“新丝绸之路”计划的影响下被重新激活。

此外，提升交通运输和过境贸易的便利化也是“新丝绸之路”计划的主要任务。阿富汗位于中亚、南亚和西亚的联结部，被认为是“亚洲的心脏”（Heart of Asia），虽然它自身是内陆国家且资源有限，但美国希望能发挥其过境运输方面的优势，为阿富汗的经济发展寻求外部动力。在美国的支持下，该地区加快建设了数个跨境运输走廊，始于土库曼斯坦列巴普州的铁路将穿过阿富汗与塔吉克斯坦相连，这不仅可以促进两个中亚国家之间的贸易，也可以带动阿富汗北部地区的经济发展。此外，在奥巴马总统阿富汗和巴基斯坦事务特使霍尔布鲁克等人的大力推动下，2011 年阿富汗与巴基斯坦最终签署《过境贸易协定》（APTTA），该协定有助于阿富汗利用巴基斯坦通道加大向印度、中国等国出口商品。到了 2014 年，“新丝绸之路”计划进一步聚焦四个主要领域，即发展地区能源市场、促进贸易和交通、提升海关和边境管控、加强商业和人员联系。

时至今日，“新丝绸之路”计划虽然提出多年，但远未取得美国方面所预想的结果。不少专家认为，随着美国从阿富汗撤军以及对该地区事务的关注度下降，该计划的前景较为黯淡。[⑤]

第一，美国用于推动“新丝绸之路”计划的资源投入十分有限，尤其是美国对中亚国家的投入较少。这使其所掌握的影响力杠杆不强，地区国家认为美国太过于从自身利益出发，并非真心希望推动地区经济一体化。“‘新丝绸之路’计划毫无必要地将典型的贸易政策‘地缘政治化’了，该政策有意将俄罗斯、中国和伊朗排除在外”[⑥]。“新丝绸之路”构想的最早提出者之一弗里德里克·斯塔（S. Frederick Starr）教授也认为，这一构想之所以在2011年前后受到美国政府的重视，主要是因为其希望在美国撤军的背景下向国际社会分担阿富汗重建的责任；然而，美国国务院将这一经济构想进行了不必要的政治化，过度警惕甚至是排斥俄罗斯、中国、伊朗等地区国家的参与。[⑦]美国方面在谋划“新丝绸之路”计划时，的确有借此在欧亚大陆中心地带建立新秩序的考虑，同时也谋求借此在“大中亚”地区扩展经济存在和影响力。但“中国和俄罗斯的经济计划在中亚地区早已扎根，在这场博弈中，美国显然来得太晚”[⑧]。加之近年俄罗斯普京政府正寻求吸收吉尔吉斯斯坦、塔吉克斯坦加入俄白哈关税同盟，中国也在推动“丝绸之路经济带”计划，美国想要实现促动中亚国家“向南走”的目标或将难上加难。

美国虽然对TAPI项目给予很大支持，但却对伊朗、巴基斯坦、印度三国间的天然气管道项目（IPI）持反对态度，这种针对地区经济一体化采取的“双重标准”引起了地区国家的不满。尤其是，巴基斯坦面临能源紧缺的严重难题，迫切需要推动多元化的能源合作项目。但美国出于制裁和孤立伊朗的需要，借民用核能合作向印度施压，使其退出 IPI 项目，之后又要求巴基斯坦放弃该项目。[9] 美国的这种做法令巴基斯坦非常不满，也使地区国家感到，美国推动“新丝绸之路”计划是出于利己而非利他的目的。

第二，“新丝绸之路”计划缺少来自阿富汗内部的动力。自 2001 年阿富汗战争开打以来，美国等国为阿富汗的经济发展提供了数千亿美元援助，但是时至今日，阿富汗政府自主发展经济的能力依然严重不足。超过 80% 的阿富汗人口居住在乡村地区，阿富汗经济的可持续恢复有赖于乡村地区的发展。然而，阿富汗民众普遍抱怨，“城市精英”（urban elite）成为外国援助的主要受益者。阿富汗政府无法在乡村地区提供就业、电力、饮用水等方面的基本服务。2006 年 8 月，美国国务院所做调查显示，在乡村地区的很多阿富汗人由于得不到饮用水和工作，转而支持塔利班。2001 年至 2011 年，国际援助资金中只有 4—5 亿美元进入农业领域，而来自美国的援助资金中投入阿富汗农业发展的少于总额的 5%，66% 的资金流向了军事、安全和道路建设等领域。在阿富汗东北部的巴达赫尚省，其 83 万人口中绝大部分都要靠农业谋生，但在 2009 年该省用于农业、灌溉和畜牧业的预算仅有 4 万美元。“新丝绸之路”计划给阿富汗带来的预期经济收益被认为更多是针对喀布尔等大城市，广大的乡村地区受益十分有限。“新丝绸之路”计划强调通过发展阿富汗的矿业资源和贸易来增加就业岗位，扩大政府收入。但是，这类产业的发展往往只会惠及军阀和地方强人，大量边远地区无法受益。

第三，虽然美国希望推动中亚地区国家与阿富汗的一体化，但中亚国家的看法却和美国存在很大差异。美国方面高估了阿富汗与中亚地区的一致性。在很多中亚国家精英看来，阿富汗在种族、宗教和文化上与其共同点有限，难以成为中亚可靠的伙伴。正如中亚发展研究所（Central Asian Development Institute）学者法里兹·伊尔纳扎罗夫（Fariz Irnazarov）所言，“你无法说服中亚国家政府，阿富汗是该地区的一部分”。更令这些国家担心的是，如果在“新丝绸之路”计划下进一步开放贸易通道，来自阿富汗的恐怖主义、极端主义和毒品等威胁将可能会长驱直入。中亚国家与阿富汗之间的隔阂实际上十分显著。阿富汗问题研究与评估组织（Afghanistan Research and Evaluation Unit）前主任保罗·菲什斯坦（Paul Fishstein）称，中亚的商业界人士对阿富汗缺乏信任，当阿富汗北部地区的贸易商从中亚国家进口商品时，他们被当作“朋友和邻居”，但是当他们想把阿富汗的商品出口到中亚时就会“成为敌人”。[⑩] 美国学者里德·斯坦迪什甚至悲观地认为，“鉴于阿富汗对中亚来说仍是局外人，美国国务院所谈论的建设电网和输油管道的计划不会给阿富汗带来什么好处，从这个意义上讲，‘新丝绸之路’计划已经走入死胡同”。

第四，“新丝绸之路”计划有赖于中亚国家和南亚国家之间首先破除一体化的障碍，而事实上这是极为困难的，由此也将影响阿富汗的发展前景。冷战结束后的20余年来，中亚是世界上经济融合程度最低的地区之一，亚洲开发银行的统计显示，近年中亚国家的内部贸易仅占全球贸易总量的6.2%。中亚国家之间存在着领土、资源权益等方面的复杂难解矛盾。比如，塔吉克斯坦政府坚持将“新丝绸之路”计划的重要项目CASA—1000与在该国修建罗贡坝水库挂钩，而这引起瓦赫什河（Vakhsh）下游国家乌兹别克斯坦的坚决反对。乌方认为，罗贡坝的设计和所使用的技术较落后，如发生地震，容易引发巨大安全事故，并对该地区的水资源、环境生态等造成不利影响。乌兹别克斯坦动用多种手段阻拦大坝建设，这些行动又遭到塔吉克斯坦的反对。显然，美国低估了中亚国家“在共享水资源问题上剑拔弩张的不妥协态度”。此外，塔吉克斯坦与吉尔吉斯斯坦之间存在边界划分争议，这也使CASA—1000项目受到影响。再者，向阿富汗出口电力还可能在塔吉克斯坦和吉尔吉斯斯坦国内引发民众不满，因为很多人担心该项目会加剧本国的能源短缺问题，且只会给政府精英带来财富。

从南亚地区看，虽然在美国的施压之下，阿富汗和巴基斯坦之间签署了《过境贸易协定》，但在执行过程中又出现了很多问题。巴政府认为来自阿富汗的走私货物增长导致巴税收减少，损害了巴方利益。由于巴阿两国缺乏政治互信，以及若干安全问题的干扰，双方边境贸易实际上未能实现预想的发展成效。美国不愿也没有足够的资源推动南亚地区内部的经济一体化，特别是印度和巴基斯坦之间的关系持续紧张，南亚区域内部的经贸合作水平很低。因此，中亚与南亚两个地区之间的经济一体化更是难以实质性推进。这些问题阻碍了“新丝绸之路”计划的落实。

当然，制约“新丝绸之路”计划的最大因素还是阿富汗日益恶化的安全形势。由于安全得不到保障，美国等国实施的重建项目大多推进缓慢且成本高昂。大量的援建资金用于项目的安全保障开支，外国承包公司和发展援助机构的人员对于在这类战乱地区活动也相当犹豫。由于美军和北约联军也经常参与实施一些基础设施重建项目，从而使这些项目更易成为叛乱分子的袭扰目标。[11]2013年6月，原先承诺为该计划提供40%资金的亚洲开发银行出于对安全风险的担忧，宣布退出。对于TAPI项目，该项目共需投入100—120亿美元，而亚洲开发银行仅投入75亿，仍存在30—40亿美元的资金缺口，埃克森美孚等国际石油企业的参与积极性也较为有限。

在阿富汗境内如何维护管道安全将是巨大挑战，该项目的管道全长1735公里，其中735公里位于阿富汗境内，如何能够有效确保项目的长期安全仍未可知。美国中亚问题专家凯瑟琳·柯林斯（Kathleen Collins）认为，中国和土库曼斯坦签署的天然气合作协议也将对美国推动的TAPI项目形成牵制，“只有阿富汗安全紧张局势得到缓解，并且中国不耗尽土库曼斯坦的天然气生产能力，TAPI才会建成”，“华盛顿提出‘新丝绸之路’计划，帮助阿富汗摆脱贫困，并给该地区带来稳定，这个想法很有吸引力，但或许是个白日梦”[12]。

第二节 美国对“一带一路”的认知与应对

近年来，在南海争端、网络安全等问题影响下，中美关系的竞争性有所上升。[13]美国战略界在对华政策上逐渐形成一些负面认知和“话语”，包括兰普顿（David Lampton）的“临界点论”，布莱克威尔（Robert D. Blackwill）和泰利斯（Ashley J. Tellis）的“重修对华战略论”等，甚至一向对华态度温和的前常务副国务卿斯坦伯格（James Steinberg）也认为美中关系存在恶化的危险。[14]应当看到，中国外交近年越发积极主动，提出“一带一路”等一系列新理念新倡议，在美国努力“重返亚太”的同时，中国则是立足亚太、走向全球。在这一背景下，美国政策界倾向于从两国战略竞争的视角看待和回应中国的外交政策，包括推动“一带一路”建设、创立亚洲基础设施投资银行（亚投行）等。[15]对于“一带一路”倡议，美国方面的最初反应总体上较为负面，不少美国战略界人士对此表达了担心和疑虑。他们多认为，“一带一路”倡议是中国的“马歇尔计划”，中国意欲借此将经济实力转化为地缘政治影响力，建立和巩固自身对欧亚大陆的控制，并在国际秩序方面“另起炉灶”，推动中国版本的“全球化”。具体而言包括以下几个方面：

第一，担心中国通过“一带一路”抗衡美国的“亚太再平衡”，进而将“美国的亚太”转变为“中国的周边”。比如，布鲁金斯学会高级研究员杜大伟（David Dollar）等认为，中国提出“一带一路”倡议是对美国重返亚太的反制，“一带一路”建设如成功实施，将进一步强化中国在地区经济发展中的“核心”作用，有助于中国编织以自身为中心的经济圈。美国国家利益中心学者凯尔·丘奇曼（Kyle Churchman）称，地缘战略动机促使中国提出“一带一路”计划，设法突破美国在西太平洋的包围；“美国在中国西部地区的影响力远不如在中国东部沿海附近大，随着华盛顿将重心转移到亚太地区，这进一步促使北京‘向西去’”；另一个地缘战略动机在于软实力，中国希望通过提供基础设施项目资助，赢得共建“一带一路”国家的好感。[16]

第二，担心中国以经济合作为先导，推进与相关国家之间的政治和安全合作，打造“去美国化”的地区秩序。比如，美国海军战争学院专家霍姆斯（James Holmes）等称，中国不仅想要“条条大路通北京”，还希望借助“海上丝绸之路”联通太平洋与印度洋，使中国海上力量进一步“西进”。对外关系委员会高级研究员易明（Elizabeth Economy）等表示，中国通过“丝绸之路经济带”计划加大与俄罗斯的合作，中俄有可能进一步排挤美国在中亚地区的存在，打造“新的反美轴心”，进而削弱美国在整个欧亚大陆腹地的影响力。[17] 此外，一些美国智库专家还担心，在中国经济增长放缓的背景下，如果中国难以保持“一带一路”建设的可持续性，一旦出现大规模金融风险等问题，或是中国难以处理好相关的环境、社会和安全风险，“一带一路”可能会对美国在部分国家的利益带来危害。

第三，担心中国借助“一带一路”挖美国墙脚，拉拢美国的盟友和伙伴。战略与国际问题研究中心高级研究员甘思德（Scott Kennedy）等人称，欧洲国家不顾美国劝阻加入亚投行，表明中国有能力在美国和其盟友之间打入楔子。布鲁金斯学会高级研究员波拉克（Jonathan Pollack）提出，在“一带一路”驱动下，欧洲国家正拉近与中国的关系，中国欲在欧洲实施“分而治之”策略，为了确保世界经济秩序不被中国所左右，美国和欧洲必须加大内部协商。[18]美国国家亚洲研究局（NBR）项目主任罗兰（Nadege Rolland）称，“如果欧洲逐渐转向亚洲而不是关注大西洋，如果中国成功将自己与俄罗斯、中亚、东欧和中东更加紧密地联系在一起，美国政策制定者或许将被迫彻底地改变他们对这些地区甚至是整个世界的传统方略”[19]。

第四，担心“一带一路”对国际规则和秩序造成冲击，甚而对美国等西方国家的发展模式带来深层次挑战。在美国大西洋理事会高级研究员曼宁（Robert Manning）等人看来，中国并没有按照西方国家的期待成为“负责任的利益攸关方”，反而是通过“一带一路”、亚投行等打造“并行的机制”。[20]斯坦福大学高级研究员福山（Francis Fukuyama）甚至提出，中国将利用“一带一路”倡议向其他国家出口自己的发展模式，一场历史性的发展模式之争正在中国与美欧西方国家之间上演，而这会影响全球政治的未来。福山忧心忡忡地呼吁，“如果我们不行动起来，就有可能将欧亚大陆以及世界其他重要地域的未来拱手让给中国以及中国的发展模式”[21]。

与此同时，也应看到，随着过去几年来“一带一路”建设不断推进，美国智库和战略界人士对“一带一路”研究的深入程度正逐步提升。一方面，美国国内主要智库纷纷设立专门研究项目，对“一带一路”的相关进展和信息加以跟踪研判。如战略与国际问题研究中心设立“重新连接亚洲”项目，国家亚洲研究局设立“新丝路经济走廊”项目等。此类项目多得到美国大企业和实力较强的基金会支持。另一方面，不少智库开始陆续发布涉及“一带一路”的研究报告，试图影响相关的政策讨论和制定。比如，彼得森国际经济研究所就“一带一路”撰写专题报告，深入分析其经济、政治和外交影响。兰德公司则围绕“一带一路”如何影响中国与中亚国家关系、中国在中东地区的角色变化等问题发布相关成果。值得注意的是，美国智库还邀请“一带一路”有关国家人士参与其研究项目，力图从“第三方”视角探析“一带一路”。比如，彼得森国际经济研究所邀请保加利亚前副总理兼财政部长德加科夫（Simeon Djankov）加入“一带一路”课题组，负责研究中国与中东欧国家围绕“一带一路”开展的相关合作与问题。[22]

随着研究的不断深入以及“一带一路”在国际社会获得更多支持，一些美国智库专家对“一带一路”的认知开始出现若干积极变化。一是认为美国不应该对“一带一路”倡议反应过度。战略与国际问题研究中心高级研究员张克斯（Christopher Johnson）等人呼吁，美国不应盲目夸大“一带一路”的地缘政治意涵，需要认真对待这一将深刻影响中国内外政策的重要倡议，应深化对“一带一路”相关进展的分析，寻求更坚实的信息基础和更明智的应对之道。[23]二是认为“一带一路”并不必然导致中美之间的“零和博弈”。彼得森国际经济研究所所长波森（Adam Posen）、对外关系委员会东南亚项目主任柯兰奇克（Joshua Kurlantzick）等称，美国国内有不少人对“一带一路”抱有“等着看它失败”的态度，但是“让中国失败”并不必然对美国有利，在促进地区发展等问题上，美中不完全是“你输我赢”的关系，不妨考虑“让中国成功”。[24]三是认为“一带一路”将为美中两国扩展合作提供新机遇，而美国可从中受益。曾供职于白宫国家安全委员会的南亚问题专家、美国进步中心高级研究员维耶拉（Ariella Viehe）称，“一带一路”与美国提出的“新丝绸之路”计划具有很多共同目标，两者如能实现“串联”，可更好地完成相关重大项目。[25]

值得注意的是，一些美国战略界人士还主张跳出两国关系的框限，从国际秩序、全球治理的层面看待和回应“一带一路”。2017年2月，布鲁金斯学会发布的《打造实力现状：美国新的国家安全战略》报告指出，中国并不想要推翻现行国际秩序，而是想要在其中发挥更大作用，并希望有机会为现行秩序增加新的内容，包括牵头组建亚投行和提出“一带一路”倡议；美国应满足中国的合理要求，否则中国将会与他国合力构建新的替代秩序。[26]还有美国智库学者提出，美国政府可通过积极回应“一带一路”，鼓励中国在人道主义救援、灾害治理、流行性疫病防控、应对难民危机等方面做出更多贡献。谢淑丽（Susan Shirk）等专家领衔撰写的报告则建议特朗普政府全面审视中国的全球治理政策，对中国提出的倡议要进行深入研究而不是动辄拒斥，一方面要考虑美国的利益，一方面也要看到这些倡议在提供国际公共产品方面的积极作用；美国需认识到，考虑到亚太地区的复杂性，不同机制之间的适度竞争是有益的，特朗普政府应加入亚投行。[27]

从美国政府层面看，奥巴马政府对“一带一路”倡议的态度总体上较为消极，尤其是对亚投行采取了明显的抵制姿态。着眼于应对亚洲等地区巨大的基础设施建设融资挑战，中国在2013年提出建立亚投行，并邀请相关国家成为该行创始成员国。奥巴马政府对此反应强烈，时任美国财长雅各布·卢等以亚投行达不到管理和贷款方面的“全球最高标准”为借口，多次劝说美国盟友和伙伴国不要加入这一机制。但最终，英国、德国、法国、韩国、澳大利亚等国不顾美国阻力，决意成为亚投行创始成员国。2016年1月16日，亚投行正式运营。此后，美国重要盟友加拿大也选择加入亚投行。奥巴马政府对亚投行的政策应对受到美国国内外的质疑和批评。正如彼得森国际经济研究所前所长伯格斯腾（C. Fred Bergsten）所言，美国一直敦促中国在全球事务中发挥与其实力相符的领导作用，但当中国朝着这一方向努力时，比如建立亚投行，美国却试图加以阻挠，这显得短视而虚伪。[28]曾供职于世界银行的英国《金融时报》首席评论员沃尔夫（Martin Wolf）则称，美国真正担心的是中国建立的机制会削弱美国对全球经济的影响力，英国决定加入亚投行堪称对美国的可贵的冲击。沃尔夫直言不讳地指出，中国在经济上的崛起是有益的，也是不可避免的，世界需要新的机制，不会仅仅因为美国不参与就停止前进。[29]

虽然奥巴马政府在亚投行问题上摆出对抗姿态，并且对“一带一路”倡议抱有疑虑，但并未对其予以全盘否定。特别是到了奥巴马政府执政后期，它还尝试就此与中方深化沟通。2015年3月，美国常务副国务卿布林肯（Antony Blinken）在布鲁金斯学会就“中亚的长久愿景”发表演讲称，中国在中亚是非常重要的参与者，中国的参与并非“零和游戏”，有助于加强亚洲在陆上和海上的互联互通，与美国的努力也可形成相互补充，“中亚可以重振它作为全球商业、理念和文化重要交汇点的历史角色”[30]。同年5月，负责南亚和中亚事务的助理国务卿比斯瓦尔（Nisha Biswal）表示，中亚不是进行"零和性的地缘战略对抗的空间"，包括中国在内的每个国家都可扮演建设性角色，美国欢迎亚投行等新多边机制在遵守国际规则的条件下满足该地区国家的紧迫需要。[31]助理国务卿帮办霍格兰德（Richard Hoagland）也提出，"中国在中亚地区开发的能源、道路和交通基础设施与美国的努力并不冲突而且完全是互补的"[32]。2015年6月，霍格兰德还曾来华与中国国家发展和改革委员会官员商讨如何使"新丝绸之路"计划与"丝绸之路经济带"建设互为补充，探索美中在第三国合作的具体形式。

实际上，中国政府也早已明确表示"一带一路"倡议不会刻意将美国排除在外。2015年9月，习近平主席对美国进行国事访问期间强调，"一带一路"是开放包容的，欢迎美国参与到"一带一路"的合作中来。2016年2月25日，王毅外长在战略与国际问题研究中心发表演讲，并围绕互联互通、产能合作等内容介绍"一带一路"建设的进展，他表示，"中国的国际产能合作计划是开放的，不仅跟所有有意愿的国家进行产能合作，也欢迎三方合作。如果把中国的先进装备、充足的融资和发达国家，比如美国的一些技术和关键部件结合起来，这种产能合作就将更加有效地推动各国经济发展，从而促进世界繁荣"。

2017年1月，特朗普正式上台执政，秉持"美国优先"的政策路线，主张全面调整美国的内外政策尤其是国际经贸政策。在特朗普及其不少核心政策顾问看来，与中国的巨大贸易逆差是导致美国不再伟大的主要因素，美国应更加注重"公平贸易"而非"自由贸易"，并以"对等"（reciprocity）为原则加大对华施压。很大程度上，特朗普政府的这种"零和博弈"思维观念对中美关系带来一定冲击。在此背景之下，一些美国有识之士呼吁特朗普政府审慎对待美中关系，包括调整应对"一带一路"的策略。美国中央情报局前局长、特朗普国家安全和外交事务顾问伍尔西（James Woolsey）公开撰文称，美国应支持中国在全球事务中寻求更大发言权，奥巴马政府反对中国倡导设立的亚投行是一个“战略性错误”，希望特朗普政府对“一带一路”做出“热烈得多的”回应。[33]带有共和党保守派色彩的传统基金会是特朗普团队倚重的重要智库。该会高级研究员威尔逊（William T. Wilson）认为，中国通过推动“一带一路”建设志在“走向全球”，美国不必将此视为对自身利益的威胁，而是应努力保持自己在世界上的深度介入。[34]

与此同时，中国方面则积极引导特朗普政府全面看待中美关系，尽量降低两国关系的不确定性，并通过“做大蛋糕”的方式来解决中美经贸摩擦，包括在基础设施、能源等领域扩大务实合作。2017 年 4 月，两国元首在美国佛罗里达州举行首次会晤。习近平主席对特朗普明确表示，欢迎美国参与“一带一路”框架内合作。作为“百日计划”的早期收获之一，中美双方于 5 月上旬达成“十点共识”，其中包括美方“认识到‘一带一路’倡议的重要性”，将派出代表参加首届“一带一路”国际合作高峰论坛，中方则受邀赴美参加“选择美国投资峰会”。[35]5 月 14 日，作为特朗普政府代表，白宫国家安全委员会亚洲事务高级主任波廷杰（Matthew Pottinger）在北京出席首届高峰论坛时表示，美国欢迎“一带一路”倡议在促进基础设施互联互通方面的努力，美国企业已准备参与“一带一路”项目并提供“最有价值的商品和服务”，美国驻华使馆与美国企业还将共同组建“一带一路”工作小组负责推动具体进展。与此同时，波廷杰也强调，“一带一路”的相关合作需要确保招投标过程公开、透明，需要通过“高质量的融资”以防范无法承受的债务负担，需要考虑到项目东道国的公民社会组织的意见。[36]及至6月，杨洁篪国务委员（时任）赴华盛顿主持首轮中美外交安全对话，特朗普在会见杨洁篪时表示，美方愿同中方在“一带一路”有关项目上进行合作。

由此，相较于奥巴马政府，特朗普政府调整了美国在“一带一路”问题上的政策，这主要是出于以下原因：第一，“议题联动”（issue-linkage）成为美国新政府处理对华关系的主要策略，其希望通过对“一带一路”做出相对积极的表态，换取中国方面在经贸议题上的相应合作。[37]第二，“一带一路”建设取得的实际进展及其国际影响力，对美方已有所触动。参加首届“一带一路”国际合作高峰论坛有助于美国了解国际社会尤其是一些涉及美国利益的重要国家对“一带一路”的态度，进而细化和完善未来一个时期在“一带一路”框架下与中国展开互动的基本策略。第三，探索利用“一带一路”为美国企业谋取实际利益的路径，避免美国的商业利益在“一带一路”国际合作进程中被边缘化和弱化。第四，试图把握“一带一路”在促进地区安全上的影响，为特朗普政府实现“纾困减负”目标寻求方案。中美两国在东亚的竞争尤其是在安全领域已日益呈现某种“零和格局”，但若“西望”，中美在投资、能源、反恐、防扩散、维护地区稳定等领域的合作潜力都较大，而且几乎不存在军事对抗的风险。在维护阿富汗、巴基斯坦等国稳定的问题上，美国迫切希望中国提供帮助。[38]显然，“一带一路”倡议不仅对经济发展有着直接的积极作用，也有望为地区和平与稳定带来助益，这符合美国的国家利益。

当然，也要清醒看到，在特朗普政府内外政策推展不利、国内政治掣肘不断的情况下，美国方面对于“一带一路”的关注和参与仍将是较为有限的。随着特朗普政府削减用于外交、国际发展等方面的财政预算，美国官方层面对"一带一路"框架下两国合作也不可能给予太多实质投入。此外，虽然特朗普政府针对"一带一路"的表态较前积极，但也不能忽视其予以制衡的一面。2017 年 6 月印度总理莫迪访问美国期间，美印发表的联合声明称，"支持通过基础设施的透明发展和负责任的金融实践促进地区的经济互联互通，同时确保对主权和领土完整、法治以及环境的尊重；并呼吁本地区的其他国家遵守这些原则"。考虑到印度对"一带一路"尤其是中巴经济走廊建设的负面反应，上述表态被认为是美国和印度共同针对中国表达不满，展现了它们对"一带一路"的深层疑虑和制衡姿态。[39]

与此同时，促进基础设施建设、加大能源开发合作、共同制定亚太贸易和投资规则等也是特朗普政府上台后美日高层经济对话的内容之一，美日双方或将进一步联手应对"一带一路"。[40]美国战略和国际问题研究中心"重新连接亚洲"项目主任古德曼（Matthew Goodman）等人提出，美国和日本可通过世界银行、亚洲开发银行等机制加强合作，共同制定地区性互联互通项目的综合规划，促进对"高质量基础设施"（quality infrastructure）的投资。所谓"高质量基础设施"，即是通过完善基础设施投资规则，包括以项目寿命周期成本为基础的采购要求以及涉及应对自然灾害、环境和社会保障、债务可持续性等方面的指标，降低基础设施项目的中长期风险，并吸引更多的私营部门投资。不难看出，"高质量基础设施"实际上是在影射中国推动的基础设施建设，欲使相关国家不要被中国看似廉价的竞标方案"诱惑"，以免遭遇债务、质量、劳工权利、环保等方面的"麻烦"。2017 年 8 月，美日两国的政府官员、军事将领和智库人士在华盛顿的战略和国际问题研究中心专门讨论这一问题。日本《朝日新闻》前主编、"亚太倡议组织"主席船桥洋一称，日美等国在亚太地区面临来自中国的挑战，“经济工具越来越多地被用于实现地缘政治目标”。2017年9月，美国、日本和印度三国外长在纽约举行会晤，就合作开发“印度洋—太平洋”（印太）地区港口等基础设施达成一致。三国还将共同为该地区相关国家提供海上能力建设方面的援助。

第三节 “一带一路”与中美新型关系

正如美国知名中国问题专家何汉理（Harry Harding）所言，近年来，美国国内围绕对华政策正出现自20世纪60年代中期以来“最为激烈的辩论”。[41]而“一带一路”正成为美国战略界观察中国外交和对美政策走向的新焦点。面对一个颇具大国雄心、不断扩展全球影响力的中国，如何处理中美之间的“竞争性共存”关系，如何管控竞争、扩大合作，如何推进实施“建设性的、以结果为导向”的对华政策，成为美方主要关切。[42]未来一个时期，“一带一路”将成为影响中美关系发展走向的重要因素，它既可能为中美合作带来新的增长点，亦可能促使双方地缘政治竞争趋于深化和复杂化，如何营造“一带一路”框架下中美之间的良性互动关系，成为亟待探究的课题。

近年来，中美关系总体稳定、日益复杂，两国关系正呈现一种合作与竞争同时上升的“新常态”，诸多可能导致中美陷入战略对抗的因素不容忽视。美国哈佛大学肯尼迪政府学院教授格拉姆·艾利森（Graham Allison）于2012年首次借“修昔底德陷阱”这一概念指称中美对抗的潜在危险。2014年1月，习近平主席在接受美国媒体《世界邮报》专访中指出，我们都应该努力避免陷入“修昔底德陷阱”。2015年9月习近平主席访美时表示："世界上本无'修昔底德陷阱'，但大国之间一再发生战略误判，就可能自己给自己造成'修昔底德陷阱'。"未来数十年，美国因素和中美关系将是影响我国外部发展环境的最重要变量之一，中美能否避免陷入霸权国和崛起国兵戎相见的"修昔底德陷阱"，将决定中国能否在 21 世纪中叶顺利实现建成社会主义现代化强国的战略目标。中美关系有如逆水行舟，不进则退，中国需要增强对两国关系的引领和塑造能力。

从 20 世纪 90 年代初，美国历经克林顿、小布什和奥巴马政府，它们大致分别采取"接触 + 演变""接触 + 防范""接触 + 规制"的对华战略。然而，很多美国战略界人士认为，过去几十年旨在通过"接触"中国促进其实现"市场化 + 民主化"的战略已经失败，中美关系的竞争性一面更加突出。甚至一向对华态度温和的前常务副国务卿斯坦伯格（James Steinberg）、约翰斯·霍普金斯大学教授兰普顿（David Lampton）等人也认为美中关系到了"临界点"，存在恶化甚至是走向全面对抗的危险。应当看到，特朗普政府以"美国优先"为施政路线，在国际经贸政策方面具有较强"经济民族主义色彩"，以利为先，以"不确定性"为手段，信奉"以实力求和平"，对国际发展、全球治理等方面的大国合作兴趣下降。这些变化都对中美关系发展带来新的挑战。[43]

2017 年 12 月，美国特朗普政府发布的首份《国家安全战略报告》将中国定义为"修正主义国家"，在经济关系、地区角色、意识形态等方面对中国大加指摘。2018 年 1 月，美国国防部发布 2014 年以来首份《国防战略报告》，在涉及中国的表述方面与《国家安全战略报告》保持一致。时任美国国防部长马蒂斯在发布会上表示，中国和俄罗斯是"修正主义强权"，"寻求建立一个与它们专制模式相符合的世界"，虽然美国还将继续打击恐怖主义，但“大国竞争，而不是恐怖主义，现在是美国国家安全的首要关注点”。[44]实际上，早在2017年9月，美军参谋长联席会议主席邓福德（Joseph Dunford）就毫不掩饰地宣称，到2025年中国将成为美国的最大威胁。[45]

简要而言，中美关系中的“竞争”主要体现在以下几个方面：

第一，两国经贸关系从“压舱石”变为博弈焦点，美国希以“对等”“公平贸易”等为由对华加大施压。过去几十年来，中美在经济上形成了一种高度的相互依存，为两国关系的稳定发展奠定了基础。现如今，中美双方对经济相互依存所带来的很多问题感到不满，甚至出现某种程度上的“脱钩”倾向。[46]应该看到，“美国优先”及其所蕴含的“零和博弈”思维，是特朗普执政给中美关系带来的最深层挑战之一。特朗普的施政口号是“让美国重新伟大”，而在其看来，中国是让美国不再伟大的关键因素。根据美方统计，2016年美国和中国的贸易逆差约为3470亿美元，占美国贸易逆差总额的70%。特朗普及其支持者将中国描述为导致美国经济陷入困境的“罪魁”之一，指责中国依靠“不公平贸易”使美国成为输家。特朗普核心智囊彼得·纳瓦罗（Peter Navarro）甚至称，帮助中国加入世界贸易组织是美国迄今犯下的最大错误，中国的崛起导致了“美国的衰落”。[47]特朗普政府坚持以“对等”为原则调整对华经济政策，甚至不惜打“台湾牌”。

第二，中美两国在亚太地区的关系趋于紧张，美国担心中国寻求“把美国赶出亚太”，通过推进“印太”战略打造制衡中国的地缘架构。过去几年来，美国持续推进“亚太再平衡”战略，日益从“印度洋—太平洋”这一新的地缘框架审视、修正和推进自己的亚太战略。美国的“重返”，适逢中国从“地区大国”向“全球大国”、从“陆权国家”向“陆海强国”跨越的过程之中，在亚太地区百年来首次出现中国和美国“短兵相接”的态势。[48]未来数十年，考虑到亚太地区对美经济、安全等方面利益的重要性，美国战略重心总体东移的态势难以改变。“亚太再平衡”的名义虽然已被特朗普政府弃用，但其中部分政策内容会得以保留和延续。[49]特朗普政府还将在军事力量建设、在亚太地区扩展经济影响力等方面谋划新的举措。尤其是，美国将在亚太地区加大军事存在，部署更多先进武器，到2020年美国60%的海空军力将聚集在该地区。[50]特朗普政府宣扬的“印太”战略虽然从概念上而言并无新意，但美国、日本、印度、澳大利亚等国借此“虚功实做”的影响不容忽视。迄今美日印澳四边机制（Quad）已经举办多次会议，日印还在联手实施“亚非增长走廊”计划。印度国家海洋基金会执行主任、“印太”问题研究专家库拉纳（Gurpreet S. Khurana）甚至认为，“印太”正成为引发新冷战的地缘政治概念。[51]

第三，中美围绕国际机制、发展模式的博弈日益突出，美国担心“政治上的中国崛起”，新一波“中国威胁论”在美国等西方国家出现。近年来，作为国际秩序基础，国家间的实力对比已经发生了很大变化，但世界银行、国际货币基金组织等国际治理机制却未能实现相应变革。在不少美国战略界人士看来，中国正通过倡建金砖国家新开发银行、亚投行等新机制，“另起炉灶”，构建以中国为中心的“平行秩序”（parallel order），推动中国版本的“全球化”。值得注意的是，中共十九大之后，意识形态因素对中美关系的影响正趋于上升。特朗普政府《国家安全战略报告》称中国、俄罗斯等国利用网络等手段加大对美国和西方国家的政治影响力，甚至对相关国家搞“颠覆”。2017年12月，美国国会举办题为“中国的长臂：输出中国特色的威权”听证会，炒作中国通过外宣等方式获取政治影响力、控制敏感话题等，要求加大甄别美国国内的“外国代理人”，限制中国对美国媒体、智库、大学等机构的影响。[52]美国国家民主基金会发布题为《锐实力》的报告，称中国在相关“民主国家”进行政治“渗透”。美国还推动澳大利亚、德国等国强化对中国政治和情报行为的调查，西方国家之间的联动态势越发明显。美国国内出现的新一波“中国威胁论”，将对中美关系的整体氛围造成消极影响。

面对“特朗普冲击”，中国方面应继续坚定推动两国构建新型大国关系的历史进程，注重把握避免冲突、发展合作的精神实质，努力落实“不冲突不对抗、合作共赢、相互尊重”的原则理念。[53]正如基辛格所言，“新型大国关系是规避历史上大国竞争悲剧的唯一道路”[54]。同时，需要积极思考如何进一步加大中国对中美关系的战略引领，通过“一带一路”等增大对美博弈空间，扩大与美方的共同利益，将构建中美新型大国关系与施展中国的“大周边外交”、参与和引导全球治理等战略目标协同推进。如果美国方面能以灵活多样形式参与“一带一路”合作，这将有助于未来一个时期“一带一路”建设的顺利开展，并可为中美关系的健康稳定发展积聚正能量。

随着特朗普政府调整对“一带一路”的政策，未来一个时期“一带一路”框架下的中美互动将进入新阶段，也将对两国构建新型大国关系的历史进程产生影响。中国方面其实并不奢望美国政府会热情地支持“一带一路”，但希望美方能够认真对待中美构建“全球发展伙伴关系”的巨大潜力，“一带一路”为此提供了一个重要窗口。美国不应对“一带一路”倡议过度反应，这并非“零和游戏”。从中国的角度看，“一带一路”建设的成功，有赖于有效地处理大国战略博弈等难题。在“一带一路”沿线地区，有20多个国家有美国驻军或与美国存在军事同盟关系，美国16个“非北约盟国”中有10个以上位于该区域，如巴基斯坦、阿富汗、埃及等国。[55]随着“一带一路”建设不断向欧洲方向扩展，其将牵涉更多北约成员国，北约28个成员国中约有13个位于该区域。美国在相关国家和地区的政治、安全影响力不容低估，相较于其他地区性大国，美国的牵制和反制或将更为有力。此外，近年来美国政府也提出并推动了一些地区经济一体化方案，如“新丝绸之路”“印太经济走廊”“亚太全面能源伙伴计划”“湄公河下游倡议”等，这些美国主导的经济合作方案的前景以及实际落实情况，也将对“一带一路”建设带来重要影响。[56]

无疑，“一带一路”建设向纵深推进，需要更加重视分析和应对美国因素。“一带一路”建设中的美国因素，既指美国政府针对“一带一路”采取的相关政策以及美国战略界、商界等对“一带一路”的反应，也涉及相关国家和地区组织与中国围绕“一带一路”互动进程中的美国影响。一方面，要深入研判特朗普政府的国际经济政策调整，以及对中亚、南亚、东南亚、中东等地区的政策调整，对“一带一路”建设将产生何种“外溢性”影响。另一方面，也要警惕和防范相关国家对中国打“美国牌”，利用“美国因素”制造麻烦。应看到，共建“一带一路”国家和地区组织在与中国开展合作时，其中一些较重视美国方面的反应和影响，它们甚而在中美战略竞争视角下看待“一带一路”。“一带一路”建设的重点合作国家与美国也多有紧密联系。比如美国长年对巴基斯坦提供军事和经济发展援助。哈萨克斯坦则是美国在中亚地区重点拉拢的国家，哈国内精英的“崇美”心理比较明显。欧洲智库学者在评析中欧“一带一路”框架下的合作时，也强调需重视美国因素，甚至提出欧美联手应对的建议。[57]

概要而言，对“一带一路”框架下中美竞争与合作关系的良性塑造，可考虑从以下两个方面着力：

第一，在经济领域推动非官方的“第三方合作”。英国《经济学人》杂志刊文称，很多西方国家企业希望抓住“一带一路”机遇，向相关中国企业出售设备、技术和服务，2016年美国通用电气公司从“一带一路”项目的设备订单中赚取了23亿美元，大约是2015年的三倍。[58]通用电气公司已与中国的多家企业签署合作协议，在巴基斯坦、沙特阿拉伯等国承建电站项目。通用电气公司还与中国的“丝路基金”签订非约束性的合作协议，双方将展开联合融资项目，涉及电网、新能源、油气开发等多个领域。[59]除了通用电气公司，卡特彼勒公司等美国企业也对“一带一路”较为关注。战略和国际问题研究中心高级研究员古德曼等认为，“一带一路”建设面临的主要问题不是缺乏资金，而是缺少“有回报的好项目”，以及如何在相关国家改善投资和经商条件。美国柏克德（Bechtel）工程公司、哈里伯顿（Halliburton）公司等工程类、能源类企业对“一带一路”虽有兴趣，但并不清楚如何参与其中。[60]由此，中方可考虑围绕“一带一路”，加大和优化对美国商业界、金融界人士的政策传播，为美国企业提供一些“专属项目”和“储备项目”，鼓励有实力有条件的中国企业与其开展合资联营。此外，还可推动美国政府通过美国出口—进口银行（Ex-Im）、海外私人投资公司（OPIC）等机构，为参与“一带一路”合作的美国企业提供出口支持和投资保障。[61]

第二，从国际机制层面看，中美也可在“一带一路”框架下扩展合作。亚投行的注册资本金为1000亿美元，其业务范围则侧重于基础设施建设。

无论是从资金数量还是从工作优先领域看，亚投行都不会与美国主导的世界银行等机构形成“对抗”关系。[62]习近平主席强调，亚投行奉行开放的区域主义，同现有多边开发银行相互补充，应以其优势和特色给现有多边体系增添新活力，促进多边机构共同发展，努力成为一个互利共赢和专业高效的基础设施投融资平台，在提高地区基础设施融资水平、促进地区经济社会发展中发挥应有作用。[63]亚投行行长金立群则多次表示，美国公司不会被排除在亚投行业务范围之外。曾在世界银行任职近30年的美国律师林奇斯坦（Natalie Lichtenstein）被聘请为亚投行的主要顾问。2016年4月，金立群与世界银行行长金墉签署首份联合融资框架协议，以使两大机构共同资助开发地区基础设施等项目。正如艾肯伯里（G. John Ikenberry）所言，如果美国对亚投行问题应对得当，中国可以成为国际秩序“更为积极的现状维护者”。[64]考虑到未来15年亚洲基础设施建设所需资金高达26万亿美元，亚洲开发银行行长中尾武彦表示，融资需求巨大，不需要将亚投行视为竞争对手，双方可以进行合作。

考虑到中美之间的“结构性矛盾”，不必奢求特朗普政府对“一带一路”给予全心全意的支持，而是可以首先围绕中美两国的共同关切和利益交汇点，探索“一带一路”框架下中美如何实现良性互动。以阿富汗为例，特朗普政府继续将维护阿富汗稳定视为重要政策目标，其也仍未放弃推动“新丝绸之路”计划的努力。[65]与此同时，随着美国等北约国家逐步从阿富汗撤出军事力量，长期盘踞在阿富汗以及阿富汗—巴基斯坦边境地区的恐怖主义、极端主义势力将对中国国家安全和边境地区稳定构成直接威胁。中国在阿富汗拥有重要经济利益，包括中国冶金集团的埃纳克铜矿项目和中国石油公司的阿姆达利亚（Amu Darya）项目等。如果阿富汗局势在“后撤军”时期进一步恶化，势必将对中国提出的“中巴经济走廊”“丝绸之路经济带”等计划的实施带来负面影响。此外，阿富汗也希望积极参与“一带一路”建设。阿方认为中国提出的“一带一路”倡议为实现阿富汗自身的经济发展目标带来新的重大机遇。阿富汗总统加尼多次表示，阿富汗是古代丝绸之路上的重要国家，热切期待参与中国提出的“一带一路”倡议，加强与中方在基础设施建设、水利、能源领域合作，阿富汗还希望能够早日加入亚投行。[66]

因此，维护阿富汗的稳定并帮助阿富汗实现自主的、可持续的发展，符合中美阿三方的共同利益。中美可以通过在阿富汗事务上扩展政策协调，为双方在“一带一路”框架下的合作积累经验。第一，促进阿富汗经济发展的自主性，尤其是帮助阿提升开发矿产资源的能力。根据美国机构的估测，虽然阿富汗的土地面积仅相当于美国得克萨斯州大小，但其石油、天然气和矿产等储备价值 3 万亿美元，阿富汗拥有至少 6000 万吨煤矿以及 22 亿吨铁矿和铝矿。阿富汗的锂储备（约 5400 万吨）仅次于玻利维亚，被认为是“锂之沙特”。该国还拥有镨、铈、钐等稀有金属，其在特种玻璃、改善合金属性、太空技术、磁载体等多方面具有极大的商业价值。但是这些资源至今都未能得到有效开发利用，主要是因为缺乏外部投资，经济项目缺少安全保障，同时也缺乏专业技术和必要的基础设施条件。[67]针对这些难题，中美可以在对阿富汗提供经济援助方面加大协调力度。第二，中美可合作增进对阿富汗人力资源的培训，提供更多职业教育和技术培训项目，特别是在安全、公共卫生、农业、新闻媒体等领域。过去几年来，中国为阿富汗培训了 1000 多名医疗、水利等领域的专业人才。中美两国已连续多年联合举办阿富汗外交官培训班，积累了有益的经验。两国未来应将这类合作继续扩大到农业技术、医疗等领域。第三，美国是“伊斯坦布尔进程”的支持国，并是“中亚区域经济合作”（CAREC）[68]与美欧日三方合作机制（CAREC+3）的成员国，中国也是这些机制的重要参与者，中美应加强在地区多边机制框架下的阿富汗事务合作。第四，中美还可考虑共同支持阿富汗政府有关促进地区互联互通的发展规划。2014年以来，阿富汗政府提出了一系列旨在增强本国对外经济关系的构想，比如，开发经中亚国家和土耳其直抵欧洲的贸易通道（Azure Route），通过伊朗的恰巴哈尔港增加与印度的贸易，设计修建联通塔吉克斯坦、阿富汗和土库曼斯坦的铁路，以及规划建设阿富汗—土库曼斯坦—阿塞拜疆—格鲁吉亚交通运输走廊。

注释

① Malou Innocent and Tridivesh Maini, “Bumps on the New Silk Road”, *Huffington Post*, May 18, 2012.

② Hillary Rodham Clinton, “Remarks at the New Silk Road Ministerial Meeting”, New York City, September 22, 2011.

③ 关于“新丝绸之路”计划正式提出前，美国促进与中亚经济联系的考虑，见 William Burns, “Silk Road Trade and Investment: New Pathways for U.S.-Central Asia Economic Ties”, Remarks at US Chamber of Commerce, October 7, 2009。

④ Reid Standish, “The United States' Silk Road to Nowhere”, *Foreign Policy*, September 29, 2014.

⑤ Joshua Kucera, “The New Silk Road?”, *The Diplomat*, November 11, 2011.

⑥ Erica Marat, “Following the New Silk Road”, *The Diplomat*, October 22, 2014.

⑦ 潘光《美国“新丝绸之路”计划的缘起、演变和发展前景——对话“新丝

绸之路”构想的提出人斯塔教授》，《当代世界》2015年第4期。

⑧ Reid Standish, “The United States’ Silk Road to Nowhere”, *Foreign Policy*, September 29, 2014.

⑨ Bhat Mukhtar Ahmad, “America and Iran-Pakistan-India(IPI) Gas Pipeline”, *African Journal of Political Science and International Relations*, Vol.8, No8, November 2014, http://www.academicjournals.org/article/article1412010908_Ahmad.pdf.

⑩ Erica Marat, “Following the New Silk Road”, *The Diplomat*, October 22, 2014.

⑪ Perter Marsden, “Afghanistan: The Reconstruction Process”, *International Affairs*, Vol.79, No.1, January 2003, pp.103–104.

⑫ Kathleen Collins, “The Limits of Cooperation: Central Asia, Afghanistan, and the New Silk Road”, *Asia Policy*, January 2014.

⑬ 吴心伯《新常态下中美关系发展的特征与趋势》，《国际问题研究》2016年第2期。

⑭ David Lampton, “Three Perspectives to Stop the Sino-US Strategic Drift”, *South China Morning Post*, November 24, 2015; Robert D. Blackwill and Ashley J. Tellis, “Revising U.S. Grand Strategy Toward China”, Council Special Report No. 72, Council on Foreign Relations, March 2015; James Steinberg, “US Policy toward China and East Asia”, Speech at George Washington University, September 26, 2016, https://icps.gwu.edu/sites/icps.gwu.edu/files/downloads/James%20Steinberg%20Keynote%20Address.pdf.

⑮ 王缉思、袁鹏、赵明昊《总论》，载傅莹、王缉思主编《超越分歧、走向双赢：中美智库研究报告（中方）》，2017年5月，http://nigscass.cssn.cn/zkbg/201705/P020170525409650872390.pdf。

⑯ Kyle Churchman, “Beijing’s Boldest Plan Yet Faces West”, *The National Interest*, January 12, 2016.

⑰ James Holmes, “China’s ‘String of Pearls’: Naval Rivalry or Entente in the Indian Ocean?”, *The World Politics Review*, March 1, 2016.

⑱ Jonathan Pollack and Philippe Le Corre, “Why China Goes to Europe”, The Brookings Institution, July 29, 2015, http://www.brookings.edu/blogs/order-from-chaos/posts/2015/07/29-europe-engagement-china-pollack-lecorre.

⑲ Nadege Rolland, “China's New Silk Road”, *NBR Commentary*, February 12, 2015, The National Bureau of Asian Research, http://nbr.org/downloads/pdfs/psa/rolland_commentary_021215.pdf.

⑳ Robert Manning and James Przystup, “How George Kennan Would Contend with China's Rise”, *The National Interest*, June 30, 2015.

㉑ Francis Fukuyama, “Exporting the Chinese Model”, *The Straits Times*, December 30, 2015.

㉒ *China's Belt and Road Initiative: Motives, Scope, and Challenges*, PIIE Briefing 16-2, Peterson Institute for International Economics, March 2016, https://piie.com/publications/piie-briefings/chinas-belt-and-road-initiative-motives-scope-and-challenges.

㉓ Christopher Johnson, “President Xi Jinping's ‘Belt and Road’ Initiative”, *Report of the CSIS Freeman Chair in China Studies*, Center for Strategic and International Studies, March 2016.

㉔ 笔者参与了美国彼得森国际经济研究所有关“一带一路”的研究项目，Adam Posen 在讨论中多次做出这一表态；Joshua Kurlantzick, “Let China Win. It's Good for America”, *The Washington Post*, January 15, 2016.

㉕ Ariella Viehe, “US and China Silk Road Visions: Collaboration not Competition”, in Rudy deLeon and Yang Jiemian (eds.), *Exploring Avenues for China-US Cooperation on the Middle East*, Center for American Progress, July 2015.

㉖ *Building "Situations of Strength": A National Security Strategy for the US*, Brookings Institution, February 2017, summary, pp.34–35, https://www.brookings.edu/wp-content/uploads/2017/02/fp_201702_ofc_report_web.pdf.

㉗ Orville Schell and Susan Shirk, “US Policy toward China: Recommendations for a New Administration”, *Task Force Report of Asia Society*, February 2017, http://asiasociety.org/files/US-China_Task_Force_Report_FINAL.pdf.

㉘ C. Fred Bergsten, “US Should Work with the Asian Infrastructure Investment Bank”, *Financial Times*, March 15, 2015.

㉙ Martin Wolf, “A Rebuff of China’s AIIB is Folly”, *Financial Times*, March 24, 2015.

㉚ Antony Blinken, “An Enduring Vision for Central Asia”, Remarks at the Brookings Institute, March 31, 2015, http://www.state.gov/s/d/2015/240013.htm.

㉛ Nisha Biswal, “Central Asia in a Reconnecting Eurasia”, Remarks at Center for Strategic and International Studies, May 12, 2015, http://www.traceca-org.org/en/traceca/.

㉜ “US Support for the New Silk Road”, http://www.state.gov/p/sca/ci/af/newsilkroad/. Richard Hoagland, “Central Asia: What’s Next”, Remarks at Georgetown University, March 30, 2015, http://www.state.gov/p/sca/rls/rmks/2015/240014.htm. 另参见 Andrew Korybko, “The Hoagland-Blinken Doctrine is Washington’s Updated Plan for Central Asia”, *Oriental Review*, April 13, 2015, http://orientalreview.org/2015/04/13/the-hoagland-blinken-doctrine-is-washingtons-updated-plan-for-central-asia-i/; Marc Grossman, “Seven Cities and Two Years: The Diplomatic Campaign in Afghanistan and Pakistan”, *Yale Journal of International Affairs*, summer 2013, http://yalejournal.org/wp-content/uploads/2013/06/YJIA-SUMMER-VOL8-ISSUE2-FINAL-A7-Grossman-Copy.pdf。

㉝ James Woolsey, “Under Donald Trump, the US will Accept China’s Rise—As long as it Doesn’t Challenge the Status Quo”, *South China Morning Post*, November 10, 2016.

㉞ William T. Wilson, “China’s Huge ‘One Belt, One Road’ Initiative is Sweeping Central Asia”, *The National Interest*, July 27, 2016.

㉟ “Joint Release: Initial Results of the 100-Day Action Plan of the US-China Comprehensive Economic Dialogue”, US Department of Commerce, May 11, 2017, https://www.commerce.gov/news/press-releases/2017/05/joint-release-initial-results-100-day-action-plan-us-china-comprehensive.

㊱《波廷杰："一带一路"很大程度上是一种机遇》，财新网，2017年5月17日，http://special.caixin.com/2017-05-17/101091524.html。

㊲ Noah Feldman, "Trump is Realizing Trade and Security Mix with China", *The Seattle Times*, April 14, 2017.

㊳ 王缉思《"西进"：中国地缘战略的再平衡》，《环球时报》2012年10月17日。

㊴ Ankit Panda, "A US-India Consensus on China's Belt and Road?", *The Diplomat*, June 29, 2017.

㊵ "Joint Press Release from Vice President Mike Pence and Deputy Prime Minister Taro Aso on the US-Japan Economic Dialogue", Office of the Vice President, the White House, April 18, 2017; Riley Walters, "Recommendations for the US-Japan Economic Dialogue", *Issue Brief*, No. 4684, Heritage Foundation, April 14, 2017; Hiroyuki Kotake, "Matthew Goodman: US, Japan can Aid Asia's Infrastructure Boom", *Nikkei Asian Review*, November 18, 2016.

㊶ Harry Harding, "Has US China Policy Failed?", *The Washington Quarterly*, Fall 2015, pp.95–96.

㊷ Simon Denyer, "In China Debut, Tillerson Appears to Hand Beijing a Diplomatic Victory", *The Washington Post*, March 19, 2017; Ashley Tellis, "Protecting American Primacy in the Indo-Pacific", Testimony before Senate Armed Services Committee, April 25, 2017, https://www.armed-services.senate.gov/imo/media/doc/Tellis_04-25-17.pdf.

㊸ Michael Pillsbury, "The Road to Making America Great Again Runs through Beijing: Emerging Chinese Views of Donald Trump", Hudson Institute, January 13, 2017, https://hudson.org/research/13235-the-road-to-making-america-great-again-runs-through-beijing-emerging-chinese-views-of-donald-trump#.

㊹ Dan Lamothe, "Mattis Unveils New Strategy Focused on Russia and China, Takes Congress to Task for Budget Impasse", *The Washington Post*, January 19, 2018.

㊺ Ryan Browne, "Top US General: China Will be 'Greatest Threat' to US by

2025”, The CNN, September 27, 2017.

㊻ Stephen S. Roach, “China’s Wake-up Call from Washington”, *Project Syndicate*, October 21, 2013.

㊼ Melissa Chan, “Trump’s Top China Expert Isn’t a China Expert”, *Foreign Policy*, March 13, 2017.

㊽ James Holmes, “China’s ‘String of Pearls’: Naval Rivalry or Entente in the Indian Ocean?”, *The World Politics Review*, March 1, 2016.

㊾ Josh Rogin, “Trump Could Make Obama’s Pivot to Asia a Reality”, *The Washington Post*, January 8, 2017; Peter Jennings, “Strengthening America’s Troubled Asian Alliances”, *Asia Times*, December 21, 2016.

㊿ 目前美国 60% 的海军舰船、55% 的陆军和三分之二的海军陆战队力量已部署到美军太平洋司令部所辖区域，60% 的空军装备也将很快部署到位，美军的最新式和最先进的武器平台也都已被部署在亚太地区。“Remarks by Secretary Mattis at Shangri-La Dialogue”, Press Operations, Department of Defense, June 3, 2017; Jim Garamone, “US Asia-Pacific Presence ‘Healthy, Robust, Valuable,’ Dunford Says”, *The DoD News*, June 4, 2017; James Kitfield, “Trump’s Generals Try to Reassure Asian Allies”, *The Yahoo News*, June 6, 2017.

(51) Gurpreet S. Khurana, “Trump’s New Cold War Alliance in Asia is Dangerous”, *The World Post*, November 14, 2017.

(52) Ishaan Tharoor, “China’s ‘Long Arm’ of Influence Stretches Ever Further”, *The Washington Post*, December 14, 2017.

(53) 袁鹏《中国新一轮改革与中美“新型大国关系”》，《现代国际关系》2014 年第 11 期，第 8—9 页。

(54) Henry Kissinger, *World Order*, Penguin Press, 2014, p.367.

(55) 截至 2015 年 12 月，美国的“非北约盟国”包括澳大利亚、埃及、以色列、日本、韩国、约旦、新西兰、阿根廷、巴林、菲律宾、泰国、科威特、摩洛哥、巴基斯坦、阿富汗、突尼斯。

(56) Ernest Bower and Prashanth Parameswaran, “US Moves to Strengthen

ASEAN by Boosting the Lower Mekong Initiative", *Commentary*, Center for Strategic and International Studies, July 24, 2012; "US-Asia Pacific Comprehensive Energy Partnership", http://www.state.gov/e/enr/c56576.htm; Fatema Sumar, "Shaping the Future of Trade and Connectivity in the Indo-Pacific", Remarks at CII Kolkata Business Luncheon, May 8, 2014, http://www.state.gov/p/sca/rls/rmks/2014/226364.htm; Richard Weitz, "US New Silk Road Initiative Needs Urgent Renewal", *The Central Asia-Caucasus Analyst*, Central Asia-Caucasus Institute, March 4, 2015.

㊼ Hans Kundnani, "Leaving the West Behind: Germany Looks East", *Foreign Affairs*, January/February, 2015; Jonathan Pollack and Philippe Le Corre, "Why China Goes to Europe", The Brookings Institution, July 29, 2015, http://www.brookings.edu/blogs/order-from-chaos/posts/2015/07/29-europe-engagement-china-pollack-lecorre.

㊽ "Western Firms are Coining It along China's One Belt, One Road", *The Economist*, August 3, 2017.

㊾ Keith Bradsher, "US Firms Want In on China's Global 'One Belt, One Road' Spending", *New York Times*, May 14, 2017; Cai Xiao, "GE Reaps Belt and Road Dividend", *China Daily*, October 25, 2016.

60 Hiroyuki Kotake, "Matthew Goodman: US, Japan can Aid Asia's Infrastructure Boom", *Nikkei Asian Review*, November 18, 2016.

61 Elizabeth Economy, "Objectives and Future Direction for Rebalance Economic Policies", *Testimony before US-China Economic and Security Review Commission*, March 31, 2016, pp.6–7, https://www.cfr.org/sites/default/files/pdf/2016/03/Elizabeth%20Economy%20March%2031%202016%20Congressional%20Testimony.pdf.

62 Xiao Ren, "China as an Institution-Builder: The Case of AIIB", *The Pacific Review*, Vol.29, No.3, 2016, pp.435–442; "China's New Asia Development Bank will Lend in US Dollars", *Financial Times*, January 17, 2016.

63《习近平在亚洲基础设施投资银行开业仪式上的致辞》，新华网，2016年1月16日，http://news.xinhuanet.com/politics/2016-01/16/c_1117796389.htm。

64 G. John Ikenberry and Darren J. Lim, "China's Emerging Institutional

Statecraft: The Asia Infrastructure Investment Bank and the Prospects for Counter-hegemony”, *Project on International Order and Strategy*, The Brookings Institution, April 2017, p.3, https://www.brookings.edu/wp-content/uploads/2017/04/chinas-emerging-institutional-statecraft.pdf.

⑥⑤ 特朗普政府已授权美国国防部考虑增兵阿富汗问题，并在其首个年度预算纲要中提及“新丝绸之路”“印太经济走廊”建设计划，“Mr. Trump, Afghanistan is Your War Now”, *New York Times*, June 16, 2017; “US, India to Revive ‘New Silk Road’ as Counter to China’s Belt and Road Project”, *Press Trust of India*, May 24, 2017.

⑥⑥《习近平会见阿富汗总统加尼》，人民网，2017年6月8日，http://cpc.people.com.cn/n1/2017/0608/c64094-29327055.html。

⑥⑦ Donald McNeil, “Next for Afghanistan, the Curse of Plenty?”, *New York Times*, June 9, 2011; Xenia Dormandy and Michael Keating, “The US and Afghanistan: A Diminishing Transactional Relationship”, *Asia Policy*, January 9, 2014.

⑥⑧ “中亚区域经济合作”（CAREC）机制于1996年由亚洲开发银行发起成立，是中亚区域重要的经济合作机制之一，现有成员包括中国、阿富汗、阿塞拜疆、哈萨克斯坦、吉尔吉斯斯坦、蒙古国、巴基斯坦、塔吉克斯坦、土库曼斯坦和乌兹别克斯坦。2015年3月，中亚区域经济合作学院（简称“中亚学院”）在新疆乌鲁木齐正式设立。

余　论　“一带一路”建设与推动构建人类命运共同体

习近平总书记在中共十九大报告中明确指出，“近代以来久经磨难的中华民族迎来了从站起来、富起来到强起来的伟大飞跃”。这是“中国特色社会主义进入新时代”的标志和内涵之一。十九大报告提出了全面建设社会主义现代化强国的战略部署，中国发展进入新的历史阶段。[①] 当前和未来一个时期，需要以推动构建人类命运共同体为目标，奋力开拓新时代中国特色大国外交，以更大的战略引领意识和更大的主动作为，积极应对国内国外环境的新变化，善谋长远、妥为运筹，为实现中华民族伟大复兴的中国梦“筑底强基”。无疑，在这一历史进程中，“一带一路”建设将扮演极为重要的角色，它势必成为推动构建人类命运共同体的重要平台与途径。

为何要推动构建人类命运共同体

过去一百多年里，从积贫积弱、落后挨打，到重新融入国际体系、建设世界强国，中国与世界的关系已经发生了翻天覆地的变化，中国从世界的边缘日益走近世界舞台中央。20 世纪初，孙中山先生曾寄望中国早日步入强国之列，称“深望吾国得列入公法所认国家团体之内，不徒享有种种之利益与特权，亦且与各国交相提挈，勉进世界文明于无穷”。20 世纪 50 年代，毛泽东同志提出，“中国会变成一个大强国而又使人可亲”。2017 年，中共十九大报告揭示了在 21 世纪中叶建成“社会主义现代化强国”

的目标，并描绘了未来30年实现这一目标的“两步走”战略安排。可以说，百年来，中国的“强国梦”是一以贯之的。值得深思的是，21世纪的中国想要成为一个什么样的强国，中国将以什么样的姿态立足于世界舞台中央，中国将会给人类做出什么样的贡献。

在21世纪，着眼于维护世界和平与发展，“强国”的内涵需要重塑，强国之间需要保持战略克制，不断探索合作共赢之道。中国应努力成为21世纪的“新型强国”，更加主动地以自身的积极变革带动世界的积极变革。实现中国的“强国梦”，迫切需要回答“什么是中国的世界梦”。推动构建人类命运共同体正是中国的“世界梦”，它是立足当代中国、面向新的未来、符合世界潮流、引领人类社会发展的战略选择。过去几年来，习近平提出构建新型国际关系、全球治理观、新安全观、正确义利观等主张，人类命运共同体思想则将它们融为一体，成为引导中国外交转型的灵魂和主线，向国际社会回答了“中国想要一个什么样的世界”这一重大问题。[②]

2012年11月，中共十八大报告提出：“这个世界，各国相互联系、相互依存的程度空前加深，人类生活在同一个地球村里，生活在历史和现实交汇的同一个时空里，越来越成为你中有我、我中有你的命运共同体。”十八大报告进一步指出，“要倡导人类命运共同体意识，在追求本国利益时兼顾他国合理关切，在谋求本国发展中促进各国共同发展”。2015年9月，习近平主席在出席联合国成立70周年系列峰会期间，首次系统阐述打造人类命运共同体“五位一体”的总布局和总路径，强调要建立平等相待、互商互谅的伙伴关系；营造公道正义、共建共享的安全格局；谋求开放创新、包容互惠的发展前景；促进和而不同、兼收并蓄的文明交流；构筑尊崇自然、绿色发展的生态体系。

面对近年来世界上出现的"去全球化"等消极思潮，着眼于推动"人类命运共同体"进一步从理念变为行动，2017年1月，习近平特意选择在联合国日内瓦总部发表演讲，围绕"共同构建人类命运共同体"这一主题阐述了"中国方案"。他指出，大道至简，实干为要，构建人类命运共同体，关键在行动。国际社会要从以下五个方面做出努力：一是坚持对话协商、建设一个持久和平的世界；二是坚持共建共享，建设一个普遍安全的世界；三是坚持合作共赢，建设一个共同繁荣的世界；四是坚持交流互鉴，建设一个开放包容的世界；五是坚持绿色低碳，建设一个清洁美丽的世界。总的看，构建人类命运共同体包括伙伴关系、安全格局、经济发展、文明交流和生态建设这五个层面。2017年12月，在中国共产党与世界政党高层对话会上，习近平总书记发表主旨演讲，他深入诠释了世界政党在构建人类命运共同体进程中的责任和作用，倡导各国政党"不忘初心"，与中国共产党一道，做世界和平的建设者、全球发展的贡献者、国际秩序的维护者，自觉担负起构建人类命运共同体的时代使命。③

那么，中国为什么要提出推动构建人类命运共同体？自1921年中国共产党建党至今，中国办成了"革命""建设""改革"三件大事，如今正奋力做好"复兴"这第四件大事。然而，从大历史的视野看，人类社会发展正面临"后冷战、后（金融）危机、后西方"的重要转折期，中华民族的伟大复兴也正处于关键时期。在一个封闭、冲突、动荡的世界中，中国自身的发展无从谈起，民族复兴更是难以实现。简言之，世界正处于"重塑的序幕"，中国正处在"崛起的前夜"，越是在这样的时刻，挑战和风险就越是严峻。要实现中国的更大、更快、更好发展，就必须"要树立世界眼光，更好把国内发展与对外开放统一起来，把中国发展与世界发展联系起来，把中国人民利益同各国人民利益结合起来”。可以说，推动构建人类命运共同体，实质上是对中国与世界关系良性发展的战略引领，是为中华民族的伟大复兴营造更有利环境、争取更广阔空间，是应对当今世界多元复杂挑战、引导和推动国际秩序向积极方向演变的“中国方案”。面对世界发展变局、站在新的历史关口、响应国际社会期待，进入新时代的中国需要把实现中国人民的“美好生活”与建设“美好世界”更加紧密地结合起来，推动构建人类命运共同体。

人类命运共同体思想体现了“现实世界”和“理想世界”的辩证统一。它既是对当今世界客观现实的一种反映，也蕴含着对人类实现共同发展、包容发展、永续发展的价值追求。近代以来，在启蒙理性和现代化浪潮的推动下，世界从隔绝走向联通，“帝国”体系也逐渐瓦解，人类进入以“民族国家”为基础的发展阶段。然而，以殖民扩张、炮舰外交为手段的国家崛起方式，以你输我赢、恃强凌弱为特征的国际关系模式，以“势力均衡”和“霸权”为核心的国际秩序形态，却最终让人类社会在20世纪陷入两次惨烈的世界大战。21世纪以来，随着经济全球化等深入推进，人类居住的星球成为“地球村”，人类社会以及各国之间的相互依存程度显著加深。进入21世纪的第二个10年，各国利益纽带更趋深化，全球共同利益链条凸显。与此同时，人类社会也面临一系列新问题新挑战。全球化进程的“双刃剑”效应更加明显，以“西方化”为指向的全球化遭遇挫折，“去全球化”思潮涌动。地缘政治冲突在乌克兰等局部地区死灰复燃，“新冷战”的阴霾时隐时现。从理念和精神层面看，绝对安全、零和博弈、武力干涉、阵营对立的旧思维难被摈弃，“伊斯兰国”等势力的突起表明“文明冲突”的危险仍然难以排除，宗教极端主义、民粹主义等在一些地区和国家愈演愈烈。人类命运共同体理念并不是“乐观至上”，不否认、不回避上述挑战，而是直面全球经济、政治、安全的失衡状态，直面发展低迷、地缘竞争、社会动荡、文明摩擦等“失序”因素。它正是希望能够有效应对当今世界的“和平赤字”“发展赤字”和“治理赤字”，让世界能够“远离恐惧、普遍安全，远离贫困、共同繁荣，远离封闭、开放包容，山清水秀、清洁美丽”。

人类命运共同体思想体现了“破旧立新”与“增量改革”的辩证统一。中国既主张推动改革不符合时代潮流的机制和规则，又倡导互谅互让，不搞正面冲撞、你输我赢，多做增量改革、做大蛋糕。习近平强调，世界上的事情越来越需要各国共同商量着办，各国要同舟共济，而不是以邻为壑，“各国要树立命运共同体意识，真正认清‘一荣俱荣、一损俱损’的连带效应，在竞争中合作，在合作中共赢。在追求本国利益时兼顾别国利益，在寻求自身发展时兼顾别国发展”。中国认为“世界多极化向前推进的态势不会改变，经济全球化进程不会改变，和平与发展的时代主题不会改变，国际体系变革方向不会改变”，号召和推动世界各国用更大的发展解决发展中的问题，用更有力的改革弥合改革中的分歧，用更大的合作应对合作中的矛盾。习近平强调，“人类文明进步历程从来没有平坦的大道可走，人类就是在同困难的斗争中前进的”。推动构建人类命运共同体，就是要实现将中国的发展机遇转变为世界的发展机遇，将世界的发展机遇转化为中国的发展机遇，通过睿智运用“中国智慧”、合理提出“中国方案”、妥当使用“中国力量”，推动中国与世界关系朝着更加积极稳定的方向演进。

人类命运共同体思想体现了“求同存异”与“聚同化异”的辩证统一。人类命运共同体既尊重多样性、差异性，“世界上没有放之四海而皆准的发展模式，各方应该尊重世界文明多样性和发展模式多样化”，“一花独放不是春，百花齐放春满园”；又倡导共通性、整体性，“各国相互联系、相互依存的程度空前加深，人类生活在同一个地球村里，生活在历史和现实交汇的同一个时空里，越来越成为你中有我、我中有你的命运共同体”。习近平多次强调不同国家、不同地区、不同文明之间互学互鉴的重要性。针对不同发展模式之间的关系，他着重指出，中国共产党将通过深化自身改革发展实践，进一步探索人类社会发展规律，同各国政党分享中国共产党执政的成功奥秘；中国共产党不“输入”外国模式，也不“输出”中国模式，不要求别国“复制”中国的做法。

可以说，人类命运共同体思想具有鲜明的中华传统文化底蕴和历史进步意义，是中国迈向民族复兴之际的政策宣示。人类命运共同体思想体现了超越狭隘民族国家利益、国家间关系和意识形态的全球观和世界眼光，凝聚了中国对世界发展大势的前瞻性思考，彰显了中华民族对人类社会发展的责任意识、担当意识、引领意识。推动构建人类命运共同体，是寓中国发展于世界发展之中，寓中国利益于各国利益之中，寓中国主张于全球治理之中，寓中国道路于人类政治文明之中。理念引领行动，方向决定出路。构建人类命运共同体是一个美好的目标，也是一个需要一代又一代人接力跑才能实现的目标，“积力之所举，则无不胜也；众智之所为，则无不成也”。

更好把握我国发展方位与外部挑战

人类命运共同体不是抽象的、缥缈的，而是现实的、具体的。过去几年来，中国不仅是人类命运共同体的理念倡导者，更是负责任、有行动、敢作为的实践者。基于人类命运共同体意识，中国主张要对话不要对抗、要结伴不要结盟，大力构建全球伙伴关系网络，不断扩大中国的“朋友圈”；中国推动“一带一路”建设，探索南南合作、南北合作新模式，倡设亚洲基础设施投资银行（亚投行）等机制，积极参与全球治理革新；中国努力构建新型大国关系以及以合作共赢为核心的新型国际关系，在发达国家和发展中国家之间发挥建设性、桥梁性作用，在应对国际热点问题上发挥劝和促谈作用；中国加大支持联合国等多边主义机制，在全球气候治理、国际发展援助、联合国维和、全球公共卫生等领域做出重要贡献。经过过去几年的实践和探索，可以说，从双边命运共同体，到地区命运共同体，再到人类命运共同体；从利益共同体，到责任共同体，再到命运共同体，构建人类命运共同体的路径越发清晰，国际社会对这一理念的认同也越发深化。④

然而，我们并不能低估构建人类命运共同体所面临的各种挑战，更不能盲目超越中国的发展阶段、历史方位和全球角色去推动这一进程。随着中国发展进入新的历史阶段，推动构建新型国际关系、推动构建人类命运共同体已经成为新时代中国特色大国外交的中心任务，需要将推动人类命运共同体的国际化、具象化、实体化作为重要努力方向。从发展进程而言，未来 5—10 年将是我国全面建成小康社会的决胜期，我们将实现第一个百年目标，迈向第二个百年目标，中华民族伟大复兴的历史进程随之进入一个特殊重要阶段，即两个百年目标之间的“历史交汇期”。我们需要深入研判、准确把握这个“历史交汇期”的若干新变化新特点，进而不断完善推动构建人类命运共同体的方略。筹谋这一方略，要始终将其置于“新时代中国特色社会主义”这个总框架内加以审视。

从发展阶段而言，中国虽已“强起来”但还没有实现“全面强大”，正如习近平总书记所强调的，我国仍处于并将长期处于社会主义初级阶段的基本国情没有变，我国是世界最大发展中国家的国际地位没有变。而社会主义初级阶段“是在原本经济文化落后的中国建设社会主义现代化不可逾越的历史阶段，需要上百年时间”。党的十九大报告对我国国家综合实力、发展阶段、中心任务等做出清醒、客观、准确的判断，也为我们思考如何在新时代推动构建人类命运共同体提供了一个基本框限。“中华民族伟大复兴，绝不是轻轻松松、敲锣打鼓就能实现的”，中国推动构建人类命运共同体也同样充满各种挑战。未来一个时期，我国经济总量、军事能力、科技实力等有望跨越新的台阶，部分国家对中国崛起的战略焦虑势将进一步上升，战略博弈更趋复杂。从中国的国际战略环境看，推进新时代大国外交、构建人类命运共同体或将面临以下主要挑战：

第一，世界经济复苏乏力，“弱全球化”仍将持续较长时间。2008 年国际金融危机发生后，世界经济进入深度调整期，全球贸易增速和跨境投资水平显著降低，经济全球化进程遭遇挫折。未来几年，在缺乏结构性改革的情况下，美国经济难以靠“减税、降息、缩表”等政策真正实现经济大幅增长。欧元区经济发展面临多重挑战，英国“脱欧”等因素给欧盟经济带来较大不确定性。新兴经济体面临的经济和社会改革挑战普遍较为突出，发展模式转型的过程较为艰困。此外，在特朗普政府大搞“美国优先”的情况下，各种版本的“本国优先论”或将强化，全球主要经济体的宏观政策协调可能越发困难，二十国集团等全球经济治理机制的有效运转面临挑战。一些国际组织预测，未来数年世界仍可能再次陷入经济危机。

第二，大国战略竞争料将进一步深化，不排除发生局部冲突的可能性。

当今世界，形形色色的“实力至上论”正在凸显，某些地区变局和乱局交织。各主要战略力量都在加快内外政策调整尤其是军事安全政策。特朗普政府大幅增加军费，推动军力建设“量质齐升”，“美国优先”很大程度上演变为“军事优先”。法国、德国等合力强化欧洲的军事力量，俄罗斯也在推动新一轮军事变革。日本、印度等国也在显著加强军备建设，以提升自身在地区和国际安全事务中的影响力。自2015年起全球军费已结束多年下行趋势而转入上升轨道。此外，随着世界新军事革命的深入发展，太空、网络等成为新的战略竞争领域，美国等加紧研制智能化武器，提高应对信息化战争形态的能力。恐怖主义等非传统安全问题带来的挑战依然复杂严峻。

第三，由于民粹主义、大国“内顾”倾向等因素，全球治理动能或有所弱化。近年来，美欧等很多西方国家出现社会民粹主义思潮，特朗普上台执政、英国“脱欧”等事件集中体现了这一思潮的政治效应。特朗普核心智囊史蒂夫·班农等人一直在“大张旗鼓”地宣扬民粹主义和经济民族主义。特朗普政府坚持以“美国优先”为施政总纲，大搞“退出外交”，从国际组织和全球事务中抽身，对气候变化治理等国际合作带来显著“冲击”。联合国机构、国际货币基金组织、世界银行等全球治理机制的改革推进缓慢，一些地区热点难点问题的负面效应得不到有效控制，世界主要力量或多或少地展现出“内顾”倾向，深化全球治理合作的意愿和动力有所下降。此外，还应注意新兴大国和发展中国家内部的“争利”和“分化”动向。

第四，各大国围绕亚太和印度洋地缘板块的竞争、碰撞或更为突出。特朗普政府推出“印太”战略，力图进一步拉拢印度等国，将美国在亚太的既有同盟体系加以扩展提升。"印太"战略很大程度上也是为了对"一带一路"进行制衡，地缘经济因素在其中占有很大分量。"印太"战略虽然从概念上而言并无新意，但美国、日本、印度、澳大利亚等国借此"虚功实做"的影响不应低估。这些国家不仅在安全事务上加大协调，还在推动基础设施建设融资等方面的合作，为地区国家提供所谓中国之外的"替代性选择"。在"印太"战略驱动下，日本、印度等"次等强国"和"身边对手"对中国崛起构成的牵制或将加大。

第五，西方世界"散、乱、降"的外溢性效应不容忽视。特朗普上台以来，在国际经贸关系、中东地区政策、气候变化问题等方面与其西方盟友龃龉明显，美国的"全球领导"地位尤其是在西方世界的角色受到质疑，西方战略界人士纷纷担心二战之后形成的"自由主义国际秩序"面临最严峻危机。此外，美国出现"另类右翼"等宣扬"白人至上主义"、民粹主义的社会运动，极右翼政治势力的影响力也在欧洲多国不断扩大，在经济增长疲弱、社会矛盾突出的背景下，西方内部政治体制出现"非自由的民主"等问题。与此同时，西方整体实力相对下降导致其对中国的警惕性和焦虑感不断增强，新一波"中国威胁论"正露出苗头，包括"中国强硬论""中国政治渗透论"等涉华负面话语。应当看到，中国在如何运筹与西方国家关系方面将面临新的考验。

"一带一路"建设是构建人类命运共同体的重要路径

党的十九大报告指出，国内外形势正在发生深刻复杂变化，我国发展仍处于重要战略机遇期，前景十分光明，挑战也十分严峻。"重要战略机遇期"不是一个纯粹的时间概念，机遇前所未有，机遇也稍纵即逝；机遇常有，而战略机遇不常有；机遇不仅是客观的“时机”，更是主观的“遇合”；既不能“错过”，也不能“犯错”。说到底，战略机遇不仅靠相对和平有利的外部环境，更要靠推进改革的战略魄力、抢抓机遇的战略能力、把控全局的战略定力。当前和未来一个时期，推动构建人类命运共同体需要把握机遇、突出重点、讲求策略。

无疑，“一带一路”建设为推动构建人类命运共同体提供了“试验田”，可以也应当成为“建设更加美好世界”的重要平台和有效途径。在谈及如何贯彻落实十九大精神，中共中央政治局委员、国务委员杨洁篪称，“坚持不懈推进‘一带一路’建设，进一步深化全方位对外开放格局。坚持对外开放的基本国策，坚持打开国门搞建设，把‘一带一路’与构建人类命运共同体更加紧密结合起来，与落实2030年可持续发展议程紧密结合起来，打造国际合作新平台，增强共同发展新动力。这将有力促进区域经济一体化和区域合作，为世界提供更多互利共赢的合作契机”⑤。用好“一带一路”建设，推动人类命运共同体的国际化、具象化和实体化，需要把握好以下几个方面：

第一，“一带一路”建设要更好地贴近、聚焦和服务于中国自身的发展战略。打铁还须自身硬，强大的国家实力是我们推动“一带一路”建设、推动构建人类命运共同体的前提条件。正如习近平所言，“我们要把自己的事情做好，这本身就是对构建人类命运共同体的贡献”。要深刻认识“一带一路”建设“由内而外、内外兼顾、内外联动”的基本性质，切实避免“一带一路”被无限泛化。未来一个时期，要全力保持我国经济社会发展的良好势头，把握中国与世界发展深度融合的新现实，切实增强内外联动意识，实现国家治理能力和治理体系的现代化。要立足于我国仍处于社会主义初级阶段的现实，妥为应对全球化的双刃剑效应，更加注重通过体制改革和结构转型的战略突破营造“内生性机遇”，将国内发展潜力充分释放，维护我国稳步崛起的良好态势。在国内治理与全球治理的紧密衔接中，把自己的事情办好。将推动形成全面开放新格局等国内政策议程与“一带一路”建设和外交工作深度统筹，[⑥] 在解决国内问题的同时力争产生正面的国际效应。完成好精准脱贫、创新发展等任务，及时总结和提炼中国改革发展的经验尤其是基层实践和社会创新，提高自身对改革的方向感、把控力、适应度，增强制度韧性，发挥好特色优势，进而为各国尤其是“一带一路”国家探索现代化发展路径提供中国智慧、中国经验。

第二，要把“一带一路”建设与经略周边命运共同体更加紧密地结合起来。正如习近平总书记所言，“家门口太平，我们才能安心、踏实办好自己的事情”。顺利推进“一带一路”建设，有助于深化我国和周边国家的全方位交往，有助于为构建周边命运共同体积累必要条件。随着特朗普政府奉行“美国优先”路线，采取零和博弈、利己主义、单边主义等做法，我国加大对周边地区尤其是东南亚的经略或将迎来重要机遇。要通过“一带一路”建设，落实好“亲诚惠容”理念，加大对周边外交的资源投入。宜根据国内改革和对外开放的总体部署，结合周边国家利益诉求、发展阶段和区位优势，推动其在经济上与我国实现更紧密融合。用好澜沧江—湄公河合作机制等，将构建中国—东盟命运共同体等目标落到实处。此外，还要积极探索如何通过“一带一路”，与美国、日本等国家培育共同的“朋友圈”，以包容、融合、聚合化解封闭、排他、阵营，从根本上消除我国周边地区出现“新冷战”的可能。

第三，注重通过“一带一路”建设探索应对“治理赤字”的有效方案，推动全球治理的改革完善。随着参与“一带一路”建设的国家和国际组织不断增多，“一带一路”要想行稳致远，需要思考构建行之有效的治理架构，包括正式的和非正式的规则、机制和规范等，尤其是要处理好“关系治理”和“规则治理”的关系。显然，“一带一路”建设不能简单套用美欧所倾向的那种治理模式，而是要将“规则治理”和“关系治理”相互结合，不搞“唯规则论”，既推动规则建设，也重视沟通、协商、调解的作用，尽量照顾各方舒适度，维护彼此默契。面对分歧摩擦，既靠规则疏导，也靠关系“润滑”。⑦目前看，加大对全球经济治理变革方向的引导是重中之重，也是推动构建人类命运共同体可以大有作为的领域。“一带一路”国际合作涉及自由贸易区建设、跨境投资管控、多边性开发银行合作、“资金融通”和货币体系改革等全球经济治理面临的突出难题，应注重通过“一带一路”建设，从科技、工业等低敏感性议题入手，在共商基础上提出更具可操作性的“中国方案”，逐步增强中国在国际标准和规则领域的话语权、制定权。

第四，要借助“一带一路”培育中国外交的“雅实力”，增强构建人类命运共同体的文化支撑。近年来，中国领导人高度重视文化因素、人文交流、文明互鉴在构建人类命运共同体进程中的重要作用，与文化交往密切相关的“民心相通”也成为“一带一路”建设所追求的“五通”目标之一。倡导文化和文明层面的交流交融，是应对当今世界发展缺位、治理赤字、互动失序、竞争失范问题的一个关键维度。推动“一带一路”建设，推动构建人类命运共同体，既要真金白银、响鼓重槌，也要拨动心弦、润物无声。应当看到，社会文化和发展道路等方面的互学互鉴是一种深层次的互联互通。中华传统优秀文化可以为“一带一路”提供丰富的“文化共识”资源，如“万物并生而不害、道相存而不悖”的“和而不同”，“人法地、地法天、天法道、道法自然”的“天人合一”，“国不以利为利、以义为利”的“义利之辨”，“上士闻道，勤而行之”的“知行并进”。要坚持“古为今用、洋为中用、中为洋用”，秉承“各美其美、美人之美、美美与共”，将传统文明与时代现实相结合，积极发掘中华文化、东方智慧同当今时代的共鸣点、公约数，阐释好、弘扬好中国智慧，营造具有中国特色的“雅实力”，不断丰富人类命运共同体的文化底色。

注释

① 习近平《决胜全面建成小康社会　夺取新时代中国特色社会主义伟大胜利——在中国共产党第十九次全国代表大会上的报告》，2017年10月18日，北京：人民出版社，2017年。

② 曲星《人类命运共同体的价值观基础》，《求是》2013年第4期，第55页；阮宗泽《人类命运共同体：中国的“世界梦”》，《国际问题研究》2016年第1期，第9—10页。

③ 习近平《携手建设更加美好的世界——在中国共产党与世界政党高层对话会上的主旨讲话》，新华社，2017年12月1日，http://www.xinhuanet.com/world/2017-12/01/c_1122045658.htm。

④ 杨洁篪《推动构建人类命运共同体》，《人民日报》2017年11月19日。

⑤ 杨洁篪《深入学习贯彻党的十九大精神　奋力开拓新时代中国特色大国外交新局面》，《求是》2017年第23期，第6页。

⑥ 汪洋《推动形成全面开放新格局》，《人民日报》2017年11月10日。

⑦ 赵明昊《“互联互通”视阈下的“一带一路”》，《理论视野》2017年第6期。

图书在版编目(CIP)数据

“一带一路”:互联互通新外交/赵明昊著.—北京:商务印书馆,2020
ISBN 978-7-100-18455-7

Ⅰ.①一… Ⅱ.①赵… Ⅲ.①区域经济合作—国际合作—研究—中国 Ⅳ.①F125.5

中国版本图书馆CIP数据核字(2020)第074627号

“一带一路”:互联互通新外交
赵明昊 著

商 务 印 书 馆 出 版
(北京王府井大街36号 邮政编码100710)
商 务 印 书 馆 发 行
北京中科印刷有限公司印刷
ISBN 978-7-100-18455-7

2020年6月第1版 开本 787×1092 1/16
2020年6月北京第1次印刷 印张 18½
定价:52.00元